新 兴 市 场 译 丛

丛书主编 胡必亮 哈瑞尔达·考利

2050年的亚洲

Asia 2050

哈瑞尔达·考利　阿肖克·夏尔马　阿尼尔·索德 等著

姚彦贝郭 辰曲 歌 等译　胡必亮 校

ADB

人民出版社

责任编辑:郑海燕
责任校对:吕　飞
装帧设计:周文辉

图书在版编目(CIP)数据

2050 年的亚洲/[美]考利等 著;姚彦贝等 译.-北京:人民出版社,2012.10
ISBN 978－7－01－011284－8

Ⅰ.①2⋯　Ⅱ.①考⋯ ②姚　Ⅲ.①政治-研究-亚洲 ②经济发展趋势-研究-亚洲
Ⅳ.①F130.4

中国版本图书馆 CIP 数据核字(2012)第 231693 号

北京市版权局著作权合同登记号:01－2012－6979

2050 年的亚洲

2050 NIAN DE YAZHOU

[美]哈瑞尔达·考利等 著　姚彦贝等 译　胡必亮 校

人民出版社 出版发行
(100706　北京市东城区隆福寺街 99 号)

北京隆昌伟业印刷有限公司印刷　新华书店经销

2012 年 10 月第 1 版　2012 年 10 月北京第 1 次印刷
开本:787 毫米×1092 毫米 1/16　印张:20
字数:390 千字

ISBN 978－7－01－011284－8　定价:45.00 元

邮购地址 100706　北京市东城区隆福寺街 99 号
人民东方图书销售中心　电话 (010)65250042　65289539

新兴市场译丛序言

进入新世纪以来,世界格局发生了许多重大变化,其中一个不可忽视的变化就是在世界范围内出现了一批经济增长赶超发达经济体的发展中国家,也就是人们通常所称的新兴市场国家或新兴经济体。尽管人们目前对这些国家或经济体的定义、分类、特征及其高速增长的可持续性等问题尚存种种不同看法,但这种现象伴随着时间浪潮的推近,其图景日渐清晰,并不可否认地给这个世界带来了一系列相应的变化。实际上,我们已经进入了一个由新兴经济体主导全球经济和治理的新时代。这就迫使人们不得不正视这种现象、认真研究这种现象,并根据其发生、发展的规律性而努力做到有效地抓住其中的一些新机遇,成功地应对可能出现的新挑战。

实际上,新兴市场现象早在20世纪80年代就已引起了像世界银行、国际货币基金组织、亚洲开发银行以及OECD这类长期关注发展问题的国际组织的注意,后来不少国际投行开始从投资机会方面对新兴市场给予关注,如高盛提出了金砖国家概念(BRICs)。2007—2008年全球遭遇历史上罕见的金融危机(或大萧条),这些金砖国家及许多发展中国家在危机爆发不久即迅速复苏,对全球经济走出困境作出了重要贡献,从而引起了国际社会、各国政府特别是发达国家及其政府对这些国家或地区的广泛关注与高度重视。

根据新兴市场论坛(Emerging Markets Forum,缩写为EMF)最近的研究,从20世纪80年代到现在,新兴市场国家或地区经过三十年左右的快速增长,其自身的经济发展进入到了一个新的阶段,经济实力大为增强,基础设施显著改善,人民生活水平大幅提高,不少国家比较成功地从曾经是世界上最穷的国家现在已经发展成为世界中等发达国家。为了保持其强劲的经济与社会发展势头,这些亚洲、非洲及拉丁美洲国家下一步的政策调整主要在于促进区域合作的开展,使各发展中国家更加深入、成功地融入区域乃至全球经济体系中去。按照这样的发展逻辑,巴西、俄罗斯、印度、中国和南非组成的金砖五国(BRICs)率先在推进亚洲、非洲和拉丁美洲之间的经济合作方面作出了很好的示范,并已经取得了一些初步的成果。中国和东盟(ASEAN)之间合作框架的构建也是比较成功的一个例子。我们预期这样的区域经济合作势头将继续得到发展与延伸。伴随着新兴经济体之间经济合作以及由此所带动的区域经济合作的持续发展,世界经济及政治格局将在未来 30—50 年间发生巨大改变:全球财富在不同国家之间的分配情况会发生改变;国际贸易和资本流动的方向也会发生改变;国际货币体系将得以重组;国际经济组织的构成、结构与主要内容将进行重要改革与调整;进而将导致整个世界政治及权力格局的重组。

在实施了一系列的经济改革与经济转型措施后,中国过去三十多年在经济和社会发展方面取得了举世瞩目的成就,其绝对贫困人口大幅减少了两亿多,人均纯收入已经进入世界中等发达国家水平,进出口贸易总量位居世界第一,GDP 总量位居世界第二,引进外资和对外投资都位居世界前列,中国已成为世界上最大的单一新兴市场。同时,中国与 ASEAN 合作起到了十分重要的作用;中国在世界银行中的角色也发生了转化,从净受援国转变为净出资国;中国在金融体系中的其他重要角色变化还体现在:中国对国际货币基金组织的注资也在不断增加,对 G20、世界银行、亚洲开发银行的积极影响力也日益增强。不难理解,中国目前和今后的经济转型与发展对于世界其他地区的经济发展乃至整个全球经济的发展都将产生直接或间接的重大而深远的影响。因此,中国的发展已经不仅仅是其本国的事情了,而与世界其他国家和地区、与全球发展与全球治理密切相关。从另一方面来看,中国也需要更加关注其他国家的发展问题,关注全球发展与治理问题。

为了进行更深入的研究和为新兴市场发展提供有益的帮助,位于美国华盛顿特区的国际性智库机构——新兴市场论坛(Emerging Markets Forum,EMF)与具有 100 多年历史、深深扎根于中国土壤中的北京师范大学于 2011 年联合成立了亚洲的第一个专注于新兴市场研究的国际性智库机构,即北京师范大学新兴市场研究院(Emerging Markets Institute,BNU-EMI)。这套《新兴市场译丛》就是我们新近启动的多项研究工作中的一项,试图通过对以新兴市场论坛为主而组织的一些已经通过英文出版过的相关研究成果的翻译而使其中一些最优秀的作品在中国出版,使广大的中国人民、政策制定者、各界的学者和大专院校的学生们有机会对这些研究成果得以了解,为不断增强中国对世界的理解和进一步加强中国与世界的联系作出我们应有的努力和贡献。

这套丛书的出版是新兴市场研究院成立以来的一项重要项目。它的出版是与北京师范大学党委书记刘川生、校长董奇、副校长郝芳华和北师大经济与资源管理研究院名誉院长李晓西的直接关怀分不开的,也得到了新兴市场论坛董事会的大力支持,特别是我们双方长期以来密切的合作伙伴亚洲开发银行及其行长黑田东彦、常务副行长纳格和人民出版社及其社长黄书元、副社长李春生在整个出版过程中对我们的工作给予了各方面的帮助,并就各种具体的出版安排做了许多细致而烦琐的工作。这套丛书由新兴市场研究院首席运营官姚彦贝具体策划并进行总体协调。没有他们的努力,这本书就不可能以这么高的效率、这么好的质量出版的。对此,我们对各方领导、专家、学者和工作人员表示最衷心的感谢!希望我们的共同努力对于促进新兴市场经济的进一步发展、促进新兴市场国家或地区之间更加密切的合作以及对于促进处于起步阶段的新兴市场研究起到基础性的奠基作用。

胡必亮　哈瑞尔达·考利

2012 年 9 月 15 日

目　　录

序　言

　　亚洲在 20 世纪最后三个十年的迅速崛起是近代经济发展历程中最成功的案例。这样的崛起和同时期发生的全球金融危机同样令人印象深刻。2010 年亚洲发展中国家的人均 GDP 按照购买力平价计算已达到近 5000 美元。而过去十年的投资率平均占 GDP 的 35%。2005 年至 2010 年间,生活在日均 1.25 美元贫困线以下的人口数量下降了 430 万。

　　亚洲发展中国家在全球金融危机和经济衰退之后的 V 形复苏,进一步证明了其经济发展的爆发力和韧性。这些成绩同时也证明了该地区经济在未来四十年达到今天欧洲人均 GDP 水准的巨大潜力。到本世纪中叶,亚洲占全球总产出、贸易和投资的一半,同时将实现普遍富裕。

　　许多人将亚洲的崛起——或"亚洲世纪"——比喻为乘上了一架具有自动驾驶仪的平稳滑翔的飞机,亚洲正适得其所。但在此关键时刻,自满也有可能毁掉这些已有的成绩。虽然"亚洲世纪"的实现在情理之中,但也并非命中注定。当我们在研究亚洲地区的经济和社会前景时,我们也不可避免地发现亚洲还存在许多亟待解决的问题。

　　亚洲这一全世界经济增长最快的地区现今仍然居住着大多数世界上极度贫困的人口。尽管"亚洲工厂"是一个全球制造业和信息技术服务的枢纽,但其绝大多数人口仍处于文盲和失业的状态。在亚洲,一部分地区正承受着快速老龄化的压力,而另一部分则拥有大量新生人口。亚洲地区目前拥有全球最高的储蓄率,但同时也迫切需要大量在基础设施和社会服务方面进行投资。其金融部门在很大程度上仍然处于初级发展阶段。亚洲城市化进程很快,但城市的宜居性却越来越差。虽然亚洲需要大量的资源来保持其快速发展的势头,但全球各种资源的储量正在减少。在这样矛盾的情况下,亚洲的发展同时面临着挑战和机遇。

　　《亚洲 2050:实现"亚洲世纪"》是亚洲开发银行(ADB)主持的一项研究,本书不仅讨论了这些挑战,还给出了迎接挑战的建议方案。同时这本书也直接地表明,亚洲国家不论是个人还是集体都必须立刻采取行动,行动滞后和无所作为只会加大解决问题的难度,提高问题的解决成本。过去在亚洲低收入和资本稀缺时期适用的政策在今天以及未来已不再适用。而且,作为一个新兴的全球发展引擎,亚洲必须在自由贸易、金融稳定、气候变化、和平与安全等方面吸纳、促进并推动这些全球公共产品的发展。

本书还提醒我们,挑战和风险不是相互排斥的。它们可以相互影响,激化机遇与挑战的矛盾,或给亚洲构成新的压力,阻碍亚洲的经济增长、金融稳定和社会安定。亚洲发展问题的矛盾根源深远,要解决好也较为棘手。日益凸显的不平等、环境恶化、中等收入陷阱等威胁,只能靠综合战略和政策配以必要的机构改革才能克服。而有效的区域合作则是亚洲和平与繁荣的基石。通过建立信任得以保证的贸易和金融稳定的共同利益及自然资源的获取会逐渐实现,但这也要求国家和区域间各层次的正确领导。

以上都是长期的、要求几代人共同迎接的挑战。如果不能很好地解决这些问题,那么亚洲人将会离实现应有的富裕和更大的福祉渐行渐远。我们希望,本书中的一些研究结果可以为政治和经济领域的领导者、企业、学术界、发展实践者和民间团体在制定长期战略和国家的具体发展计划时提供一定参考。

而像这样广泛的研究,没有专家组密集的调研和高度的专业性作支持是无法完成的。亚洲开发银行区域经济一体化办公室领导了这个旗舰研究项目,同时许多学者也为本书作出了贡献,而广泛的国别调研也使本项研究更加深化。我和亚行的管理团队也有幸参与了很多相关调研。另外,在 2011 年 5 月亚行第 44 届年会暨行长研讨会以及 2011 年 6 月亚洲智者研讨会上的反馈意见也是极具价值的。

亚洲从极度贫困走向繁荣和自由进程需要的不仅仅是快速的增长。如果亚洲在其已取得的成绩的基础上注重创新、企业家精神、包容性、可持续发展以及政府管理,那前面所描述的"亚洲世纪"的实现是完全可能的。"亚洲世纪"很可能是一个全球共同繁荣的世纪。但未来的繁荣需要我们联手创造。我坚信亚洲的领导人在追求更紧密的区域和全球合作的同时会采取必要的大胆而创新的国家政策,进而使"亚洲世纪"真正变成现实。

黑田东彦

亚洲开发银行行长

致　　谢

亚洲开发银行行长黑田东彦先生为《2050 年的亚洲》的研究提供了视野和灵感。他一贯严谨的思维帮助我们以一种敏锐却不偏激的眼光来看待"亚洲世纪"性的机遇与挑战。

亚洲开发银行常务行长拉雅·纳格为这项研究提供了概念性框架以及全面的指导。亚洲开发银行区域经济一体化办公室（OREI）主任伊万·阿齐兹同样用他的智慧领导了亚行团队的工作。

另外，为此项研究作出重要贡献的还有亚洲开发银行副行长 C. 劳伦斯·格林伍德、宾杜·罗哈尼、乌苏拉·舍费尔普罗伊斯、拉克什米·维坎塔查拉姆、赵小玉以及亚洲开发银行研究院院长河合正弘。

圣坦尼集团总裁兼首席执行官哈瑞尔达·考利先生是该项研究团队的队长兼首席专家，他为此专门成立了一个国际专家小组并带领团队一起夜以继日地工作并最终出色地完成了这项研究。同时，与他合作的两位主编——亚洲开发银行区域经济一体化办公室（OREI）的高级总监阿肖克·夏尔马以及圣坦尼集团的阿尼尔·苏德——共同指导本书的作者们定下了这本书的主要章节的研究和写作框架。最后由他们三人一起最后完成定稿。阿肖克·夏尔马还作为亚洲开发银行研究团队的领导者带领亚行研究团队为此项研究作出了突出贡献，这其中包括亚行首席经济学家贾扬特·梅农以及高级经济学家萨娅萨琪·米特拉。

这本书的核心作者有：霍米·卡拉斯（1700—2010 年全球经济中的亚洲：场景勾勒；2011—2050 年全球经济中的亚洲："亚洲世纪"的主要驱动力）；霍米·卡拉斯和哈珀·阿尔贝托·考利（2050 年全球经济中的亚洲："亚洲世纪"）；霍米·卡拉斯（实现"亚洲世纪"：主要的挑战和风险）；哈瑞尔达·考利、阿肖克·夏尔马、阿尼尔·索德（简介；实现"亚洲世纪"：战略框架；结论：错失"亚洲世纪"的代价）；贾扬特·梅农、萨娅萨琪·米特拉、德鲁·阿诺德(增长和包容性);黄亚生和Y.亚伦·斯兹夫(提升生产效率与经济增长);安东尼·佩莱格里尼(实现城市化的新途径);沈联涛(金融转型);侯赛因·拉扎维(节能和能源安全);卡梅隆·赫本和约翰·沃德(从亚洲自身利益出发应对气候变化);胜茂夫(治理与体制转型);约翰内斯·林恩(区域合作和一体化);哈瑞尔达·考利(实现"亚洲世纪":亚洲在世界的地位)。

其他研究者阿米塔夫·阿查里雅、维诺德·戈埃尔、拉梅什·米什卡、娜塔莎·慕克吉和汉斯·宾斯万格—麦希泽也为本书作出了突出贡献。

亚洲开发银行前首席经济学家李中华、区域经济一体化办公室(OREI)前主任斯里尼瓦萨·穆德在著书初期帮助构建了总体框架,使本书深受其惠。

来自各国的调研也为本书提供了宝贵的实证材料与相关观点。研究团队有幸得到了以下专家的指导和建议:孟加拉国财政部部长阿布·马尔·穆希特和孟加拉国银行行长阿提乌·拉赫曼;中国财政部国际司司长郑晓松;印度计委主任蒙特克·辛格阿卢瓦利亚和经济事务部首席经济顾问考希克·巴苏;印度尼西亚经济事务部协调部长哈达·拉甲萨、国家发展规划部部长阿米达·阿里斯加巴纳、贸易部长玛丽阿尔卡·冯慧兰和总统顾问委员会主席及前环境部长埃米尔·萨利姆;日本财政部国际署署长中尾武彦和财政部国际署高级副署长山崎达;韩国财政部部长尹增铉、战略和财务部副部长林俊龙和刘松古;越南国家银行总督阮文安和前规划和投资部部长、亚洲商业银行行长陈春佳。此外,我们还要感谢各国高层决策者、著名经济学家、企业领导者和民间团体代表提供的宝贵意见。

另外,一些智囊团和机构与研究小组进行了讨论,让我们获益匪浅。他们包括:印度工商联合会、越南中央经济管理研究院、越南经济研究所、上海国家会计学院、上海亚太财经与发展中心、中国发展研究基金会、韩国国际经济政策研究所、韩国首尔国立大学研究生院。

在2011年5月亚行第44届年会暨行长研讨会上提供了宝贵意见的杰出决策者包括阿布·马尔·穆希特(孟加拉国财政部部长)、克里斯蒂娜·拉加德(法国财政部部长)、普拉纳布·慕克吉(印度财政部部长)、李勇(中华人民共和国财政部副部长)、阮文安和文裕(越南国家银行总督)、干幸小立(日本财政部议会秘书)。

这项研究还受惠于2011年6月的亚洲智者小组讨论。参加讨论的成员包括凯撒·维拉塔(菲律宾前首相兼财政大臣)、阿南·班雅拉春(泰国前首相兼财政大臣,暹罗商业银行董事会主席)、埃米尔·萨利姆(印度尼西亚环境顾问委员会主席兼前部长)、R.K.帕乔里(印度政府间气候变化小组总监、能源资源协会主席)、郭英勋(济州岛国立大学教授)、普密蓬·帕卡森(泰国国民经济和社会发展委员会原秘书长)、森田圭(亚洲战略论坛主席和首席执行官)。

　　该研究小组高度赞赏亚行资深人士的宝贵意见,这些资深人士包括菲利普·C.奎雅佳、克劳斯·盖尔豪瑟、胡安·米兰达、苏·H.拉赫曼、贺都酒井、邦夫森加、黄昌勇、李承晚、罗伯特·F.维尔托、姚贤斌。该研究小组也赞赏亚行及其研究院人员的意见,这些人员包括赤松范隆、甘比尔·婆多、比万斯·巴塔查亚、理查德·博尔特石卡、理查德·博尔特、乔恩·伯母霍斯特、卡帕内尔里·乔瓦尼、董生、耶稣·费利佩、艾迪蒙·金汀、拉纳·哈桑、保罗·海登斯、扎希德·侯赛因、胡兴兰、阿比德·侯赛因、卡维塔·艾杨格、金友云、特瓦库马尔·康迪亚、康永崔、金正勋、金·穆特侯帕德海、马里奥·B.朗伯、沃纳·里派齐、洛克辛·卡梅拉、安竺·梅塔、奥玛娜·奈尔、克里斯纳达斯·纳拉亚南、詹姆斯·纽金特、斯蒂芬·波拉德、官安、魏维克·饶、贾森·拉什、宋磊磊、梅里亚蒂·罗托、安里尔·特维、巫琼文、维克多·沙希德扎希德、庄巨忠。编辑团队的成员布鲁斯·罗斯拉尔森、娜塔莎·因陀罗、理查德·尼布尔和凯文·唐纳修共同努力为这份报告定稿。圣坦尼集团的凯瑟琳·戈博负责整理最后的手稿,夏绿蒂·赫斯帮助并检查文稿的编排、组织及格式。

　　柯坦丹·巴拉吉、阮买斌、伊森·穆罕默德、希拉·大卫、惠子滨、马鲁夫·侯赛因、米纳克什·耆那、惠子河津、克里斯赛达·伦巴、田中美和子、马楠、卡罗尔·奥查克、威廉敏·娜拉巴斯、罗萨里·奥理、詹妮弗·坦塔可、梅蒂·塔奴雅佳、田查维兹·皮娅、沙里塞·图比亚诺萨、迈克尔·本·阿尔巴利洛、巴塞罗那·圣地亚哥·马丁、凯文·多纳休、雷登·兰克斯蒂奇、伊万·莱昂、鲍德温·马米提、卡罗蒙·特维多、詹姆斯·翁、盈盈·佩雷斯、特里萨·罗伯斯(顾问)在项目的行政管理方面以及为安排和协调与此项研究相关的各项工作会议和研讨会作出了重大贡献。

前　言

　　亚洲当前正经历着历史性转变。按照目前的发展速度,到 2050 年,以购买力平价计算,亚洲的人均国内生产总值(GDP)将达到欧洲当前水平的六倍。并且,以现在的富裕标准,亚洲将新增 30 亿富裕阶层人口。届时,亚洲占全球 GDP 的份额将翻两番,达到 52% 。亚洲将重新确立工业革命前已经取得的在世界经济中的主导地位。

　　但是亚洲的崛起并非理所当然。虽然当前主要经济体保持着乐观的增长势头,前途光明,但这不并意味着仅靠当前的努力就能取得成功。实际上,成功需要一个不同的发展模式,以及一系列长期、根本性的政治体制改革。

　　不可否认,当前的确面临着许多挑战和风险,比如:

　　——国家内部发展不均衡,导致社会不稳定,削弱了集体凝聚力;

　　——国内的经济、社会以及政治等因素导致国家陷入“中等收入陷阱”;

　　——继续增长的亚洲追求高质量生活水平的人口,导致国家间对自然资源的激烈竞争;

　　——不断加剧的国家间收入差距,易导致区域发展的不稳定;

　　——全球变暖与气候变化,使农业生产、沿海地区及大量城市地区受到严重威胁;

　　——亚洲各国也都面临着国内制度及治理等一系列根本性问题。

　　这些问题和挑战并不是孤立的,它们之间相互影响,从而加剧社会冲突和矛盾,并在此基础上产生新的问题,阻碍亚洲的经济增长,威胁其稳定性和安全性。

　　本书假定了亚洲未来发展可能出现的两条路径:实现“亚洲世纪”或落入“中等收入陷阱”。这里仅假设了两种可能性来预测亚洲的未来发展。这样假设有两个目的:(1)关注长期趋势所产生的影响;(2)为应对挑战做好准备。

实现“亚洲世纪”

　　“亚洲世纪”的实现将会把亚洲推到历史性转型的风口浪尖,并突出其过往的成就。在此背景下,截至 2050 年,以市场汇率计算,亚洲的 GDP 将从 2010 年 17 万亿美元升至 174 万亿美元,占世界 GDP 总量的一半,相当于亚洲人口占全球的比重,人均 GDP 将达到 40800 美元(以购买力平价计算),也就是说到 2050 年亚洲的人均收入水平将达到当前欧洲的水平。这些假设是建立在亚洲各经济体能在未来 40 年内继续保持目前的发展势头、适应全球经济与科技发展不断变化的大环境、发挥各自比较优势的基础之上的。

三个层次的行动议程

在实现"亚洲世纪"的过程中,各国需要解决不良政策、制度以及治理不善等一系列问题。虽然各国面临的问题不同,所采取的措施也有差异,但都需要作出三个层面上的几个重大改变:一是国家战略和政策实施;二是区域集体行动,协调国家和世界的行动议程;三是亚洲同国际组织间的互动。能否实现"亚洲世纪"取决于在这三个方面的作为。

国家行动议程

七大复杂的代际问题和战略性挑战需要跨国间的区域合作。

增长与包容性

增长与包容性相辅相成。为了实现可持续增长,亚洲各国必须高度重视包容性问题,解决穷人和富人、农村和城市、知识分子和未受教育群体、不同性别和不同民族间的发展不均衡问题。包容性增长不仅需要解决贫困问题,同时还要兼顾公平公正、机会均等、就业以及对保护弱势群体等一系列问题。

企业家精神、创新与科技发展

亚洲各经济体未来 40 年的高速发展需要不断出现科技创新,还有更重要的,是需要企业家精神。目前世界发展最快的两个国家——中国和印度必须要不断进步,进一步挖掘其企业家精神,争取在科技方面取得创新性突破。其中,各层次高质量的教育是促进社会创造力的关键。

大规模的城市化

到 2050 年,亚洲城市人口将翻一番,从 16 亿人上升至 30 亿人。届时,亚洲城市将会成为教育、创新、科技发展的中心,决定着亚洲长期发展的竞争力以及社会、政治的稳定性。因此,亚洲要充分利用现阶段处于城市化增长曲线上升阶段的黄金时期,发展成为紧凑型、高能效型的安定社会。

金融改革

在金融体制改革过程中,亚洲领导人需从 1997—1998 年的亚洲金融危机以及 2007—2009 年的全球金融危机中吸取教训。亚洲必须按照自己的步伐,制定适合自身发展的政策,防止对市场机制的过分依赖以及政府对中央银行的过度控制。金融改革的过程中需要不断地进行制度创新和包容性金融的支持。

降低能耗以及自然资源的使用

新增加的 30 亿富裕亚洲人口将对地球上有限的自然资源形成巨大的压力。亚洲需要转变能源使用结构,使用可再生能源替代传统的化石能源,在提升能效、促进能源多样化方面起领导带头的作用。亚洲未来的竞争力很大程度上取决于自然资源使用效率的提升以及低碳型发展模式的正确选择。

气候变化

亚洲人口占世界总人口的一半。相比于其他地区而言,它能对世界产生更大影响。气候变化问题能对亚洲未来的发展路径产生深远的影响。未来亚洲将提高能效,降低对化石燃料的依赖;走紧凑型、宜居型的城市化道路;建立城市轨道交通系统;改变传统的生活方式,减少对自然资源的过分开发、使用。

治理机构

目前亚洲国家的政治、经济体制已成为制约亚洲发展的一个重要因素,特别是腐败的破坏力已经很严重了。良好的制度将使高速发展的经济体避免陷入"中等收入陷阱",同时也推动增长缓慢或中等增速的国家建立各项基础性制度,促进经济的可持续发展。在其发展过程中,不断壮大的中产阶级将对参与国家治理有更多的诉求,需要更大的话语权以及更广阔的个人空间等。在这个过程中,消除腐败对各国保持社会稳定及维护执政合法性极为关键。这就需要从中央到地方各层次的有效治理——提高透明度,加强问责性、预见性及执行力等。

大多数亚洲国家在发展过程中,都出现了以上代际问题。但是各国根据自身情况、选择优先解决的问题并不相同:

高收入发达国家:共有 7 个国家,特别是日本、韩国、新加坡等。它们应在以下两个方面发挥领导性作用:科技创新和从注重经济高速发展转向关注民生福祉。

高速增长经济体(也称"趋同经济体"):共有 11 个国家。这些经济体当前的主要的任务就是避免陷入"中等收入陷阱";除了需要继续减少社会不平等、巩固现阶段的发展成果外,还要大力培养世界顶级的、训练有素的劳动力,建立知识产权保护制度和公平的争端解决机制;此外,改善商业环境也极为重要。

低增长与中等发展国家(也称"非趋同经济体"):这些国家的首要任务是加快经济

发展步伐,夯实经济持续发展的基础。通过教育,减少社会不平等,以促进更快、更好的包容性增长;加强基础设施建设,完善制度、体制,建立良好的商业竞争环境,提高对外开放度等。

地区合作

地区合作(或一体化)对亚洲未来的成功起着极为重要的作用。地区性的合作能够使各国面对全球性经济冲击时,进行有效的抵御;连接亚洲各国与世界其他地区,起到沟通的作用;通过充分发挥协同作用和溢出效应等,使各国能更好地应对全球挑战;使各国通过共同应对亚洲问题,促进地区的长期稳定与和平。

尽管各国间差异较大,但亚洲需要继续遵循先前的发展模式,不断吸取经验、教训,以推动更快、更好的发展。需要坚持市场主导,加强地区间的自由贸易、投资和劳动力流动,实现健康、自由的经济增长;坚持开放、透明原则。亚洲将长期坚定不移地实行开放政策以促进国家、地区的经济发展。

全球行动议程

亚洲的发展将给世界带来新的挑战,应该同时承担起更大的责任与义务。亚洲需逐渐转变成国际规则的制定者。作为全球新兴领导者,亚洲需要承担起作为国际"公民"的责任,在制定国内和地区性政策时,要考虑到对区域和世界的影响。在这个过程中,要谨慎地转变其国际角色,并在全球治理中发挥协作、建设性的作用。

随着亚洲逐步成为全球经济的中心,世界其他地区的政治、经济发展同样符合亚洲的利益。世界的和平与发展将有助于长期的稳定与繁荣。亚洲的进步,全球的繁荣将共同促进"亚洲世纪"的实现。

"亚洲世纪"与"中等收入陷阱"

本书中涉及的行动议程——国家层面、地区层面和全球性层面的——需要领导者的远见卓识,并且需要应对发展中的各项挑战。其中会有多少国家能够成功应对,这是不确定的。考虑到各种因素的不确定性,本书预测了两种可能出现的情景。

一种是对亚洲国家持乐观态度、对"亚洲世纪"的实现持肯定态度的情景。这是假设 11 国能够在未来的 40 年内继续保持过去 30 年已有的高速增长,并且到 2020 年,大多中等发达国家能够迎头赶上。

另一种是高速发展的新兴经济体在未来5—10年的发展过程中,陷入"中等收入陷阱"。也就是说,亚洲将步拉美过去30年的发展后尘。此类观点具有警示性的作用。

以上是两种截然不同的观点。如果错失了"亚洲世纪",其政治、经济及社会代价将无可估量:GDP 总量和人均 GDP 将严重低于估测值,大大削弱亚洲人民的福利水平。

同时,也不能完全排除"完美风暴"(perfect storm)的可能性,也就是说当一系列小概率事件发生并累积导致事态严重恶化的情景出现。失败的宏观政策、监管不力的金融体系、各种冲突、气候变化和自然灾难、爆炸式的人口增长、较弱的治理机制等将严重影响亚洲的发展。最可怕的结果是,亚洲将在2050年陷入金融瘫痪状态,国内和地区冲突四起。实际上,这种情景发生的概率很小,但亚洲领导人应有所警觉,避免这样灾难性后果的出现。

无形因素

四个相互影响的无形因素将决定亚洲发展的长期命运。第一个是亚洲领导人能够在经济周期的上下波动中坚持长期性的发展;第二个是亚洲需要采取更为务实的政策、措施,关注结果;第三个是亚洲各国需要提升彼此间的相互信任和依赖,加强地区间的交流与合作;第四个是亚洲的领导人需要改变治理模式,重建国家、社会制度,提升透明度和问责性。

第一章 导　　论

哈瑞尔达·考利(Harinder S. Kohli):新兴市场论坛首席执行官

阿肖克·夏尔马(Ashok Sharma):亚洲开发银行金融局局长

阿尼尔·索德(Anil Sood):新兴市场论坛高级顾问

看到本书的标题,读者们也许会想三个问题。首先,为什么会有着眼于亚洲今后40年的研究? 第二,如何定义亚洲? 它是一个单独的区域或实体,还是由许多仅仅是因为地理上毗邻的不同的人和国家的集合? 是什么将这些不同的人和国家联系在了一起? 第三,考虑到亚洲过去几十年的杰出表现,现在是不是已经进入了"亚洲时代"了呢?

本章将回答以上这三个问题。

为什么要进行"2050 年的亚洲"的研究呢?

本书主要面向亚洲的高级政策制定者、顶尖商业领袖以及主要的决策者,着眼于有助于形成一个关于亚洲到 2050 年实现在国际社会中的潜在的历史性崛起的愿景和策略方面的共识。

本书提供了一个关于亚洲区域整体的长期展望,而非仅仅是选择性地针对一些国家、地区或者议题的中短期的展望。这种方法更深入地揭示了对于亚洲长期发展和其人民福祉切身相关的困扰几代的问题和取舍。

本书试图从以下五个方面给出一些见解,分别是:

◆它就那些被越来越多的人们所接受的所谓认为亚洲在世界经济中的迅速崛起是不可避免的,好像是处于自动导航状态一样的普遍观点提出了质疑。本书强调了可能导致经济、社会甚至政治不稳定的主要风险,这些风险反过来会使得经济发展和增长脱离常轨。在这份风险名单上包括了持续或不断增长的社会分化和不公平;困扰中国、印

1

度等许多国家的中等收入陷阱;相关机构(政治的、经济的、司法的或执法部门)的质量及可信度的逐步下降。考虑到其他曾经成功的地区或国家(特别是拉丁美洲)的经济史,这些历史警告政策制定者和商业领袖不要自鸣得意。

◆本书强调了当前的中等收入经济体,比如中国、印度、印度尼西亚、泰国和越南在今后的 40 年将要跨越的新挑战;这些挑战也是新兴工业化经济体(NIEs)①,包括中国香港、韩国、新加坡和中国台北过去 40 年不必面对的。这些挑战包括对有限自然资源的激烈竞争、气候变化的不利影响,以及超越目前的全球最佳实践的需要。

◆本书概括了亚洲作为一个整体继续快速发展的先决条件和战略(比如一个新的增长模式,以及更加注重包容性增长和城市化),同时避免"中等收入陷阱"。

◆本书探讨了亚洲区域合作和一体化的前景和选择。研究结果表明,基于以市场为基础的、通过自下而上的方式形成不受阻碍的贸易和投资流动,以及加强国家间的合作,将有助于促进亚洲地区的发展与繁荣。

◆本书强调了亚洲在向全球领域不断伸展的过程中会出现的机遇和责任。主要的亚洲成员国需要以耐心和谦逊以及和平与和谐的方式来对待亚洲的崛起。

本书就讨论各种重大的挑战和相应的政治议程设置了针对亚洲长期展望中的两个场景。但这些场景必须就事论事:它们只是许多可能出现的情况中的两种。它们都不是定向估量或明确的预测。

"亚洲"是什么?

从物质、社会、政治及经济的角度看,亚洲是个广阔的和种类繁复的地区。它包括了一些世界上最大、最有竞争力的、最先进的经济体,比如日本、中国香港、韩国和新加坡。中国、印度、印度尼西亚和越南正在迅速崛起成为全球重要的成员。所有这些国家又与众多面积小、落后,且往往是脆弱的经济体共存,比如阿富汗、尼泊尔和一些太平洋岛屿。

由于这种多样性,要超越地理界限来定义亚洲就是一项艰巨的、经常被讨论的任务。即使人们已经日益认识到亚洲作为一个地区本身已经成为一个崛起的政治经济体,但它通常被视为一个没有共同认同的政治理念和意识形态的经济共同体(特别是

---

① 这个名词首次出现于 1970 年,当时中国香港、韩国、新加坡和中国台湾在迅速实现工业化的基础上快速增长。今天,它们已不再是"新兴工业化",而是在很大程度上以服务为导向的国家,但这个名字保留了下来。

东亚地区）。

那么,什么是亚洲? 有一个关于亚洲的概念是不正确的。它认为,鉴于其规模和多样性,亚洲仅仅是一个将不同地区和人们整合在一起的空想的概念,而非一个同质的实体。"区域可以被赋予不同的含义并执行不同的功能——在某个特定的时刻被赋予什么样的含义及执行什么样的功能既取决于观察者的视角也同样取决于被观察到的现象"(Camilleri,2003)。含义的赋予是一个渐进的过程,定义该区域的特征取决于"什么是亚洲?"这个问题是如何、何时及由何人所提出的。

在任何一个设定的点来定义亚洲的界限都是一个关于历史、政治、经济联系不断发展的体制框架,共享的文化和价值观以及尝试建立一种集体认同的思考。学者们根据这些特点对亚洲地图进行"重绘",导致了"区域连通的网络"的出现。这个范围涵盖了从交易网络到各种利益集团的联盟(Pempel,2005)。

鉴于亚洲幅员辽阔(最初欧洲人认为作为一个地理实体而言,亚洲就是欧洲边界以东的一切区域),该区域承载着多民族以及多元文化和语言传统,这就使得我们很难去定义一种明确的亚洲文化或一套价值观。尽管如此,其还是有着许多共同的特点。

在欧洲人到来之前该区域就已经有了高度进化的文明,它曾是几个宗教的摇篮(Langguth,2003)。该区域灌溉稻作农业的盛行引起了另一个特点:在农业社会中心,作为社会和政治单位的自给自足的乡村社区的重要性(Miller,2004)。在这样的社会中,村庄的需求常常优先于个人。

从 15 世纪到 20 世纪初,该区域的大部分地区都落入了外强的控制之下,这一经历推动了共同的区域特征和价值体系这一新生概念的出现。泛亚一致性的提法起源于整个区域的知识交流。亚洲一致性的早期支持者包括冈仓天心(Okakura Tenshin)、泰戈尔(Rabindranath Tagore)和孙中山(Sun Yat-Sen)。冈仓天心(Okakura Tenshin)和泰戈尔(Rabindranath Tagore)的作品呼吁一个没有西方文化、政治和军事干涉的共同的东方文明。

20 世纪 90 年代我们见证了亚洲共同价值观的复苏,并由于该区域强劲的经济发展而出现了被许多人称道的"亚洲奇迹"。该区域充满活力的增长归因于:尊重权威、勤奋、节俭、自律、社会和谐,以及个人服从整体。然而,这一特性的基础却十分薄弱。这是由于该区域的经济成就(一开始只限于东亚地区)部分是由于其学习和采取西方某些做法的能力,比如强调经济发展中技术创新和贸易自由化的作用(Mahbubani, 2008)。

该地区的机构建设的进展表明,共同规范(特别是互不干涉的概念、软制度主义和共识决策)正在兴起成为亚洲区域一致性的主要特征(Acharya,2005)。

近年来,很多人都提到亚洲内部不断增加的贸易和投资联系正逐渐成为该区域的一个鲜明的特点。然而这种联系并不是现在才出现的,而是可以追溯到前殖民时期,当时的丝绸之路经由印度将中国西部和中亚联系起来了。东南亚由于其连接中国和西方的国际海运航线这种战略位置,也产生了强大的网络,推动区域交流和区域内涉及中国和印度的贸易(Shanker,2003)。

与这一区域贸易网络相关的是东亚的朝贡贸易制度(tribute-trade system)。这一制度导致了中国人向海外大移居,并相应扩大了整个区域贸易社区的增长。这些商人主宰了东亚大部分地区的商业和金融,并将当地的经济相互连接起来(Arrighi,et al.,1996)。

因此,这些被外国势力占领的共同经历,随之而来的独立后的建设国家的努力,以及更近的 1997—1998 年的金融危机使得亚洲以不同的程度和不同的方式团结在了一起。

目前的重点是围绕创造泛亚经济共同体来促进区域经济合作一体化,这也将扩大包括与中亚和南亚的联系。该区域体制结构的"可变几何"(variable geometry)为界定亚洲带来了多样性。比如东南亚国家联盟(Association of Southeast Asian Nations,ASEAN)、东盟"10 + 3"(ASEAN Plus Three)及其衍生集团、东亚峰会(East Asia Summit)、东盟地区论坛(ASEAN Regional Forum,ARF)和上海合作组织(Shanghai Cooperation Organization,SCO)这样的机构和安排说明了为何该地区不以共同的遗产或者甚至是领土的接壤来定义,而是基于共同的目标来定义。这些目标包括一个压倒一切的共同特点,即追求这片涵盖了世界人口近 60%[①]的区域的经济和社会的快速发展。

经济快速增长的前景及实现这种目标的能力首先见诸日本在一代人的时间里就实现了向富国的转变(这一成功之后被中国香港、韩国、新加坡和中国台湾所仿效)。曾经属于最穷国家之列的马来西亚和泰国已经牢牢地确立了自己中上等收入[②]国家的地位。并且该区域最大的国家(印度和中国)现在正以极快的步伐朝着富裕国家的行列迈进。孟加拉国、印度尼西亚、哈萨克斯坦和越南也正在迅速增长。因此,尽管存在着多样性,亚洲所有国家都渴望仿效这些成功的案例就不足为奇了。

---

① 在本书中,亚洲被定义为包括三个亚洲地区:东亚和太平洋地区(包括朝鲜);南亚和中亚(包括伊朗)。所覆盖的 49 个经济体是:阿富汗、亚美尼亚、阿塞拜疆、孟加拉国、不丹、文莱、柬埔寨、中华人民共和国、库克群岛、朝鲜、斐济、格鲁吉亚、中国香港、印度、印度尼西亚、伊朗、日本、哈萨克斯坦、基里巴斯、韩国、吉尔吉斯共和国、老挝、中国澳门、马来西亚、马尔代夫、马绍尔群岛、密克罗尼西亚联邦、蒙古、缅甸、瑙鲁、尼泊尔、巴基斯坦、帕劳、巴布亚新几内亚、菲律宾、萨摩亚、新加坡、所罗门群岛、斯里兰卡、中国台湾、塔吉克斯坦、泰国、东帝汶、汤加、土库曼斯坦、图瓦卢、乌兹别克斯坦、瓦努阿图和越南。

② 人均收入在 3946 美元到 12196 美元之间。

当考虑到亚洲的经济和社会前景时,该区域的许多自相矛盾的特点就显得十分明显。它既是世界上增长最快的区域,却也同时有着世界绝对贫困人口的一半(人均每天收入低于1.25美元)。它已成为全球制造业和信息技术服务中心,但大部分的国民却仍是文盲或处于失业。在中国、日本和韩国,人口老龄化已备受关注;而巴基斯坦、菲律宾和许多中亚共和国却仍然有着较高的人口增长率。该地区有着世界上最高的储蓄量,并且是工业国家最大的净债权人,但同时国内大量的投资需求却未得到满足,特别是基础设施和城市化方面。比起在制造业和信息技术服务方面的优势,其金融部门发展并不理想:反而将其储蓄交由欧洲和北美的金融中心打理比依靠自身的金融市场显得更为有效。

尽管存在着这些悖论,但在过去40年里,亚洲的经济和社会进步的速度和程度是不可否认的,也确实是前所未有的。在许多方面,该区域已成为全球羡慕的对象。

"亚洲世纪"是注定的吗?

亚洲正在蓬勃发展。在许多方面,亚洲在21世纪头十年中的表现是其迄今为止最好的。在亚洲发展中国家中人均收入(Per capita income)达到了近5000美元(以2010年的购买力平价计算),并且在2001—2010年的十年间年均增长了9.4%。其投资率达到新高,在过去十年中占GDP的35%,这也表明大家对该区域未来发展的巨大信心。出口年均增长11.4%,私人资本净流入平均每年830亿美元,外债下降到占GDP的14.5%,该区域的累计外汇储备达3.5万亿美元。

亚洲国家在2005到2010年间大约减少了4.25亿贫困人口(人均每天收入低于1.25美元),占同期全球贫困人口减少的93%(Chandy & Gertz,2011)。亚洲正在成为一个中等收入地区。据国际货币基金组织(IMF)报告,仅有8个亚洲国家在2010年的人均收入低于1000美元①。

虽然累计数据主要来源于两个人口大国——中国和印度,但是其总体发展的表现趋势是广泛存在于整个亚洲的。11个亚洲发展中国家自2000年以来以人均收入每年超过3.5%的速度增长,照此速度,每20年便可翻一番②。在最近经济合作与发展组织

---

① 阿富汗、孟加拉国、柬埔寨、老挝、缅甸、尼泊尔、塔吉克斯坦和东帝汶。
② 阿富汗、孟加拉国、不丹、柬埔寨、中国、印度、印度尼西亚、老挝、马尔代夫、斯里兰卡和越南。数据来自国际货币基金组织(IMF)2010年10月的《世界经济展望》。阿富汗的高增长是由不断增加的援助所推动的。

（OECD）的国际学生评估项目中五个表现最好的经济体中有四个是亚洲的：中国上海、中国香港、韩国和新加坡（OECD，2010）①。从另一个指标来看，中国、日本及韩国是在世界知识产权组织（World Intellectual Property Organization）注册专利数量最多的国家。

该地区从 2007—2009 年的大衰退（或全球经济危机）中的快速 V 型恢复是亚洲经济实力和应变能力的另一个指标。

随着社会、政治和经济环境的变化，将亚洲视为一个区域的观点也在不断成型。亚洲最近在发展道路及其社会和政治结构方面的转变将为该区域未来的发展埋下伏笔。而此时的关键区别是亚洲正处于自主决定未来发展方向之际。

在此背景下，大家普遍都在谈论"亚洲世纪"，以致给人一种印象，认为亚洲的优势是天赋的，唯一的问题是中国和印度何时将成为世界第一大和第二大经济体，就好像这些国家是处于自动导航一样，会顺利滑行到它们应有的命运。

因此，认识到亚洲面临着极大挑战的重要性在于：一些国家内部的巨大的不平等（在某些情况下，这些不平等还在急剧上升）可能会改变该区域的政治和社会结构；一些国家由于许多经济、社会及政治的原因而具有陷于"中等收入陷阱"的风险；在未来的 40 年内，当另 30 亿亚洲人变得更加富裕及努力取得更高的生活水平时，将爆发对于有限的自然资源（能源、矿产、水和可耕种土地）的激烈竞争；国家和地区之间不平等的急剧上升，如果以过去的相对增长率持续到 2050 年，可能使得一些国家和地区发生动荡；以及全球变暖和气候变化。

除此之外，还有来自于政府治理的首要挑战，治理水平的提高将会是克服其他挑战的关键。如果目前政府机构质量不断下降以及腐败不断严重的势头未得到有效遏制的话，将会危及维持增长势头的能力。

因此，亚洲国家面临着一系列的挑战。如果它们要实现和保持经济快速增长，就必须要在国家或区域的层次（或同时兼顾两者）处理好这些挑战。

这些挑战并非是可独立分割的。它们可以相互影响，并加剧现有的紧张局势和冲突，甚至创造出新的压力点威胁亚洲的增长、稳定和安全。如果领导者们不能以一种协作和团结的方式来解决代际问题，这些问题将会增加失败的风险。

本书重点强调了这些议题。本书的中心思想是：虽然亚洲正处于根本的经济和社会变革中，但是要再经历另外 40 年持续的进步却绝非是天上掉馅饼。亚洲在寻求一个"亚洲世纪"时面临着艰巨的挑战。亚洲的领导者们必须意识到未来的繁荣需要以过去 40 年间发达经济体取得成功的方式来取得。亚洲掌握着自己的命运。

---

① 此方案评估 15 岁大的孩子的阅读、数学和科学水平。

本书结构

　　本书分为两大部分,最终得出了一个研究结论。本介绍部分之后是本书的第一部分,主要讲的是亚洲过去 50 年以来的重新崛起及"亚洲世纪"在未来 40 年可能的演变趋势。为设定讨论亚洲未来的场景,第二章简要地追溯了亚洲从 18 世纪初的工业革命出现到现在这段时期内的经济发展史。第三章讨论了将会推动亚洲从现在到 2050 年这段时期增长的主要驱动因素,包括人口结构变化、资本深化、城市化、中产阶级的增长及通讯革命。第四章探讨了实现"亚洲世纪"的全球经济和地缘政治条件背景和假设。第五章警告政治和经济领导者们不要自满,并强调了这些国家在向"亚洲世纪"迈进过程中可能遇到的巨大挑战。

　　第二部分首先提出了一个用于分析实现"亚洲世纪"的战略框架和政策议程。这一部分还有其他九个章节:促进增长、包容和平等;推进生产力、创新、企业家精神和增长;发展实现城市化的新方法;金融改革;节能减排及加强安全管理;治理全球气候变化;转变政府治理和体制;确保区域合作和避免冲突;扩大亚洲在全球经济和政治治理中的作用。每一章的开始都包括了其相关方面的 40 年前的面貌及其如何演变到今天的简要介绍,然后讨论该章的主旨对于亚洲的长期经济和社会前景,关键问题,对其他议题的影响及应对挑战的优先政策议程等方面的重要性。

　　结论部分强调了前两部分提出的建议和重要发现,分析了错失"亚洲世纪"的高昂成本。这个成本不仅仅是经济方面的,同样也是对于整个人类发展而言的。如果亚洲成功地维持目前的增长势头,再过 40 年,到 2050 年左右,约有 30 亿的亚洲人会变得富裕,并享有与今日的欧洲相似的生活质量。但如果亚洲出现失误,如果亚洲的主要经济体陷入了"中等收入陷阱",亚洲到时候的总 GDP 将会少于以目前的增长势头所能达到的水平的一半。数十亿人就不得不再等待一代人的时间或者更久,才能享受到富裕的成果。本章重点强调政策制定者们为了避免"中等收入陷阱"而必须要面临的战略问题。

第二章　1700—2010 年全球经济中的亚洲:场景勾勒

霍米·卡拉斯(Homi Kharas):布鲁金斯学会高级研究员

本章主要回顾了自 18 世纪起至今在亚洲留下的经济足迹。1750—1990 年,亚洲占全球经济的份额(以购买力平价计算)从 60% 下降到了不足 20%。而在最近的二十年内,世界见证了亚洲的复兴,其产出所占份额回升到了 28%。

衰退与复兴:1700—1970 年

许多旁观者将目前亚洲在经济上取得的成就称做"亚洲的振兴"——更确切地说,应当称之为"亚洲的复兴"。

1700 年前的早期记录表明亚洲的经济总量曾占到全球的 2/3 左右。当时,中国和印度曾是世界上最大的经济体,远远超越其他国家(虽然印度曾经分裂为许多诸侯国)。这并不因为亚洲是当时世界上最富有的区域,西欧早已将此顶桂冠摘得手中。亚洲的强大来自它辽阔的面积和众多的人口。工业革命之前,各国在人均收入上的差距比现在要小得多。因而,一个经济体的规模大体与它的人口数量成比例。除一两个例外之外,当时的亚洲经济巨人直至现在仍然是该区域中最大的经济体,像中国、印度、日本、韩国、伊朗,甚至泰国。在 1700 年,亚洲经济体中人均收入年均增长率持续一个世纪未超过万分之一。

西欧国家率先打破了人均收入增长缓慢的局面。1700—1950 年间,西方的增长速度远远超过亚洲。仅仅在 19 世纪,以购买力平价计算的亚洲经济占全球经济的份额就下降了一半,至 1900 年已降至 28%,并在 1950 年进一步降至 19% 之低(若按市场汇率计算,则仅为 15%)(见图 2.1)。这并不是因为亚洲越来越穷,而是由于在两个半世纪里,西方以稳定的步伐走向富裕,而亚洲在人均水平上始终停滞不前。

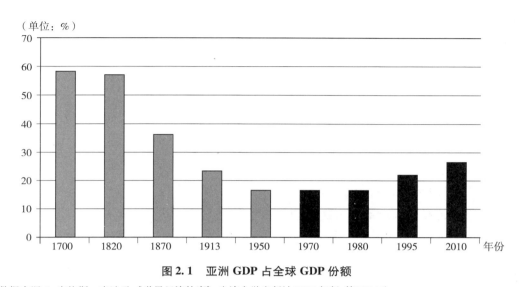

图 2.1　亚洲 GDP 占全球 GDP 份额

数据来源:1. 安格斯·麦迪逊:《世界经济轮廓》,牛津大学出版社 2007 年版,第 381 页;

2. 圣坦尼亚集团估计。1700—1950 年间数据以购买力平价计算,1951—2010 年数据以市场汇率计算。

1950 年后,在日本的激励下,亚洲开始走向复兴。第二次世界大战使日本的收入降低了 1/3,但至 1956 年,日本的生产就已经重新弥补了这些损失,且快速的增长不断持续着。日本是第一个在十年时间内(1956—1965)实现了人均收入较之前的高点翻番的国家。下一个十年里,日本继续维持了绝佳的表现。与此同时,新兴工业化国家也开始了追赶的步伐。事实上,到 1970 年,所谓的"亚洲奇迹"已如箭在弦上;但直至 20 世纪 90 年代,"亚洲奇迹"这一名称才开始为人们所应用。

收获全球化红利:1970—2010 年

到 1970 年,一些东亚经济体认为经济增长是可能的,它应该推动国家的政治议程。马来西亚、泰国、20 世纪 80 年代的中国,紧接着是印度、印度尼西亚和越南,仿效早期参与全球化的国家,这又进一步推动了亚洲的经济增长。如今,亚洲占全球产出的份额为 28%(按市场汇率计算),几乎是其在 20 世纪 50 年代处于低谷时的两倍。

尽管新型工业化国家(NIEs)有着专制政权,但是日本没有,许多仿效的国家也没有。这些国家取得成功是由于其对经济持续增长的长期一致的关注,这种关注也是所有快速增长国家的领导层所共有的。

长期导向至关重要,原因有三。首先,东亚将出口,特别是劳动密集型制造业出口视为首要的增长动力。但这并不容易发展成为一个强劲的出口引擎。即使一些早期的

9

高增长东亚国家享有对美贸易优惠,但对国际贸易的许多壁垒仍然存在。公司在发展与进口国家买家的关系时会产生较高的成本,而且只有通过多年的持续出口来分期偿还这些成本才能确保它们的盈利优势。

第二,出口主导战略是以高额的各级教育开支来支撑的。东亚国家虽然同时注重中等教育和高等教育,他们是发展中国家中最先实现普及初级教育的。这些投资,和出口一样,只有长期才能取得回报,这也是对政策制定者的一种最终的肯定,因为他们在其国家还面临着极度贫困时就已经具备了关于发展经济的长远眼光。

第三,亚洲对于长期增长的关注确保了亚洲国家不会发生频繁的经济紧缩。与其他遭受了商品价格和政策性的繁荣和萧条的发展中经济体(尤其是拉丁美洲)不同,出现"亚洲经济奇迹"的经济体的增长很少会被衰退所中断——谨慎的宏观经济政策确保了这一点。由于实体经济中的下行风险较小,通货膨胀控制得当,快速增长的东亚经济体享有高储蓄率、低利率和较高的资本积累水平。事实上,由于对人力资本和有形资本的投资过高,以至于诺贝尔经济学奖得主保罗·克鲁格曼将其称之为"只有体力没有脑力"的增长战略。

新兴工业化经济体(NIEs)的另一个因素也值得关注。它们造就了一大批中产阶级,正是这批中产阶级维持着一开始由出口所引发的经济增长。① 亚洲国家的中产阶级更大程度地提供了一个重要的内需市场,以抵消全球需求下降,也是保持政治和经济政策连续性的重要力量。比较巴西和韩国的经济表现就可以得到对中产阶级重要性的最好说明。1979年,巴西的人均收入是4600美元,它在过去15年间保持着9%的年均增长率。但从那时起,巴西由于遭遇了一系列的宏观经济危机而导致无法持续发展。2005年,其人均收入仍只有5000美元——在这26年间的年增长率仅为0.3%。当巴西陷入困境,经济停滞时,由于其国内严重的收入分配不平等,其中产阶级人数只占总人口的约四分之一。

韩国在1986年达到4600美元的人均收入水平(即巴西在1979年停滞不前的水平)。此后,韩国经济保持快速增长,尽管中间经历了1997—1998年的亚洲经济危机、2001年的互联网泡沫破灭及最近的全球金融危机的冲击,到2010年其人均收入已超18000美元。当然,韩国期间大幅调整了其发展战略,成功实现了向知识经济的过渡。但是韩国能实现这种过渡的部分原因是其强大的中产阶级。1986年,韩国中产阶级占人口总数的比例为55%,超过巴西在同等水平时的两倍。

---

① 在韩国和中国台湾,追求平等的初始动力来自于土地改革。由于此项改革,在劳动密集的制造业由于生产率的大幅提高使得工资快速增长成为可能,从而促进了经济增长与公平性。

　　在其他快速增长的经济体中我们同样可以看到庞大的中产阶级存在的现象。日本在 1965 年人均收入达 4900 美元时，其中产阶级也占总人口的 55%。马来西亚、波兰、俄罗斯和泰国都拥有大量的中产阶级。在亚洲中等收入国家中，只有中国、印度、印度尼西亚和 1979 年的巴西一样拥有差不多的规模不大的中产阶级（但印度和印度尼西亚要穷得多，它们还有时间来发展）。

　　"亚洲奇迹"由于 20 世纪 90 年代末期的亚洲金融危机而中断。由于实际 GDP 的收缩以及汇率的调整，亚洲损失了近 20% 的 GDP（按市场汇率计算）。此后虽经济迅速恢复，但随后互联网泡沫破灭又严重影响东亚大量的半导体产业。亚洲的 GDP 直到 2004 年才恢复到之前的水平。

　　最近的全球金融危机预示着相对于世界其他地方而言，亚洲的命运将出现转折点。其他经济体增速显著放缓，但是亚洲却持续增长。新兴工业化经济体（NIEs）、泰国和一些小的太平洋岛屿经济体在 2009 年陷入衰退，但几乎全都在 2010 年强势反弹。亚洲占全球 GDP 的份额（按市场汇率计算）在整个经济衰退周期中（2007—2011 年）可能会增长多达 4 个百分点。尽管受到出口冲击，亚洲也能继续增长的事实表明至少在短期内，亚洲以出口为导向的发展模式已被其国家内需所平衡。

　　全球大萧条之后，人们普遍存在着一种倾向：忘记了金融危机之前的全球经济的极度繁荣，并开始怀疑如果全球经济没有复苏的话，亚洲所采取的临时刺激措施是否能够维持经济增长。这些担忧可能是杞人忧天了。反观过去十年及国际货币基金组织（IMF）对未来 5 年的预测，即便将金融危机考虑在内，全球产出也会在中期内处于一个上升的趋势（见图 2.2）。这并不令人吃惊。由于快速增长的新兴市场占全球产出的份额不断增长，因此全球平均增长率也不断上升。世界 GDP 趋势增长率一直在加速，从 1990 年的 3% 到 2010 年的 4%。根据国际货币基金组织（IMF）对 2015 年的预测，未来几年内全球 GDP 还将以这个速度继续增长。

　　亚洲发展中国家有着同样的趋势（见图 2.3）。1990 年趋势增长率为 7% 左右，到 2010 年时已上升到 8.5% 左右，并且此时的实际增长率在这个趋势之上。期间涵盖了亚洲金融危机、互联网泡沫破灭以及最近的经济衰退。如果没有这些事件的影响，由于中国持续优越的增长和印度自 2004 年以来的加速增长，这种趋势势头会更加上扬。但是该地区的其他新兴市场（孟加拉国、柬埔寨、印度尼西亚、哈萨克斯坦和越南）也在强势增长。

　　由全球化引发的世界经济结构的巨大变化正在加快增长步伐。这些变革由中国融入世界经济一体化的进程所引导，并以中国在 2001 年加入世界贸易组织（WTO）以及苏联和东欧开放其封闭经济为象征。但是，全球化不只是扩大全球市场。信息、通讯和运输技

（单位：%）

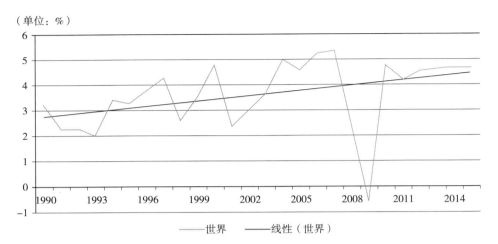

图 2.2　世界 GDP 增长率稳步上升

数据来源：国际货币基金组织：《世界经济展望》，国际货币基金组织 2010 年版，第 177 页。

（单位：%）

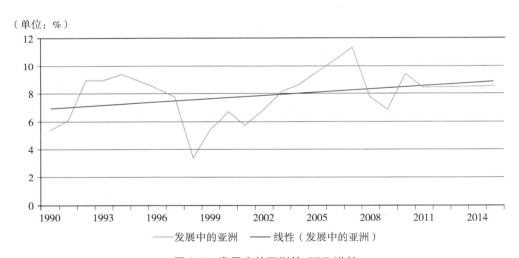

图 2.3　发展中的亚洲的 GDP 增长

数据来源：国际货币基金组织：《世界经济展望》，国际货币基金组织 2010 年版，第 177 页。

术的迅速发展促进了更快的增长，使得更精细的分工成为可能，并使得全球市场由商品市场延伸到了服务市场。事实上，服务出口已经成为全球出口中增长最快的部分。

　　资本流动也推动了全球化。从发达经济体流向新兴经济体的净私人金融资本在1990—2010 年间总计达 4.3 万亿美元。尽管这些资本又以外汇储备的方式不断流回富裕国家，但是这种总量的流动十分重要。最近几年中，许多新兴经济体本身也成为富裕国家和其他新兴市场的主要投资者。它们反映了私营企业的业务流程和全球资本的重新分配更为有效。

尽管全球化已成为趋势,但是新兴工业化经济体(NIEs)仍未加速增长。像其他的收入迅速向发达国家靠拢的国家一样,它们的增长变得十分平缓。在 1990 年时它们还以 8% 的年增长率增长,但到 2010 年时的年增长率就在此基础上减半了。1990 年,它们的人均收入是 9550 美元(按购买力平价计算),是发达国家的一半。到了 2010 年,亚洲新兴工业化经济体(NIEs)的平均收入是 34120 美元(按购买力平价计算),是发达国家的 90%。由于它们与全球表现最好的经济体已如此接近,因此它们的增速放缓就并不令人吃惊了。

自 1970 年全球化以来,所有的这些趋势使得亚洲占全球经济的份额快速增长到 28%。少数几个亚洲经济体已趋于发达国家收入水平,大多数亚洲发展中经济体持续快速增长。这确实是从 20 世纪 50 年代开始的强势反弹。

这种反弹主要是由于亚洲国家的高储蓄率以及由此而导致的资本积累,但是更根本的原因是生产率的提高。亚洲的科技水平正在赶上美国,这体现在亚洲的高增长率上。但是亚洲的全要素生产率(total factor productivity)的绝对水平仍远低于美国。这意味着亚洲国家如果要赶上美国的发展水平还有很长的路要走,因此,认为它们要像过去 20 年间的新兴市场经济体(NIEs)那样增速放缓还言之过早。

如果仅仅只看亚洲的 GDP 总量,就很容易忽视掉大多数经济体还未能证明它们能够在长期内能成功赶上发达国家的事实。这样的例子既包括诸如孟加拉国、缅甸、巴基斯坦和菲律宾这样人口稠密的国家,也包括像阿富汗和伊朗这样中等大小的国家,还包括像太平洋岛屿和大多数中亚经济体这样的效果。亚洲有 31 个这样的经济体。它们的经济总量较小——大约占亚洲 GDP 总额的 6%,因此它们的增长情况并不会显著地影响亚洲的总体振兴,但对于维持亚洲的增长却极为重要。正如下面所讨论的,虽然亚洲成功的经济体通过运用全球需求保持了直到今天的增长,但它们依旧容易受来自增长缓慢和脆弱的亚洲经济体的经济危机的拖累。

三类经济体

基于亚洲经济自 1970 年以来的表现,可将该区域的 49 个经济体按其经济表现分为三组。

高收入发达经济体[①]。这 7 个经济体,在日本的带领下,引发了亚洲从 20 世纪 50

[①]　文莱、中国香港、日本、韩国、中国澳门、新加坡和中国台湾。

年代开始的复兴。在从低等收入向中等收入、再向高收入稳步前进的过程中,它们精于应对在长时期内保持较高的生产率和经济增长的挑战,并避免了陷入"中等收入陷阱"。它们与全球发展最好的国家(美国)的生产率的差距已相对较小。它们的人均收入和生活水平已趋于北美和欧洲发达国家的水平。这些经济体占据了亚洲经济总产出的很大一部分,在 2010 年为 42%,7.4 万亿美元。这些经济体既是亚洲其他经济体的重要市场,同时也处于该地区大部分研究和创新的前沿。事实上,随着这些地区越来越依赖于生产率的增长,即使其 GDP 增长率远低于第二组经济体,它们对于该区域其他经济体的影响力仍会继续上升,并且被作为榜样和领头者。

高速增长经济体①。由中国和印度领头的这 11 个国家满足增长与发展委员会(Commission on Growth and Development)提出的维持长期增长的标准。该委员会的增长报告和许多学术研究都认为:成功的发展不应仅以一个单独十年的经济表现来衡量,而应由长期的经济表现来衡量(Commission on Growth and Development,2008),即至少要以 25 年的时间跨度来看。这组国家中的大部分国家还是中等收入国家而且容易陷于"中等收入陷阱"。它们能否成功避免陷入"中等收入陷阱"将决定它们能否过渡到第一组别,而事实上,它们目前的发展轨道将使得它们中的大多数在 2030 年左右便可过渡到第一组别。这些国家今天占亚洲总人口的 77%,占亚洲 GDP 总额的 52%。

缓慢或中速增长的经济体。这一组数量最大,有 31 个国家,包括大国和小国,低收入和中低等收入的国家。这些国家在过去 30 年间的平均增长率远低于同期的第二组国家。少数国家偶尔会出现昙花一现的繁荣,但随后便是停滞和萧条。如菲律宾和斯里兰卡等一些国家已经表现出了陷入"中等收入陷阱"的明显迹象。这些国家占亚洲总人口和 GDP 总额的比例并不高,分别为 17% 和 6%。但是,改善它们的经济和社会发展状况对于减少国与国间的差距从而确保该区域长期的和平与安全至关重要。

对这些国家的分组并非一成不变。有些低收入经济体,比如孟加拉国、哈萨克斯坦和越南,极有可能在不远的将来加入快速增长经济体。同样,有些快速增长经济体也会摇摆不前,如马拉西亚和泰国已经出现了经济衰退的迹象。

这三组国家在决定未来 40 年亚洲经济产出时面临着不同的职责和义务。高收入国家将推动创新和技术进步。快速增长经济体将对亚洲整体经济增长作出主要贡献,并会在西方需求萎缩时为全球创造大量的需求。而目前的低收入经济体的经济表现将会在很大程度上决定亚洲的振兴将是平稳的还是会被其脆弱性、各种危机和可能的冲突所中断。

---

① 亚美尼亚、阿塞拜疆、柬埔寨、中国大陆、格鲁吉亚、印度、印度尼西亚、哈萨克斯坦、马来西亚、泰国和越南。

第三章　2011—2050 年全球经济中的亚洲："亚洲世纪"的主要驱动力

霍米·卡拉斯(Homi Kharas)：布鲁金斯学会高级研究员

本章主要讨论了从现在到 2050 年亚洲经济与社会转型的主要驱动力。首先描述了传统意义上刺激经济增长的三种要素：技术变革、劳动和资本。接着介绍了另外两个颇具亚洲特色的社会变革驱动力：新兴中产阶级和通讯革命。所有上述这些驱动力之间都是相辅相成、互相推动的。最后，本章讨论了增长与社会福祉以及个人幸福之间的关系。

经济增长的传统驱动力

亚洲乃至世界增长的基本动力在于三个基本要素：技术进步（全要素生产率增长）、劳动力增长和资本积累。

技术变革与生产率

一个判断亚洲在技术变革和生产率增长方面是否具有发展潜力的有效办法是根据之前描述的各个亚洲国家在过去取得的成绩将这些国家分为三种类别：

◆第一类包括 7 个高收入发达经济体。

◆第二类由 11 个国家组成。这些国家的生产率趋近于美国的生产率（在此用以代表实现技术进步的发达国家生产率水平），尽管随着趋近的过程生产速度逐步下降，但其生产率在未来仍有望保持增长趋势。该类别包括几个较大经济体（中国、印度、印度尼西亚、哈萨克斯坦、马来西亚、泰国和越南）。

◆第三类包括 31 个国家，绝大部分是低收入国家，生产率不具有一贯的趋同性。由于劳动人口的高速增长和资本投资的缘故，这些国家的增长速度可能比美国还快。

但是这种生产率增长不具备可持续性。尤其是一旦人口增长趋势改变或资本积累速度放缓,这些国家就只能维持较低的增长势头。不过,要是它们能够可持续地提高生产率的话,就能成为第二类别经济体的国家。

当然,全球的全要素生产率以 1.3% 的速度不断提升(见附录 2)。因此,即使那些不断创新的国家也存在很大的增长空间。到 2050 年全球的全要素生产率将比如今增长 2/3,这意味着第二类经济体国家的技术发展比起其他国家来说要慢得多。但是一旦这些国家完全掌握了当前的技术,那么在利用技术的时候就存在着创新的可能性(见图 3.1)。

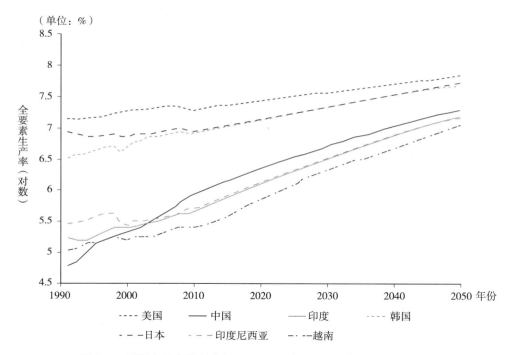

（单位：%）

图 3.1　亚洲全要素增长率(1990—2050 年)正逐渐赶上最发达经济体

数据来源:圣坦尼国际集团估计值,2011 年。

该种模式的技术发展是高度程式化的。当前,各国不仅在许多方面采用现有技术(通过改善生产过程来使技术适应于自身条件),并且努力超越他国。在亚洲,升级生产线(或淘汰过时生产线)是技术进步最普遍的形式,其次还有引进新的生产线或新技术(Gill 和 Kharas,2007)。

许多亚洲地区的科研和开发都由商业部门所主导,缩短了新的创意应用于新的商业企业所耗费的时间。比起其他地区的国家,许多亚洲经济体花费在科研开发上的经费占 GDP 的比例更高。尤其是在一些发达经济体比如日本、韩国、新加坡和中国台湾,中国内地也正朝着这个方向而努力。

亚洲地区的技术水平在很多领域已经达到或接近全球尖端水平,例如电子、计算机、信息服务技术、通信、医药以及生物技术。上述领域的技术不断开发提高了亚洲地区技术传播的能力。从专利引用可以看出知识的外溢存在地理集中效应。越接近创新的发源地,技术的应用就越快。在信息社会的今天,这种情况可能会令人感到惊讶。但是,书面的知识毕竟只是企业里很小部分可用的知识,大部分的知识是实践性知识,是需要通过"干中学"而获得的知识。

人口与劳动力

在过去的 20 年里,人口红利为世界带来了许多好处。那些 20—64 岁的被看做潜在劳动力的人群数量在不断增长。20 世纪 90 年代全球劳动力新增了近 560 万人,在 2000—2010 年增加了更多,将近 640 万人。

这一人口红利现已开始放缓,并将在 2035 年停止增长。全球新增劳动人口的绝对值将越来越小,这在很大程度上是因为发达地区与(部分)新兴经济体的人口增长放缓。到 2050 年,全球人口增长将基本稳定,增长率可能为 0.2%。

劳动力将表现出三种并行的趋势。在某些国家,尤其是新兴市场国家,完成高中学业并获得高等学历的年轻人比例会越来越高。在印度和印度尼西亚等国,现有巨大的工作性别歧视将越来越小,这将增加劳动者的总人数。而在发达国家,更多的老年人将会留在工作岗位上。全球劳动人口是扩张还是收缩取决于这三种趋势的强弱。然而,有利于国际经济发展的劳动力增长速度开始放缓似乎已成定局。

亚洲的情况反映了这些趋势。在过去 20 年里亚洲地区的劳动力每年以 1.8% 的速度增长。之后的 20 年里,年增长速度将下降为 1.0%。再接下来的 20 年里(2031—2050 年),年增长率可能趋于平缓。

这一总体情况掩饰了亚洲东北部与亚洲其他地区的巨大差异。亚洲东北部的劳动力已经达到顶峰并且开始下降,而在亚洲其他地区,劳动力仍在强劲增长(见图 3.2)。在日本,劳动力于 2000 年左右达到高峰并每年以 80 万的绝对数量开始下降。到 2050 年,日本可能会比现在萎缩近 2500 万劳动人口,占现在劳动力总数的 1/3。韩国和中国台湾在日本之后的 15—20 年内将经历与其相似的人口转变。即在未来的 5—10 年内两者的劳动力将会达到顶峰,然后以一个近似于日本劳动力萎缩的速度(每年1.3%—1.5%)开始下降。

中国作为亚洲巨人,其人口形势与众不同。中国的劳动力仍保持增长,但比以前慢得多,并将在 2020 年左右达到顶峰。相比之下,印度的人口结构仍然非常年轻,其劳动

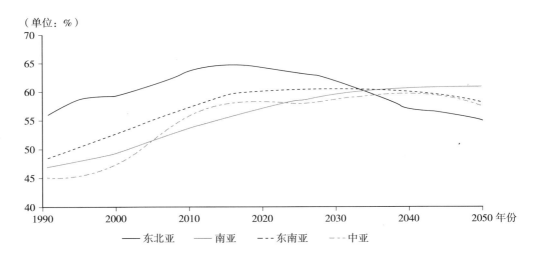

图 3.2　亚洲地区工作年龄区段人口(20—64 岁)将开始减少(1990—2050 年)

数据来源:联合国:《世界人口展望:2010 年修订》,联合国 2011 年版。

力将在 2050 年增长至近十亿人,到时将会比中国的劳动力多出 41%(现如今比中国的劳动力少 23%)。这是印度长期预期经济增长将高于中国的原因之一。

资本深化

尽管近年来中国与印度这样的国家存在巨大的投资率,但绝大部分的世界资本存量——约 70%——仍然掌握在发达经济体手中。欧洲一些小国,如丹麦、芬兰、挪威和瑞士则拥有全世界最高的平均劳动力资本存量。日本的平均劳动力资本存量也高于发达国家的平均水平。

不过,在过去的 20 年里,平均劳动力资本存量增长率最高的国家仍然在亚洲新兴经济体中,其中印度为 8.3%、中国为 8.6%、越南为 9.3%、柬埔寨为 9.5%;而包括印度尼西亚、马来西亚、新加坡、中国台湾、泰国以及土库曼斯坦在内的另一层级的亚洲经济体,都以 5%—6% 的速度进行资本深化;同时,孟加拉国、哈萨克斯坦、吉尔吉斯斯坦、巴基斯坦以及菲律宾的资本—劳动比率仅为 2%—3%。

随着经济体的资本越来越多、越来越集中,资本的积累也越来越困难。仅仅是维持现有的净资本水平就需要不断地提高对过时资本的替代比例。对于快速发展的经济体来说,资本折旧的速度更快。

值得庆幸的是,世界正处于一个投资热潮之中。如今,全球资本存量以每年 5 万亿美元的速度增加[①];20 年后,将翻倍到每年 10 万亿美元;到 2050 年,这个数量将会再次

---

①　以 2007 年的美元价值计算。

翻倍。大部分的资本积累发生在亚洲地区（见图 3.3）。世界资本存量净增长的 45%
也发生在亚洲地区。随着中国、印度和其他具有高投资率的亚洲活跃经济体变得越来
越富有，这些国家资本存量的绝对增长将会加速。现在，亚洲地区的资本存量净增长已
经占到世界资本存量净增长总值的一半。如果继续保持增长趋势，到了 2050 年这一数
值将会占到近四分之三。

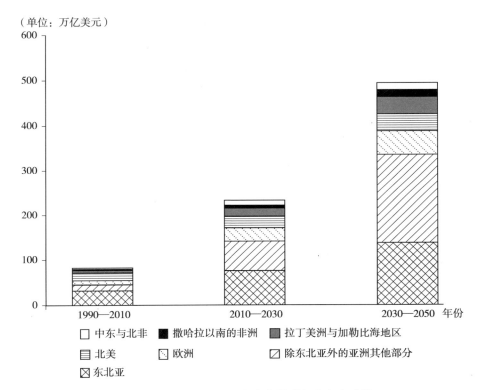

图 3.3 2030—2050 年亚洲资本存量增长将占全球的 70%

数据来源：圣坦尼国际集团估计值，2011 年。

亚洲社会转型的新动力

除去上述的三个传统驱动力以外，我们认为亚洲的经济与社会转型还受到两方面
重要趋势的推动：新兴中产阶级与通信革命。

新兴中产阶级

中产阶级将会成为亚洲经济发展的关键驱动力，因为他们是商品与服务的需求群

体,是储蓄的源泉,是推动新产品、新工艺开发的创业精神的源泉。现有发达经济体的增长主要来自于新产品,并且绝大部分来自于那些以中产阶级为主要消费群体的产品①。

全球中产阶级的消费占到总需求的将近三分之一,大致分布在北美洲、欧洲和亚洲。其中的三分之二集中于发达国家(见表3.1)。这些消费者正在紧缩其需求。在第四章中我们提出,在接下来的 20 年里发达国家中产阶级的消费仅以每年 0.6% 的速度增长,随后开始下降。

表 3.1　2010 年全球中产阶级的消费大部分集中于西方国家

	中产阶级人口(百万人)及其地区分布占全球中产阶级总人口比例		中产阶级消费额(十亿美元)及其地区分布占全球中产阶级消费总额比例	
北美洲	338	18.3%	5602	26.3%
欧洲	664	36.0%	8138	38.3%
中、南美洲	181	9.8%	1534	7.2%
亚太地区	525	28.5%	4952	23.3%
撒哈拉以南的非洲	32	1.7%	256	1.2%
中东和北非	105	5.7%	796	3.7%
全球	1845	100%	21278	100%

注:消费额按购买力平价(PPP)计算。
数据来源:布鲁金斯学会,2010 年。

然而,由于在那些充满活力的新兴经济体尤其是亚洲地区,中产阶级规模的迅速扩大使得全球中产阶级消费的发展依然强劲(见表3.2)。一直到 2030 年,亚洲地区中产阶级消费将以每年 9% 的速度增长(尽管在占如今亚洲中产阶级消费 1/3 的日本,这一数值预计仅以 1% 的速度增加)。这主要是因为一些亚洲大国的消费强劲增长,如中国、印度和印度尼西亚。

———————————

① 本文使用霍米·卡拉斯(Homi Kharas,2010)关于中产阶级的定义,即中产阶级包括那些按购买力平价(PPP)每天花费 10—100 美元的家庭。

表 3.2　亚洲中产阶级规模将在未来 40 年内大幅扩张

	2030 年			2050 年		
	中产阶级 人口（百万）	上层阶级 人口（百万）	人均 GDP （PPP，美元）	中产阶级 人口（百万）	上层阶级 人口（百万）	人均 GDP （PPP，美元）
中国	1110	45	23400	1100	205	52700
印度	1280	15	14100	1485	205	40700
印度尼西亚	240	5	15100	240	55	42100
日本	100	25	53000	40	70	81000
韩国	35	15	56000	15	30	90800
越南	80	2	12700	90	15	34200
美国	180	185	65800	125	280	94900
德国	50	30	51500	25	50	76300
全球	5160	615	20300	5875	1625	37300

数据来源：圣坦尼集团估计值，2011 年。

在中国，这一增长趋势已经开始显露出来了。城市人口房产拥有率已位居世界前列，达到了 80%。2009 年的高校入学人数上升至 2600 万人。同年新增汽车 2600 万辆，汽车销售量达到 1360 万辆。截至 2008 年，市面流通的信用卡为 1.5 亿张。手机用户估计有 7 亿人。

但是这些所谓的数字掩盖了中国中产阶级在整体经济中仅起到微弱作用这一事实。2009 年，中国家庭最终消费支出仅占 GDP 的 35.7%，远低于全球平均水平（61%），落后于越南（66%）、印度尼西亚（63%）、印度（54%）以及泰国（51%）。同时也远低于国内的历史数据。从 2000 年起，中国消费增长平均低于 GDP 增长 2.5 个百分点。这些都造成了国内中产阶级规模与自身庞大经济规模不相匹配：只有不到 12% 的人口生活水平达到世界中产阶级水平。

中国长期以来一直承认需要扩大内需，但迄今都无法做到这一点。有些变化是长期性和结构型的，诸如改善公众健康、提升教育以及养老金水平，这样家庭就不需要增加储蓄。其他的变化则是更短期的。中国工人的税后真正工资仅为其总收入的 2/3。其余的部分以社保费、劳工税、医疗保险、失业保险等名目被政府征收（Bannister，2005）。也许通过从国企分红，中国存在着降低这些税费的财政空间。如果国家能使家庭消费增长的速度和 GDP 的增速保持一致，那么中产阶级的规模将会爆炸式地扩大。到 2030 年，只要经济保持增长势头且家庭消费支出占 GDP 的比例保持与经济增长一致，中国人口的 75% 将会达到中产阶级生活水平，同时每天收入在 2 美元以下的贫困人口将在很大程度上不断减少。

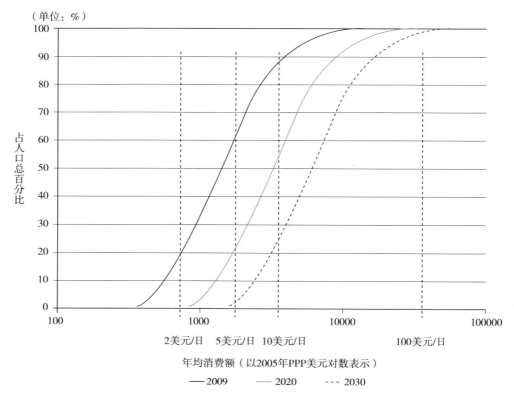

图3.4　中国中产阶级即将腾飞

数据来源:圣坦尼国际集团计算值。

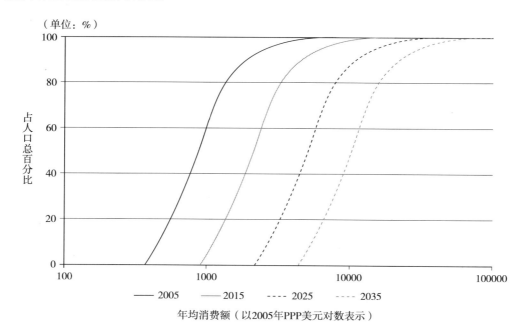

图3.5　印度中产阶级即将腾飞

数据来源:圣坦尼国际集团计算值。

我们有更加充分的理由相信,在其他亚洲快速发展的经济体中,家庭收入的增速至少与 GDP 的增速一致,这将使得更多的家庭成为中产阶级。将增长与现阶段的收入分配指数结合在一起可以用来估计 20 年后的中产阶级规模及其消费的增长:印度和越南为 19%;印度尼西亚为 13%;泰国为 8%;马来西亚为 7%。低收入国家如柬埔寨,也会经历中产阶级的快速增长,只不过是以一个非常小的基数增长而已。如今,从国际标准来看,印度的中产阶级规模很小,但只要其经济保持增长,在 15 年内将会有 70% 的人口成为中产阶级。这些国际需求模式的结构性转变意味着亚洲的经济增长会越来越依赖于如今蓬勃发展的亚洲发展中国家市场,而不是北美、欧洲或日本市场。如果亚洲的中产阶级消费群体能够取代发达国家的中产阶级消费群体,那么通过效仿欧洲的发展道路——欧洲国家各自仅在欧洲地区互为重要的出口国,并且自 2002 年欧元区的出口仅以每年 4.5% 的速度增长以及现如今的经济衰退——亚洲国家相互之间将成为主要的出口国。

通信革命

近期发生在埃及和突尼斯的事件表明了通信革命即使在传统社会政治体制下也具有巨大的影响力。

由现代社会媒介带动的卫星、电视、移动电话以及互联网的发展,已经颠覆了跨国界收集、储存、搜索和分享信息的传统方式(见表 3.3)。谷歌(Google)、脸谱(Facebook)以及推特(Twitter)的成立见证了这一事实。

表 3.3　全球范围内(尤其是亚洲地区)的互联网用户激增

互联网用户(每百人)	2000	2007	平均变化率(年)
中国	1.8	16.1	37%
印度	0.5	7.2	46%

数据来源:国际电信联盟信息通信技术(ICT)指标,2010 年。

直到几年前,电子通讯仍然被发达国家所独占。在过去的十年里,这场通信革命也蔓延到了发展中国家,尤其是亚洲(见图 3.6)。也就在十年前,每千名印度人中只有两三人拥有电话(主要是固定电话)。截至 2010 年年底,2/3 的印度人拥有大约 7 亿部手机。类似地,互联网用户也呈爆炸式增长,这一变化不仅发生在亚洲的高收入地区,同时也发生在中等收入国家——中国和印度。而在接下来的 40 年里,这场革命的变化步伐只会越来越快。

这场革命对亚洲有着重大的经济意义,它不仅大幅降低了信息处理过程的成本,还

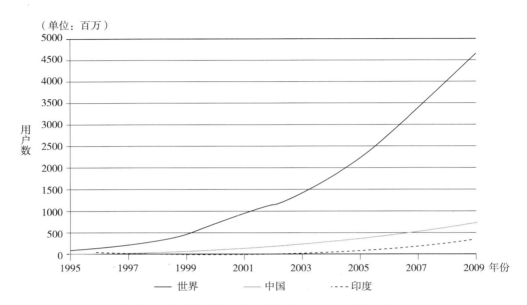

（单位：百万）

用户数

1995	1997	1999	2001	2003	2005	2007	2009 年份

—— 世界　　—— 中国　　----印度

图 3.6　移动电话业务在中国和印度仍存在成长空间

数据来源：国际电信联盟信息通信技术（ICT）指标，2010 年。

降低了公共服务和私人服务的成本。更为重要的是，它从根本上改变了全体公众、文明社会、各级政府以及私营企业之间的关系。它有可能进一步缩短政府与公众之间的距离。随着受教育水平的提升、富裕而更有见识的公民将建立起中产阶级的价值观，大多数亚洲国家将更强烈地要求政府治理能够更加的透明、诚实、富有责任感。

从经济增长到社会福利

到目前为止，亚洲的政策制定者们一直在强调社会稳定是经济增长的基础。许多人认为社会稳定和经济发展是一个良性循环，两者相辅相成。这是亚洲的历史经验。但随着亚洲社会越来越富裕，我们需要重新考虑两者之间的关系。

如果政府能够意识到人们真正重视的是什么，那么他们就能够设计出更多、更好的可行的社会项目来维护社会和谐，但这是一个复杂的过程。多年来，GDP 作为衡量社会进步发展的标准，其弊端已经深入人心。然而它仍然是衡量福利最方便的捷径，因此政策制定者的注意力主要集中在 GDP 的增长上。不过这一现象在一些国家已经开始改变了。

第一步调整就是逐步转向考虑影响生活质量的非货币化因素。阿玛蒂亚·森

（Amartya Sen）提出的"能力"的方法着重于满足那些能够充分发掘人潜力的需要。除了钱，人们还需要教育、健康、良好的环境以及其他设施。然而在这些条件下，更多的钱意味着更多的选择，也就意味着更多的福利。如果个人福利的多少取决于受其支配的金钱多少，同样地，国家福利的多少也就取决于整个国家可支配的金钱数额或 GDP①。因此，以其最简单的形式来看，考虑能力的方法，可以简单到只为国家的统计计算提供一定数量可衡量的社会指标如文化水平、健康、收入不平等、贫困和环境状况等。

然而，这些衡量手段仍可能无法解释人们从收入或物质上获得的不同满足感的基本心理，即伊斯特林悖论（the Easterlin paradox）。理查德·伊斯特林（Richard A. Easterlin）第一次指出尽管在任何一个国家里，个人"幸福"与收入存在显然的相关性，但在跨国比较时，这一规律并不存在。如果富裕国家想要提高其公民的福利，那么就还需将注意力集中在人均 GDP 以外的一些问题上。人们可能在人均 GDP 较低的情况下满意度更高。专栏 3.1 提到了上述及其他一些影响当今经济思维的相关观点。

专栏 3.1　各系列经济学家的观点

本书的思想吸收了大量新晋经济学家的想法。一些虽然是旧思想，但是似乎与当今形势密切相关；还有一些想法很新，刺激了许多新思想的诞生。

理查德·A. 伊斯特林（Richard A. Easterlin）率先指出，快乐经济伴随着金钱的边际效用递减。他的思想已被英国和其他高收入国家所接受。发达亚洲经济体也许发掘出了与该思想最具政策相关性的策略，但是许多中等收入国家，如马来西亚，仍然处于试验这些方法的过程中。

藤田昌久（Fujita Masahisa）标准化了经济活动的空间配置，为当前大多数对落后地区的政策讨论奠定了基础。他的工作对于所有寻求内部整合经济的国家来说是至关重要的。

爱德华·格雷瑟（Edward L. Glaeser）在他的新书《城市的胜利》中提出了密集城市而非郊区扩张规划的观点。随着亚洲的城市化进程，城市在经济、环境以及社会方面尽可能的高效将至关重要。

比约恩·隆伯格（Bjørn Lomborg）认为资源稀缺并不可怕，而是必须得到妥善管理。他强调价格机制作为稀缺信号的作用，并得出结论：以稳定为名义的价格扭曲只能使长期调整的效果更加糟糕。

---

① 这一系列问题出自分配，不过从理论上来讲这些都是能够通过合理的政府政策来解决的。

海曼·明斯基（Hyman P. Minsky）提出了市场杠杆作用的危害并对那些拥有共同政治既得利益，引发周期危机和融资的大银行、政策制定者们提出了警告。他认为政策制定者应该关注焦点之一在于避免银行系统的道德风险。

保罗·罗默（Paul M. Romer）认为知识创新是经济增长的源泉，并将其模型化了。在该模型中，各国之间不具有趋同性。他的观点不同于亚洲"雁行理论"（flying geese），认为只要国家能成功地利用新技术，就能快速发展。

伊曼纽尔·赛斯（Emmanuel Saez）的研究表明，由于对少数具有突出表现的个人进行奖励，使收入集中于上层阶级，这样的做法并不利于经济增长。他提出了通过征税来优化收入分配。

罗伯特·特里芬（Robert Triffin）对储备货币国家的短期国家政策利益与长期国际利益之间的根本性冲突发出警告。特别是这类国家在出口货币以满足海外储备积累的同时无法通过出口提高就业。

周小川（Zhou Xiaochuan）的建议则重新引发了关于未来国际货币体系重建和新兴经济体货币对特别提款权的影响的讨论。

这种类型的主观偏好通过"幸福指数"调查来衡量。例如在英国，政策制定者们会考虑三种类型的问题以界定更广泛的幸福定义（Dolan 等，2010）。第一种类型是衡量全球生活满意度或幸福以及一些特定领域的满意度：健康、犯罪、可支配假期的长短、友情以及家庭生活。这些评估措施对于揭示人们对收入不平等、环境质量等大众问题的感受非常有效。第二种类型是关于个人日常生活的主观性认知评估，包括正面情绪如快乐和自我赞美，以及负面情绪如痛苦和焦虑。第三种类型涉及人生目标和心理健康，包括自主、适应、自尊、自信和乐观等方面的问题。

在这个亚洲 GDP 呈突破世界纪录的速度自由增长的时代，也许应该开始针对如何提高亚洲人幸福感展开更合理、更科学的对话。斯蒂格利茨委员会（The Stiglitz Commission）已经建议所有国家的统计部门将关于福利的主观衡量手段纳入其国家常规统计调查中（Stiglitz 等，2009）。亚洲国家如果能效仿将会产生更多的好处。

第四章　2050年全球经济中的亚洲："亚洲世纪"

霍米·卡拉斯(Homi Kharas):布鲁金斯学会高级研究员

哈珀·阿尔贝托·考利(Harpaul Alberto Kohli):新兴市场论坛信息分析师

基于之前所讨论的主要驱动力,我们可以开始勾勒出亚洲2050年的发展轨迹轮廓。本章首先从一些基本假设开始,接着提出了两种发展情形。但必须重申的是这些情形并不是全面详尽的,只是关于亚洲未来可能出现的两种具有说服力但不完全肯定的情形预测。

这些情形里包含着一个特定的目标,即关注广泛趋势的长期意义,寻求"如果—会怎样"这类假设性问题的答案,而不是将注意力集中在特定的数据或国家排名上。预计结果的范围很广,并且证实了政策制定者和商界领袖们积极行为的潜在回报和无为的成本。

基本假设

在进行任何预设的发展情况前,都有必要做一些基本假设和明确规定。本书所列的发展情况有三大基本假设:(1)世界(尤其是亚洲)的主要结构性变化将继续并保持相对平稳,亚洲在一个相当长的时期内不会存在核冲突或其他主要的武装冲突以及暴力性政治变迁和剧变来改变当前的国界;(2)世界范围内仍然存在开放的全球贸易体系和稳定的全球金融体系;(3)由于采用还未出现的新技术,未来将会展开针对气候变化的国际化有效行动,并且亚洲地区能够充分地适应气候变化。

如果上述假设有任何一点不成立,那么亚洲的未来展望将完全不同,但是我们没有办法量化这一概率及其代价。

和平而有序地重组

自第二次世界大战以来,亚洲地区冲突频繁。从图 4.1 中可以看到比起其他地区,亚洲的冲突更多,且其冲突频率并未下降。

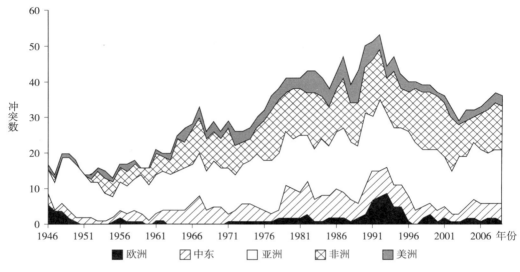

图 4.1　按区域划分的冲突数

数据来源:乌普萨拉冲突数据计划与内战研究中心,奥斯陆。

尽管这些冲突对于某个国家或地区是毁灭性的,但并没有使亚洲整体的经济发展脱轨,不过这也提醒了我们稳定与无暴力这一假设并不是既得的。亚洲地区具有许多高度敏感的热点问题。如果要实现"亚洲世纪",这些问题都需要得到处理。没有和平与稳定,整合亚洲经济体所必需的交通与基础设施建设都无法进行。

大多情况下,美国会提供保护伞,以防止亚洲地区的冲突扩大为区域之间的冲突。但是根据我们的分析,随着美国相对经济实力的削弱,亚洲地区的竞争者们可能会对由此而出现的这种权利真空展开竞争。

经济实力的重大改变常常与战争联系在一起,但是冲突并不是不可避免的。确实,战后东亚的崛起非常顺利。然而,当前全球经济转型的速度是前所未有的。当前中国占世界 GDP 份额的增速是日本高速发展时期的四倍,是英国工业革命时期的六倍。印度占世界 GDP 的份额很可能会经历一个与之类似的增长过程。综合考虑,中国和印度占世界 GDP 份额的增速可能会是美国在 20 世纪头 50 年里的 5 倍。

开放的全球贸易体系和稳定的全球金融体系

目前尚不能确定全球的开放贸易体系和相对稳定的金融系统将保持不变。近期的贸易纠纷和多哈发展回合谈判(the Doha Development Round)的失败验证了潜在贸易保护主义者的强硬态度,这种强硬声音会随着中国和印度在世界贸易中地位的提升而增多。中国已经成为世界最大的出口国,但作为一个发展中国家,中国比发达经济体更易受到世界贸易组织(World Trade Organization)制定的那些与国内政策不同的规定的影响。直到 2016 年,所有的世界贸易组织的成员才有可能将中国看做是市场经济国家。大型发展中国家仍然在抵制主要工业经济体所推行的放宽政府采购、服务、产业政策以及有力的保护知识产权等策略。

最近多边贸易回合谈判如同区域贸易协定的继续发展一样,遇到了很多困难,尽管有世界贸易组织的支持,国与国之间对于区域规则及其他管理政策仍然无法达成一致。这会导致国家自身的贸易扩散化,成为自由贸易的障碍。有些人甚至认为区域之间的贸易协定和双边贸易协定会减少多边自由化所带来的好处,逐步削弱世界贸易组织的作用。所有的这一切表明了持续开放的世界贸易体系是没有保障的。"自行车(Bicycle)"理论家们认为,如果世界贸易组织不制定新的规则和制度,其组织则将会被地区及双边贸易协定所取代,那些应该由多边谈判来解决的有关灰色地带的争议也可能被判例法①所取代。

同样地,尽管通过对银行资本与流动性需求采用巴塞尔协议 III(Basel III rules)来维护国际金融稳定的新规则取得了一定的进步,但针对引起当前国际金融危机的两个根本原因——"大而不倒"导致的道德风险和影子银行带来的缺乏监管所采取的针对措施还是少得可怜。金融稳定委员会(The Financial Stability Board)正在审查新兴市场国家与发展中国家监测金融稳定的原则,但由于国际货币基金组织(International Monetary Fund)在 2011 年 4 月召开的春季会议对资本流监测存在分歧,可能很难在政策建议上达成共识,尤其是这些经济体相互之间的差异很大。

简而言之,在过去的 50 年里开放的全球贸易体系与稳定的全球金融体系被视为理所当然,而在接下来的 40 年里我们不能再将其看做为自动成立的假设了(尽管我们假设的情形中世界仍然会继续拥有开放的贸易体系和稳定的金融体系)。许多紧迫的问题都由亚洲的崛起而出现,这就是为什么亚洲经济体必须合作而不是单独研究解决这些问题的战略。作为一个地区,亚洲必须提出切实可行的步骤以确保其系统完整性。

关于气候变化的有效的全球战略

亚洲地区已经成为受自然灾害影响最为严重的地区,要是全球气候变化情况在未

---

① 该理论认为如果踩自行车的人不前进,他或她就会掉下来。

来依旧严峻,那么亚洲所承担的风险将是最大的。截至 2008 年以前的 10 年内,亚洲地区经历了 649 次洪灾,受灾人数将近 10 亿。在这段时间内,亚洲地区的受灾人口占全世界的 80%—90%(OFDA/CRED,2010)。喜马拉雅—兴都库什山脉、昆仑山脉、帕米尔高原以及天山山脉的冰山融雪为 28 亿亚洲人提供了家庭用水、食物、鱼、电力和其他的一些福利。然而,这些冰山融雪形成的河流正受到气候变化的威胁。

气候变化是不可预知的,对于亚洲的发展来说它是一个未知数。亚洲能影响全球温室气体的排放,因此必须在全球风险管理讨论中发挥更积极、更具建设性的作用。同时还可以在适应气候方面进行更多的投资。在这里,我们假设能控制 40 年内的气候变化影响,但却无法量化必要投资的机会成本或是自然灾害加剧所导致的直接成本。

“亚洲世纪”

考虑到之前作出的假设、上一章提到的增长动力以及三种类型国家的不同表现,我们采用一个计量模型来展望亚洲到 2050 年的两种经济发展轨迹(模型的总体描述参见附录 2)①。

◆“亚洲世纪”情形。这种发展情形是整个亚洲的理想发展情形。在该情形中存在两个主要假设:在过去的三十多年里一直保持持续向好发展的 11 个高速增长的第二类经济体将在接下来的 40 年内仍保持这种趋势;到 2021 年,占亚洲总人口及 GDP 将近 40% 的中、低速增长经济体将会加入快速发展经济体的行列。在“亚洲世纪”情形中,到 2050 年,将会有 30 亿亚洲人加入富裕的队伍中来。

◆中等收入陷阱情形。这是一种悲观的发展情形,并能成为敲醒亚洲地区领导人的警钟。在该种情形中,我们假设高速发展的中等收入经济体将会在接下来的 5—18 年内陷入中等收入陷阱,没有任何一个中、低速增长中的经济体能够破纪录地发展。换句话说,亚洲将走上拉美在过去 30 年里所走的老路。

最终亚洲将发展成为哪种结局主要取决于本书之后章节所提到的地区政策制定与议程纲要的有效性。亚洲的结局将会对未来亚洲人的福祉、生活方式乃至世界上的每

---

① 我们也可以建立一些其他模型作为替代,包括更多复杂的、资源密集的可计算的一般均衡模型。也可以建立那些能够明确地确定一些因素的模型,例如作为印度经济相关约束的土地因素或是与所有经济体都相关但又难以衡量的人力资本因素。不过由于本书只要求设计与 185 个经济体相关的不同发展情形来回答“如果—会怎样”的假设问题,所以作者在书中采用了标准的两因素柯布—道格拉斯生产函数。其他机构(高盛(Goldman Sachs)、汇丰银行(Hongkong and Shanghai Banking Corp))已经采取了类似的方法。

个社会都产生巨大的影响。

之后剩余的大部分章节将讨论"亚洲世纪"情形。亚洲陷入中等收入陷阱的启示将在结论一章阐述。

亚洲经济增长的历史足迹

在"亚洲世纪"情形中,我们预计亚洲的国际发展路径将会稳定增长。2010 年,亚洲的产出占世界总产出的 1/4(见表 4.1)。"亚洲世纪"情形中,在接下来的 40 年里,亚洲的总产出增长率初步达到均衡为 5.6% 。这一增长并不平衡:亚洲发达国家增长的较慢,不过发展中的亚洲经济体会以高水平的增长率来补充。即使是如今的亚洲贫困经济体也应该至少达到中等收入国家水平。到 2040 年,以现在的标准来看,所有的亚洲国家都会摆脱贫困(现如今的贫困标准为人均年收入低于 995 美元)。

表 4.1 "亚洲世纪":在 2050 年,亚洲的产出额将超过世界产出总额的五成

年份	2010	2020	2030	2040	2050
世界产出总额(市场汇率,十亿美元)	62910	98320	148261	224318	333347
亚洲占世界总产出的份额	27.7%	33.7%	39.9%	46.2%	52.3%
全球增长率		4.6%	4.2%	4.2%	4.0%
亚洲增长率		6.7%	5.9%	5.8%	5.3%
亚洲占全球增长率的份额		44.5%	51.9%	58.6%	64.7%
世界人均 GDP(PPP,美元)	10800	14800	20300	27800	37300
亚洲人均 GDP(PPP,美元)	6700	11200	17800	27600	40800

注:数据显示的是前十年的增长与增长份额。
数据来源:圣坦尼国际集团估计值,2011 年。

由于亚洲是全球经济增长速度最快的地区,其占世界产出总额的比例也将节节上升。而且增长的幅度将非常大:到 2050 年,亚洲的产出将占到世界产出总额的 1/2。那将是我们在前面已经讨论过的 19 世纪早期亚洲所占份额的两倍,意味着亚洲占2010—2050 年全球产出增长的 60% 和 2040—2050 年的 65% 。同时还占据着世界中、高产阶级增长的 74% 。这就不难理解为什么如此多的商业活动聚集于亚洲了。

亚洲的快速发展意味着到 2050 年其生活水平将会达到全球平均水平。亚洲将不再是一个贫穷的地区,而将成为一个既有发达经济体又有中等收入经济体的全球中间水平的地区。到时亚洲将像现在的欧洲一样富裕。

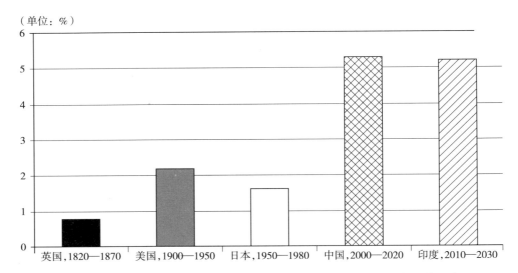

（单位：%）

图4.2　中国和印度GDP增长占全世界增长百分比的平均值（以十年为单位计）

数据来源：1.英国、美国和日本数据来自安格斯·麦迪逊（Angus Maddison）的历史数据库，以1990年国际元计算；
　　　　　2.中国与印度数据来自布鲁金斯学会预测，以2005年PPP美元计算。

"亚洲世纪"的引擎：七大亚洲经济体

　　亚洲的繁荣昌盛将依靠七大经济体：中国、印度、印度尼西亚、日本、韩国、马来西亚和泰国。

　　2010年，这七大经济体共计人口31亿（占亚洲总人口的78%），创造了15.1万亿美元的GDP（占亚洲GDP总额的87%）。在"亚洲世纪"情形中，到2050年这几个国家的人口与GDP将分别占到亚洲的75%和90%。其GDP与中、高产阶级人口将占到世界的45%和48%。其平均人均收入按购买力平价（PPP）计算将达到45800美元，而世界平均的人均收入按同样口径计算则仅仅只有37300美元。

　　从2010—2050年，这七大经济体的GDP增长占据了亚洲的91%，同时也占到了全球的近53%。因此这几个国家不仅是亚洲而且还是世界经济腾飞的引擎。在接下来的40年内，另有3个国家有望加入七大亚洲经济体的行列：孟加拉国、哈萨克斯坦和越南。

第五章　实现"亚洲世纪"：主要的挑战和风险

霍米·卡拉斯(Homi Kharas)：布鲁金斯学会高级研究员

本章主要讨论亚洲为实现"亚洲世纪"，维持增长的势头而必须克服的主要挑战和风险。

这个地区必须面临的五大挑战为：(1)地域广,在一些情况下,国家间日益增长的不平等和分歧有可能改变已有的政治经济结构；(2)一些国家由于经济、政治、社会的因素有陷入"中等收入陷阱"的危险；(3)因为有30亿的亚洲人将变得更加富有,他们将努力达到更高的生活水平从而在接下来的40年将进一步加剧对有限自然资源的激烈竞争(能源、土地、水和其他矿产资源)；(4)如果潜在的国家和地区间的不平等现状的急剧增长持续到2050年,可能导致相关国家和地区动荡不安；(5)全球变暖和气候变化。

另外,几乎所有的国家都要面临政府治理及机构管理能力提升的挑战,这种能力的提高是克服一切挑战的前提。

这些挑战不是独立的。它们会相互产生影响并加剧已有的冲突和紧张局势,甚至在亚洲形成新的压力点,进而威胁到亚洲的经济增长、稳定和安全。

国家内部贫富差距

国家内部收入差距的缩小将是一个巨大的挑战。亚洲的许多地区经历了由经济全球化带来的国家内部贫富差距的扩大。城市和沿海地区最先受益,内陆地区则远远落后。技术工人获得的收入与他们创造的收益不成比例,这也扩大了国家内部的两极分化,如中国的沿海和西部省份之间,印度的东部、南部和西部之间,印度尼西亚爪哇岛的东部和西部之间以及斯里兰卡的北部和南部之间都存在这样的情况。

从政治和社会角度考虑,缩小国家内部收入和生活水平的差距势在必行。否则,如此之大且持续增长的差距不但会产生更多的社会不满并且会威胁到和平稳定的环境,从而破坏实现"亚洲世纪"所需要的制定重要规则的政治支持力度。

"中等收入陷阱"

很少有国家能维持超过一代人时间的高速增长,而一旦达到中等收入水平还能实现继续增长的就更少。① 而另一些国家达到中等收入水平后就陷入了"中等收入陷阱"(见专栏5.1)。其中的主要原因是低收入国家同中等收入国家在增长政策上的不同。

专栏5.1 "中等收入陷阱":无法竞争

"中等收入陷阱"如图所示,选取三个中等收入国家1975—2005年的人均收入变化为对象。经济平稳增长的国家人均 GDP 持续上涨——以韩国为例。但是许多中等收入国家没有走向这个模式。相反地,他们阶段性增长然后出现萧条或者衰退,或者停留在低增长率水平上。他们陷入"中等收入陷阱"即无法在制造业出口方面与低收入、低工资的国家竞争,也无法在高技术创新方面与发达国家竞争。换句话说,这样的国家不能实现从低劳动力成本、低资本的资源驱动型增长向生产力驱动型增长及时过渡。

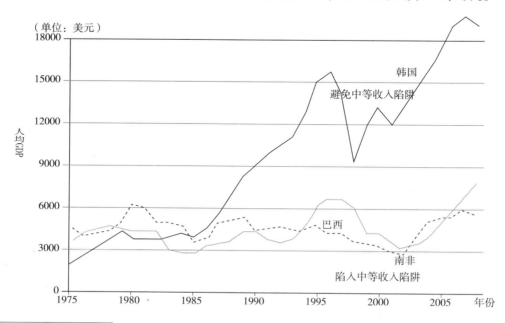

① 这一部分根据作者在《新兴市场经济全球期刊》(*Global Journal of Emerging Market Economies*)的文章"什么是中等收入陷阱以及国家为什么会陷入中等收入陷阱"的内容改编而成。

低收入国家

低收入国家通过将劳动力从低效率的经营活动转向高效率活动后获得经济增长。这一理论的经典案例就是农业剩余劳动力向工业的转移。由于城市拥有三倍于农村的集聚经济的生产力，低收入国家的快速增长总是伴随着快速的城市化进程。

妇女从农村农场转到城市工厂对于社会的发展和增长具有十分重大的影响，因为农村妇女存在严重的就业问题（至少就市场物资生产而言），相比在工厂就业的年轻妇女，其就业率通常和晚婚、晚育、为子女提供更好的教育及与其丈夫构成的双收入家庭的高储蓄密切相关。换言之，现在收入的增长与对下一代人力资本的投资相辅相成。

这种类型的增长关键在于有没有工作。出口导向策略无论是在制造业还是在加工贸易中都具有吸引力。因为每一个独立的发展中国家的出口需求都是具有相对价格弹性的，一旦出现一个成功的先例就会迅速扩张，生产者不必降价削减利润，否则会阻碍扩张和就业岗位的增长。

低收入的经济体通过多样化策略迅速发展。他们需要培养国内生产和服务的能力。如果他们可以储备或者借到足够资金，就能以高资本积累率来投资基础设施、城市和教育中心的建设。政治领导者需要对社会资源进行有效配置。规划、组织、管理和执行技能在公共部门和私人部门都是至关重要的。低收入国家的增长主要通过最大限度吸收资本和确保政策的落实来整合经济的需要。

中等收入国家

中等收入国家的增长策略则不同。在供给方面，制造业的增长更倾向于资本和技术密集型（逐渐攀升价值链高端），服务业更是如此。多年来，服务业被经济学专家视为难以维持生产力提升的产业，但随着国际服务可交易性的扩张，数字化存储服务的新通信技术、现代通信网络简单又低成本的传输系统的应用，服务业对许多中等收入国家而言已成为一个有力的增长引擎。事实上，服务业已成为全球范围内增长最快的出口部门，尤其对许多发展中国家而言更是如此。在大多数发展中国家和发达国家，服务业生产力的增长正在超过工业生产力的增长。

中等收入与低收入国家在增长策略上最大的不同就是前者更注重需求。在中等收入国家，因为工人工资提高而导致的成本竞争优势下降使其在试图扩大出口时不再像以前那样容易。出口增长取决于新加工程序的引进和新市场的发现——不只是在现存的市场上扩大同种商品的销售。为了做到一点，出口商必须知晓质量、价格和消费者偏好以及全球经济的需求——这些都不是容易的事。多数公司从了解国内市场开始发展,如果成功的话,他们可以发展成为全球性品牌。

为满足市场需求,创新和产品差异化在中等收入国家扮演着更为重要的作用。这些技术和公司潜力对国内市场亦很重要。成功保持增长的中等收入国家拥有一定数量的中产阶级人群,他们愿意多付金钱购买质量好以及与众不同的产品。这部分额外利润回过来激励企业投资新产品研发,开展品牌营销——这些都是创新和进一步增长的源泉。

简而言之,国内需求和新出口需求成为中等收入国家经济增长的重要引擎而且服务企业必将发生转变。中等收入国家为避免落入"中等收入陷阱",需要发展更符合现代形式的机构,这些机构具有产权、资本市场、风险资本竞争优势和大量高技术人才,便于像富国一样通过创新实现增长(见专栏5.1)。这样的机构其发展通常是许多代人努力的过程,对政策制定者是一个挑战,因为效益不是立即可见,也许会需要长期的积累。

"中等收入陷阱"的一个来源可能在于收入分配和宏观经济增长的联系。在发达国家,中产阶级的衰落和收入的不断集中在近来发生的全球金融危机中意义重大。标准的经济模型表明,如果收入分配恶化,国内需求就会比潜在 GDP 增长缓慢,导致经济萧条,或者通过财政杠杆的倾斜得到暂时补偿,或者造成中低阶层债务负担的增加。如果后者持续时间长的话,债务水平最终会变得无法忍受,如果受到不利的冲击,会导致大范围内的违约和金融破产(Kumhof and Ranciere,2010)。

同样地,拉美的中等收入国家已经经历了几个基于信用额度的增长周期、大宗商品繁荣期,伴随而来的是危机,然后是复苏的周期。这样的"停停走走"周期阻止了拉美国家发展成为发达国家,即使这些国家已经历了几个快速增长的阶段。

一些分析者现在对拉美的发展前景持乐观态度,是基于它越来越多的中产阶级。尽管今天巴西的人均 GDP 只比 1978 年高 40%(在实际市场汇率条件下),但其中产阶级的人数是 1978 年的两倍。这部分归功于如今的领导者在改善国内收入分配方面所作出的努力。拥有这样一个庞大的中产阶级,巴西现在能很快从经济衰退中走出来,经济快速反弹,但如果是在过去,就会遭受全球经济减缓的沉重打击。中产阶级既为国内需求提供了抵消出口下降的缓冲,也为政治经济政策的持续性提供了动力。

政治领导力

为避免国家陷入"中等收入陷阱",政治领导者最重要的四个主要领域是:在富裕阶层的物质生活已经不断提高的同时仍然继续保持快速增长的野心;以一种几代人的长期的观点来统筹经济增长;从长远收益的角度(例如建立高质量的教育机构和对良好政府管理机构的投资)来促进可持续机构的发展;重建一些由于专业细化而丧失竞争力的部门(Kohli and Sood,2010)。

有限自然资源的竞争

稀缺自然资源的激烈竞争将随着经济增长开始显现,并随着30亿亚洲人越来越富有而加剧,特别是如果他们效仿现在西方的生活方式的话。全球供给无法适应需求的变化,尤其表现在不可再生的原材料方面。这将会是一个没有赢家的游戏:给一个国家多了,其他国家就少了。亚洲城市能够提供给其居民充足的水源吗?[①] 这个地区能自给自足吗? 如果不能,世界其他地区能为其提供充足的食物吗? 亚洲对能源和其他自然资源的庞大需求如何得到满足? 亚洲如何在限制碳排放的条件下保持快速增长?

对经济增长可持续性的担忧不是新的问题。它可以追溯到马尔萨斯,并伴随着快速的增长而重现。但是今天对此问题的争论又有了新的内容。首先,食品、燃料和其他原材料飙升的价格有所回落。现货市场价格信号越来越少,商品库存低于政府预期。虽然有些正统的长期增长模型包括了大宗商品价格(作为解释增长的部分原因之一),然而进步思想表明,如果没有其他原因而只是为了发明和传播新技术使资源利用最优化与在增长的过程中简单地采取落后的技术进行对比,这样导致的物价进一步上升可能会减缓经济的发展。亚洲,作为一个地区能够做些什么来确保如今不断出现的问题,如1972年罗马俱乐部首次预言的那样被历史所摒弃呢?

亚洲地区各国通过调整可以达到新的平衡:价格上升、减少需求、扩大供给;用新技术减少单位资源消耗或者用更充足的可再生资源实现替代;转变生活方式,节能并减少浪费。

国家和地区间的差距

虽然大多数关于亚洲经济的观点都是正面的,但一些位于南亚和中亚的国家,由于缺少发展潜力,经济正在衰退。亚洲,正如前面所说,是一个存在矛盾的地区。发达国家和最不发达国家间的差距比其他地区间的差距大。亚洲收入不平等主要在于地区间

---

① 例如莫卧儿帝国的首都法塔赫布尔西格里由于水资源短缺14年后于1858年灭亡。

的差异,这与欧洲、北美和拉美地区的收入不平等形成鲜明的对比,因为这些地区收入不平等是由于国家内部的差异造成的。亚洲目前很少考虑如何处理国家间不平等的问题。

东亚的国家(包括中国境内的海岸线)是亚洲最发达最有发展潜力的地区。亚洲作为一个整体要想发达起来,为大多数亚洲人提供令人满意的生活方式,必须寻求途径实现从东到西逐渐繁荣起来的目标。

两个相邻的亚洲国家已经显现出了明显的差异。朝鲜已远远落后于韩国(以及中国的东北地区)。同样地,新加坡和印度尼西亚的收入比率差别也很明显,达到了 2010 年的 14∶1。将来,随着越来越多的亚洲国家发展更加迅速,这种邻国的差异现象会日益明显。例如,如果印度继续发展的话,它的实际收入与尼泊尔和巴基斯坦之间的差距将分别从现在的 2.8 倍和 1.2 倍继续扩大到 2050 年的 11.5 倍和 4.8 倍。比较而言,现在美国和墨西哥收入的比值是 3.2(以购买力平价)。其他收入差距严重的现象也将在中亚地区出现。

另一个改变亚洲情形的因素是其边界不再由地理来划分。国家间的移民范围更大:乌兹别克斯坦的工人到很多其他的中亚国家去;孟加拉人在东亚和海湾地区工作;菲律宾拥有在世界范围内输出技术工人和非技术工人的传统。当边界两边地区的收入差异越来越大时,合法或者非法移民的可能性也会随之增加。

这些趋势暗示:如果一些国家发展远远落后,而其他国家却享受全球和地区扩张的好处,亚洲将面临巨大的风险。这正是为什么我们主张亚洲需要作为一个整体来努力实现"亚洲世纪"的重要原因之所在。

全球变暖与气候变化

全球变暖与气候变化,以及由此引发的水资源短缺是引起全球共识的巨大挑战。它们也许是本世纪人类面临的最重要的长期挑战,在忽略国家或者收入的前提下也许会影响地球上的每一个人。这些变化不仅会阻碍到亚洲这个占全世界人口一半的地区,还会影响到沿海地区以及以农业为主的相关亚洲地区。

为了应对全球气候变暖以及减轻气候变化带来的风险,避免其对国家经济的负面影响,亚洲人需要实现这样的生活方式:提高能源利用效率,摆脱对化石燃料的依赖;合理的交通方式;绿色环保的建筑设计;城市森林和绿地的合理布局;最终转变成更适应经济增长需要、更宜居以及更合适的可持续生活方式。

尽管有众多高水平及富有经验的专家和机构（包括公共的和私人的）已经做了许多杰出的研究，但至今还没有关于分析亚洲（或全球）发展中国家经济利益的独立研究。但是在 2010 年年末一个名叫"新兴市场论坛"的独立国际智囊团发布了一个关于气候变化对亚洲和其他主要发展中国家经济影响的深入分析（新兴市场论坛，2010）。这个分析表明，谋求全球共同利益也是为了亚洲的利益。亚洲这么做不仅是应西方国家的要求，也是出于亚洲自身利益的考虑。

这个分析还表明气候变化对亚洲经济走向繁荣的方式产生了深远的影响：大幅度提高能源利用效率而且减少对化石能源（煤炭和石油）的依赖；采取新方式实行更加密集、更宜居的城市化建设；城市居民更多依靠公共交通工具（而不是私家车）出行，长途的则依靠铁路；优先发展相关技术；应该说，更多地从根本上改善生活方式、高效利用能源，以缓解自然资源有限的压力。

这些方面之所以对亚洲长期增长和发展至关重要，是因为国家未来的竞争力和繁荣主要取决于它们利用自然资源的效率以及其推进未来低碳之路的进程。

考虑到在不久的将来全球气温的上升（2 摄氏度或者更多）已不可避免，亚洲国家必须采取紧急措施来应对气候变化。

治理与制度的功能

政府治理及其机构的能力是大多数亚洲国家的弱点。如果机构水平越来越差，腐败状况日益猖獗，那么在这个地区实现"亚洲世纪"将受到阻碍。所有国家必须提高政府能力并且不断转变他们的机构以兑现在 2050 年成为富国的承诺。

国家政治经济部门的水平及其威信的大幅度提高（例如腐败程度下降）是亚洲保持增长的前提条件。高水平的机构将既有助于快速增长的国家避免陷入"中等收入陷阱"，也有利于增长缓慢的国家创造基础条件逐步向经济增长迈进。处理这些共同的挑战，包括提供优质基础设施和社会服务，杜绝裙带资本主义，加速城市化进程，建设健全金融部门，鼓励创业和创新，维护公民基本权利和维护法律效力，都需要中央和地方政府有效的管理与合作。

基于这样的观点，亚洲需要进行现代化政府管理和重新整顿各机构并将重点放在增加透明度和公信力上。

冲突的风险

除了以上的挑战,跨境冲突也逐渐显现——尤其是自第二次世界大战以来的亚洲暴力冲突。更重要的是,世界上大部分冲突源于亚洲。同样地,这一地区的小国和大国有无数相似的国内冲突和叛乱。不信任和紧张是亚洲主要国家彼此关系的特点,包括其中具有核武器的五个国家之间的关系也是如此。

任何一个或多个地区或国家的冲突都能轻易破坏亚洲增长的轨迹。这是目前"亚洲世纪"面临的最大风险和问题(见专栏5.2)。

专栏5.2 亚洲冲突:风险和威胁

20世纪90年代,亚洲就像当时的全球形势一样,很少有冲突。痛心的是,现在亚洲和全球的这一趋势都在逆转。

一些内部冲突(一个或者多个民族群体试图脱离现在的国家)现在正在酝酿之中。印度总理最近声明表示,东部的毛派反叛分子是印度国家安全最严重的威胁。

过去为了国家的边界问题已经爆发了洲际冲突,但是现在这种危机的存在更可能发展成为全面的战争。

另外,一种新的冲突已经卷入了战争:气候变化。这种全球性威胁恐怕正以倍增的速度在扩大,尤其是在不稳定的弱势地区。反过来,这会导致大范围的饥荒、动乱、内部争端和邻国间对能源或其他资源的冲突。

亚洲几条主要的河流——恒河、印度河、湄公河、长江、黄河都发源于喜马拉雅山脉。如果喜马拉雅山脉大面积的冰层继续融化,将会大量减少亚洲大部分地区的水资源供给,从而导致冲突的产生。

亚洲一个主要的挑战就是是否发展强制的机制来缓解地区冲突,确保秩序稳定。亚洲地区安全秩序现在处于不稳定状态。前所未有的经济繁荣对仍未解决的政治权力如何分配问题有重要影响,而普遍认为最好的情况就是形成一个多极化的亚洲。

那么,什么能确保多极化亚洲的和平?经济独立,一个和平的重要驱动力正平稳地增长,而且是相互制约的强大力量。但是没有强大的地区机构,光靠经济独立是不够的。亚洲的地区机构,像东盟,在处理纠纷和冲突时一贯采取谨慎的态度。其中的关键问题在于亚洲能否在没有外力帮助的情况下独立处理好国家和地区之间的冲突。

亚洲并没有真正开始这些必要的制度化合作。一些国家预见并且倡导"亚洲的北大西洋公约组织",像大西洋机构一样,可以帮助处理传统和非传统的威胁。但是一些分析家质疑亚洲的北大西洋公约组织能否成立,原因有多种,从亚洲长期存在(有些人甚至称之为习惯)的反对集体防御到不能说清共同的威胁到底是谁或是什么等都是其中的重要原因。

亚洲在全球的扩张足迹

除了这些挑战和风险,亚洲越来越多的全球化将带来新的责任和机遇。这一地区占全球 GDP 的比例不仅会超过一半,还会比第二个面积最大的地区——欧洲还多两倍。这将从根本上改变亚洲的角色以及亚洲与国际社会的互动模式(详述于第 15 章)。

第六章 实现"亚洲世纪":战略框架

哈瑞达·考利(Harinder S. Kohli):新兴市场论坛首席执行官

阿肖克·夏尔马(Ashok Sharma):亚洲开发银行金融局局长

阿尼尔·索德(Anil Sood):新兴市场论坛高级顾问

本章介绍了亚洲作为一个整体的发展战略框架和综合概要。框架包括三方面的内容:国内、区域合作和全球行动。下面,我们先简要讨论这三个方面,然后阐述每一方面所需关注的优先事项。

三大方面

在过去50年中,亚洲经济的显著特征是大部分决策者和政治领导人仅重视国内经济和社会发展。这是适宜的做法,因为各国此期都致力于消除贫困并快速赶上发达国家。由于以前50年亚洲国家主要的任务是消除贫困和迅速缩短与发达国家的差距,而且那时的亚洲全球影响较小,因而这在当时确实是可行的方案。但随着全球经济重心回到亚洲,这套方案不可能、也不再适合亚洲了。

虽然国家议程永远是最重要的,但亚洲的决策者——尤其是大国的决策者——需要超越国界看问题,原因有六点:

——很多两代间问题需要从不同的国家视角和区域性、全球性视角来观察和解决。

——亚洲是全球对于未来发展和繁荣所享有的公共利益保护的最大受益者(或损失者),这些公共利益包括:一个开放的全球贸易体系、一个稳定的全球金融体系、气候变化的减缓、和平和安全。亚洲必须要在所有全球讨论和谈判中起到积极作用。

——亚洲大国需更多考虑其国家政策和行动对亚洲其他国家和世界的潜在影响。他们越来越大的全球影响需要他们在全球治理中扮演更重要的角色。

——多样化的出口市场是为了减少对北美和欧洲的严重依赖,这需要亚洲领导人共同合作，废除受国别限制的法律、行政和物流壁垒，使商品和金融在亚洲自由流通。

　　——处理亚洲面临的最大风险，尤其是可能导致冲突的跨国差异，需要区域间讨论和行动。

　　——亚洲七国的作为（或不作为）将决定较不富裕的国家是享受"亚洲世纪"的好处，还是被甩在后面。

　　由于亚洲的多样性和国家间的情况大不相同，解决两代间问题措施的明确行动和时机必须要在国家或是小区域中具体化，需要具体问题具体分析。即便如此，我们仍可以明确地阐述整个亚洲的战略框架和概要。

　　该战略框架包括三方面的内容（见图6.1）。

　　第一方面是指国家战略和政策行动，即为增长缓慢的国家找到正确的基本发展方向；维持集聚经济体的高生产力并转变其优势以避免步入"中等收入陷阱"，维持高收入国家的经济增长，将单纯的增长转化为公民的幸福生活。

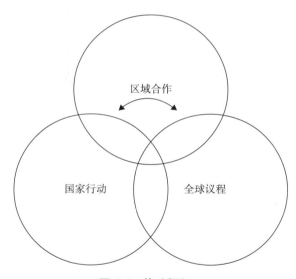

图6.1　战略框架

　　第二方面包括区域合作，寻求区域共同利益，通过最大化协同争取共同的区域繁荣。

　　第三方面是在亚洲逐渐全球化的过程中提升其在全球范围内的互动能力。这个方面有赖于共同努力，特别是在大经济体之间的协作与努力。

　　为了减少需要面对的问题，我们用了五个标准：集中于保证更快更包容性增长的目标；避免"中等收入陷阱"；问题的两代间特点及相应解决方案；横向联系性；如何面对重大挑战；亚洲快速扩大的全球影响的重要性。

这三方面的很多问题都是相互联系、相互促进的,如金融转型、资源有效利用和能源安全。与此同时,在国家、区域和全球水平上,城市化、金融、能源效率和气候变化也是紧密相关的。因此,每个问题都应被看作是整个议程的一部分。总而言之,为实现"亚洲世纪"的承诺,亚洲决策者必须共同应对这些挑战。

国家行动

三种不同类型的国家,其经济和社会政策的重点有很大区别。尽管如此,还是有许多共同的问题和基本战略的。

增长和包容性发展

增长和包容性发展不一定相互排斥,它们可以相互加强。为维持长期增长、保持社会稳定,几乎所有亚洲国家都需要一个战略来应对一直以来对发展至关重要的社会稳定与不平等的问题。

亚洲国家必须要更重视包容性发展和消除社会不平等——农村和城市间的,受教育者与不受教育者间的或种族间的不平等。亚洲不得不重新考虑分配政策。不能再忽视机会不平等问题,也不能再忽视贫穷的人(不论在国家中或社会群体中)与愈加富裕的人之间的差距。农村发展,包括农业,对所有中低收入国家来说都很重要。要解决一些亚洲国家出现的城市不平等现象也要消除贫民窟。

然而,政策工具是有限的。更重视教育和人类资本的发展,尤其是妇女的发展对于完全实现人口红利是很重要的。这是个明显的方面,另外还需要政府实施再分配政策。政府必须要增加高质量基础设施服务,推动创新,以满足底层人群的需求。对国内慈善事业提供政策支持也可以从一定程度上起到缓和作用。不同形式的保险有助于应对各种风险,如家庭中挣工资的人失业、残疾、生病或死亡等。最低工资和积极的劳动力市场政策,如保证就业项目,能作出很大贡献(有时也会被滥用)。劳动力流动很重要,前提是保证移民的权利受到重视并得到切实的落实。

金融转型

在其他条件相同的情况下,由于亚洲的 GDP 占全球的比重增至 50% 以上,亚洲应当拥有相同比重的全球金融资产,以便更有效地利用大量储蓄和外汇。

在金融体系发展与转变的过程中,亚洲国家须谨记亚洲金融危机和最近衰退的教训。最重要的是,他们必须避免成为另一次泡沫破灭的牺牲者。

亚洲需要制定自己的金融发展模式,既要避免过多地依赖市场,也要避免过度的中央政府控制。这种情况已经在很多亚洲国家出现。亚洲应当对机构性创新更开放,也应当通过国营和私营之间的合作关系和公共金融市场工具,创造良好的环境来资助大量基础设施建设和满足城市发展需求。东北亚要更加重视老龄人和特殊人群的需求。

国家改革的重点在于创造促进区域(和全球)一体化的条件。2050 年前,亚洲应拥有一个或多个全球金融中心和多个全球金融机构。

应对大量城市化

到 2050 年,亚洲的城市人口将从 16 亿扩大近两倍增至 30 亿。这一历史性的转变对于提高生产力、提高人民生活质量来说都是独一无二的机会。亚洲城市的产出有望占经济产出的 80% ,它们将成为高等教育、创新和技术发展的中心。城市建筑和运输是能源消费和碳排放的主体。因此,城市中心的质量和效率极大影响着亚洲的长期竞争力和社会政治稳定。

亚洲必须采取新的策略管理城市化,推动紧凑、高效、绿色、宜居的城市发展。这些城市将会更依赖公共交通。亚洲也必须应对重要风险,尤其要注意不平等、贫民窟和社会凝聚力的崩溃等问题。

更好的融资和城市管理需要政府进一步下放责任到地方,提供更多地方问责制,并逐步增加城市资本投资的市场融资。城市发展需要几十年,及时的行动需要有远见的领导人。

减少能源密集型产业和自然资源的使用

预计三十多亿亚洲人生活水平的快速提高将对地球有限自然资源带来极大压力,同时导致竞争更加激烈。

根据目前趋势,亚洲将在 2050 年前超过经合组织而成为最大能源消费群体。该群体最受与能源安全和气候变化有关风险的影响,也是导致这些风险的原因。出于自身利益,亚洲需通过根本的能源效率和能源多样化项目引领能源安全和能源脱碳化。大部分其他自然资源,包括水和肥沃的土地,都有类似问题。唯一的解决方案是在提高价格(从而消除补贴)的同时,在建筑和运输业中制定并实行严格标准,实现技术突破和调整消费模式。

补救行动需要在国家区域和全球层面上进行。能源效率和全要素生产力增长可以相互配合,这对保持全球竞争力是很重要的。

所有亚洲国家的关键政策启示是:它们的未来竞争力及其人民的社会福祉很大程度上取决于自然资源使用效率的改善和全球低碳未来竞赛的输赢。

创业精神、创新和技术发展

亚洲经济在未来 40 年的持续快速增长需要利用技术发展、创新和创业精神所能提供的全部潜力。

除了一些例外,亚洲的发展模式一直是努力赶上更发达的国家,使开发的技术适应西方市场。这在以前很适合亚洲国家,因为它们当时远未达到全球最佳的实践水平,并处于较低梯级。但随着更多亚洲国家模仿日本、韩国和新加坡而更加靠近西方最佳标准后,仅靠追赶已是远远不够了。

快速增长的经济体,尤其是中国和印度,要想成为高收入国家,必须在创业精神和创新方面大胆实践并在科学技术领域取得突破性进展。包容性创新是个多产的领域,能够满足几百万普通收入者的需求。印度在这一领域已取得了显著成就。

亚洲众多经济体仍然欠缺的一个核心方面是要有高质量教育来全方位推动创新力的发展,并有一套支持体系来提高创新力和企业家精神,其中最重要的因素是提高竞争力并促进私有经济发展的整体政策框架。

管理和机构发展

三种不同类型的亚洲国家必须都要改善管理并转变机制,以应对未来的挑战。

近期主要的问题是国家政治和经济机构的质量和可信度(由增多的腐败表现出来)的恶化。高质量机构能帮助快速增长的经济体避免"中等收入陷阱",帮助希望温和增长的国家建立基本条件推动持续的经济增长。应对共同挑战需要有效的中央和地方管理。

在亚洲,扩大的中产阶级——其自身就是快速社会经济增长的理想产物——需要更多发言权和参与度、公开的资源分配、对成果负责和更大的个人空间。

尽管任务艰巨,但消除腐败对所有国家都很重要,它能保持社会政治稳定和政府的合法性。最近中东发生的事件表明,随着新的社会媒体和其他未知的(但一定会出现的)更先进技术的出现与使用,管理者和被管理者之间的沟通质量变得尤为重要。亚洲需要继续改善管理和机构,强调透明度和公信力。

从增长到社会福利

由于更多亚洲国家向高收入阶段发展,它们需要采取政策进一步改善社会福利和生活方式。

正如包容性对保持中、低收入国家的社会和谐和政治稳定至关重要一样,随着财富的增加,重视社会福利、个人安全和幸福而非财富本身,变得很重要。由于全球资源竞争不断增强,这种转变就更重要。亚洲需要对话,了解对区域增长模式的影响及我们为改善社会福利所能做的各项工作。现在是开始明确改善社会福利的措施并将它们结合到国家调查中的时候了。

区域合作

区域合作(包括一体化)对亚洲迈向繁荣至关重要。它将变得更重要,原因有六点:

——面对复杂多变的外部动荡,区域合作有利于巩固亚洲来之不易的经济成功。

——区域合作将作为重要桥梁,联系单个亚洲国家与世界其他国家。面临利益集团的阻力,决策者能利用它推动国内改革。为拥有发言权和影响力及相应的经济实力,亚洲国家需要就一系列国际问题协调地缘政治地位。只有经常进行区域对话才能达成共识。

——随着亚洲国家调整增长方式,刺激内部需求,运输和交通将为单一市场的形成铺平道路。为了维持区域经济增长,它们需要对区域内的邻国完全开放市场(就像美国和欧洲市场自第二次世界大战以来对亚洲的开放程度一样)。这将使贸易和投资在49国之间自由流动(还有更大的劳动力流动性,尤其是有技能的劳动力的更大流动性)。

——由于发展援助,区域合作能帮助减少跨国间收入和机会的差距,如果这种差距不加以制止会引发动荡,甚至导致亚洲部分国家的冲突。

——在技术发展、能源安全和防灾准备中,区域合作能产生很大的协同和良性循环效应。

——通过熟练地应对区域生态系统变动,区域合作对亚洲长期的稳定、和平与和谐变得更加重要。

避免大国与核国家间的冲突,保持区域社会和政治稳定是很重要的。由于亚洲的多样化、异质性,尤其是缺乏主要国家的政治支持,亚洲需要借鉴东亚发挥积极作用的经历,发展其独特的模式:一个以市场为导向、自下而上的实用的方法来推动自由的区域贸易与投资。该模式可借鉴东盟的经验,逐渐涵盖更多国家。这些行动和政府计划的目的在于创造一个亚洲经济共同体。这样的方法需要更强劲的——虽然不必是新的——区域机构。

一体化的亚洲经济共同体的产生将基于两个主要原则——开放和透明度。亚洲的开放区域化表明它并不歧视非成员国,而是鼓励区域机构利用现有全球机构及其协定。透明度将加强问责制和管理。

有力的政治领导对于日益增加的区域合作是一项重要措施。由于区域的多样化,建立亚洲区域化需要集体领导力来实现所有参与者间的力量平衡。亚洲的主要经济力量如中国、印度、印度尼西亚、日本和韩国,对于实现亚洲的一体化、塑造亚洲在全球经济中的地位很重要。

全球议程

亚洲的增长和更大的全球经济影响力将带来新的挑战和责任,对区域尤其是对大国而言,影响重大。

亚洲要承担更多的全球共同利益,包括开放的全球贸易体系、稳定的全球金融体系、气候变化减缓措施、和平与安全等。

亚洲不仅要保持与北美和欧洲的传统的紧密经济关系,还必须维持与周边国家(海湾国家、俄罗斯联邦、土耳其、澳大利亚和新西兰)、非洲和拉丁美洲的友好关系和商业往来。

亚洲需要审视其在气候变化和全球变暖问题中的态度。应对气候变化的早期行动显然是为了亚洲自身的利益——社会利益、经济利益和政治利益。亚洲态度的改变有力地证明了亚洲愿意也有能力在保护全球生态系统中起到建设性作用。

亚洲正逐渐成为全球经济中更重要的一员,其自身利益和长期繁荣将取决于全球的安康、和平和安全。

在未来,亚洲必须逐渐转变其角色,在制定全球生态系统规则的过程中成为一个积极的参与者和一个思想领导者。整个区域必须在全球治理方面起到更积极的作用。

最后,该区域必须妥善面对其角色在全球治理中快速变化的挑战。重要的是,作为一个新兴的全球领导者,亚洲应作为——也被视为——一个合作的全球公民,不对其他国家构成威胁,同时完全意识到其政策和行动的全球影响。

无可否认,这是一个有抱负的、艰巨的议程。但其回报也很丰厚:实现"亚洲世纪"将使另外的 30 亿亚洲人到 2050 年变得富裕起来。

下面几章会详细阐明该议程。

第七章　增长和包容性

贾扬特·梅农(Jayant Menon):亚洲开发银行高级经济学家
萨娅萨琪·米特拉(Sabyasachi Mitra):亚洲开发银行区域
　　经济一体化办公室主任
德鲁·阿诺德(Drew Arnold):圣坦尼国际集团经济分析师

引　　言①

　　增长和平等被看做是良性循环的一部分。虽然亚洲已经在减少贫困方面取得了显著的进展,但收入不平等水平依旧居高不下,甚至在一些国家出现了上升的趋势。这在该地区实现千年发展目标(Millennium Development Goals,MDGs)的过程中最为明显,尤其是有关健康和卫生的指标深刻体现了这一点。如今,人们用"亚洲的两副面孔"这个词来形容这一现象。很显然,如果要创造"亚洲世纪"的话,那么亚洲繁荣所带来的成果必须由各阶层的人民所广泛共享。本章概述了为了实现这一目标亚洲领导人所要做的优先事项。本章首先对包容和公平的增长进行了定义,然后通过案例的展示,促使亚洲领导人能够推动包容性增长,使他们能够在继续关注经济增长的同时,能关注人类的发展、社会安全保障和再分配政策。

亚洲已经取得了什么样的进步?

　　虽然亚洲现在的经济增长已经使得贫困人口大幅减少,但是收入和非收入的不平等依旧存在。许多亚洲国家似乎将国内激增的不平等现象看做是实现全球化过程中不

---

　　①　本文仅代表作者的观点,并不能反映亚洲开发银行、亚洲开发银行董事会和政府部门的观点。

可避免的代价。众所周知,城市和沿海地区通常会首先从全球化的经济活动中受益,而内陆地区则发展滞后。这种全球化趋势也同样使得技术工人和资本所有者从中获得较大收益。这些都使得短期内不平等水平日益上升。

在过去 20 年时间里,亚洲各国讨论的话题已经从减贫变为了平等。这种转变很大程度上是由于亚洲最近经济的增长和最底层人民生活的改善而引起的。

当各经济体还在向中等收入国家迈进的时候,它们就会较多地关注减贫,较少地关注平等。而当经济体迈过中等收入国家的门槛后,贫困就会成为一个次要问题,但问题的重心将转向更多地关注平等。因此,许多亚洲国家开始将不平等视为一个重要议题。

进口替代、出口导向、贫困和不平等

在 20 世纪 50 年代和 60 年代,像其他地区的发展中国家一样,大多数亚洲国家通过关税和非关税的方式设置较高的贸易壁垒,来实行进口替代战略。他们试图通过限制进口竞争、最大限度地降低本国经济与其他国家间的联系等方式来实现工业化。与此同时,工业化国家却不断地降低贸易门槛,加强本国与其他各国间的联系(Krueger,1995a)。到了 20 世纪 80 年代,亚洲国家的领导人开始明白,他们原先的政策目标无法实现——经济增长放缓,财政和国际收支情况恶化,许多国家存在爆发危机的可能性。依靠原来的这些政策建立起来的产业虽然享受着巨大补贴,但是效率极度低下,而且这些产业还是高度资本密集型行业。虽然劳动力过剩,但它们依旧需要进口大量的国外资本品。在这一时期,一些国家的贫困率不断上升,而其他一些国家的贫困率则依然维持在较高的水平(见表 7.1)。

表 7.1　部分亚洲国家在 1980—1990 年间的减贫情况(贫困线以下人口所占的比重)

年份 国家	贫困数据				2 美元(PPP)/天	
	1980	1990	2000	最近	1990	最近
柬埔寨	—	47.0	36.1	30.1	77.9	56.5
老挝	—	46.3	33.5	27.6	84.8	66.0
马来西亚	18.4	17.1	6.0	3.8	11.1	2.3
越南	—	>60	29.0	10.0	85.7	38.5
印度尼西亚	28.6	13.7	19.1	15.4	84.6	50.6

国家　年份	贫困数据				2 美元（PPP）/天	
	1980	1990	2000	最近	1990	最近
泰国	35.5	27.2	14.2	8.8	41.0	26.5
中华人民共和国	52.8	22.2	8.5	—	84.6	36.3
印度	44.5	38.9	26.1		83.8	75.6

注:各国的贫困数据是通过各国资料,依据各国不同的贫困线标准得到的。
数据来源:世界银行基于世界银行数据库计算得出本表。

　　东亚地区首先将增长战略由进口替代转变为出口导向,随后东南亚和南亚地区也很快加入了这种转变的行列。这使得关税税率大幅降低,像配额限制这样的非关税壁垒被取消。最终由于出口增加,使得财政赤字减少,因为私人企业在工业领域取代了国营企业,使财政状况得以改善。20 世纪 80 年代和 90 年代,主要来自美国和日本的外国直接投资在东南亚迅猛增加。大多数国家在这一时期经济增长强劲,一些国家甚至达到和超过了两位数的增长率。持续的高水平的增长率带来的显著成果就是整个地区贫困水平的显著下降。不管用什么方法来进行计算,20 世纪 80 年代到现今这一阶段所取得的减贫成就都是无与伦比的(见表 7.1 和表 7.2)。

表 7.2　日均收入不足 1.25 美元(PPP)的人口所占比例　　　(单位:%)

国家　年份	1985	1990	2000	2005	2009
孟加拉国	47.4	52.5	57.8	49.6	—
印度	55.5	53.6	—	41.6	
印度尼西亚	62.8	54.3	47.7	21.4	18.7
马来西亚	3.2	1.91	0.54	0.54	0.0
巴基斯坦	66.5	64.7	29.1	22.6	—
菲律宾	34.9	30.7	22.5	22.6	
中华人民共和国	69.4	60.2	35.6	15.9	—
越南	—	63.7	40.1	21.3	13.1

数据来源:世界银行基于世界银行数据库计算得出本表。

　　东亚新兴工业化经济体(NIEs)的一个显著特征就是它们能够较为公平地分享经济增长所带来的收益。20 世纪 60 年代以来,伴随着这些国家和地区持久高速的经济增长的是贫困的减少和生活水平的全面改善。与处于同样发展阶段的其他国家相比,这些国家和地区的收入分配更为平等。人们普遍认为韩国和中国台湾的收入不平等程度较低(Jomo,2006;Fei 等人,1979),而且,最近经济合作与发展组织(OECD,2008)的评估也认为日本收入的不平等程度仅出现了较低的增长。一些人认为这是出口导向型的工业化的必然结果,而且出口导向型的工业化政策如果是正确的,那么这对其他发展中国家来说也是值得推广的。由于发展中国家的比较优势在于劳动密集型行业,所以有观点认为外向型生产的扩张会转化为较高的就业率。由于劳动力在经济体中的使用最为广泛,因而就业的增加和随之而来的实际工资的增长会减少贫困、降低收入的不平等(Krueger,1995b;Balassa 和 Williamson,1987,Fei 等人,1979)。

然而这只是新兴工业化经济体(NIEs)的经验,在亚洲其他国家并没有看到出现相同的情况。似乎新兴工业化经济体(NIEs)出现的经济增长和平等共生的现象比较独特,这在很大程度上是因为这些经济体拥有良好的内部条件,而且这些经济体在经济转型初期所处的世界市场也是一个高度包容的市场。新兴工业化经济体(NIEs)之所以能够走在其他发展中国家之前,是因为它们在实施自由化政策之前有着较高的教育水平、相对公平的收入分配和基础广泛的财产所有权制度。而且这些国家先前都进行了土地改革,这是在结构转型过程中将劳动力从农业转移到制造业的关键因素。然而在许多东南亚和南亚国家,并没有出现同样的情况。这些国家的内部条件——涉及有关教育、医疗和收入分配的社会指标——从一开始就不是很好。甚至到现在,一些国家的土地改革依旧没有完成。由于这些国家的国内情况如此不良,以至于对能够确保包容性增长的政策和体制的需求是那样的引人注目。但是直到现在,这些还是没有被列入政治议题。在贫困率大幅降低的同时,收入的不平等开始上升。在图 7.1 中,泰国的数据显著地描绘了这一情况,通过观察我们可以看到,贫困率的降低和收入的不平等间存在着反向的关系。同样的情形也发生在除马来西亚外的其他国家中。

贫困的减少与千年发展目标(1990 年至今)

近年来,亚洲在减贫方面取得的进展很快(见表 7.2)。据估计,2005—2010 年间,东亚和南亚的贫困人口减少了 4.25 亿人(Chandy and Gertz,2011)。在 2005—2015 年间,仅南亚地区的贫困人口就有望减少 4.3 亿人,这使得该地区的贫困率由 40% 降至不到 9% 。正如专栏 7.1 所反映的那样,根据亚洲在实现千年发展目标中的表现,亚洲的减贫进程和其他指标并不匹配。

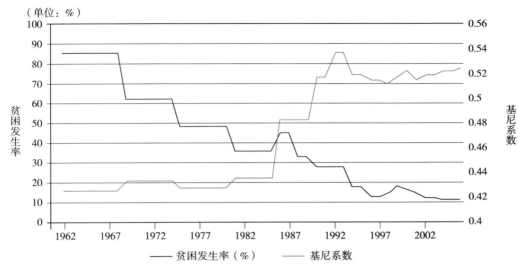

图7.1 泰国:贫困下降,不平等上升

数据来源:P.沃尔:《通过长期经济增长减缓贫困:来自泰国的经验》,《亚洲经济》2009年第8卷第2期,第51—76页。

专栏7.1 亚洲和千年发展目标(Millennium Development Goals)

◆1990—2008年间,日均收入在1.25美元以下的贫困人群从15亿减少到了9.47亿。

◆性别差距在大多数国家的初级教育中已经不存在,在高中教育阶段已经得到了控制,但在高等教育阶段仍然存在。

◆公共卫生的发展特别缓慢。2008年缺乏公共卫生设施的人群同1990年的数字基本相同,仍在18.5亿左右。

◆虽然在干净水源的取得率上有所进步,亚洲在整个世界缺乏水资源的人群中仍然占有52%。

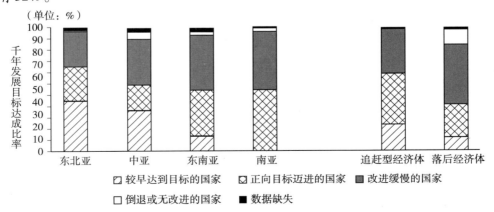

追赶型经济体在实现千年发展目标方面同样处于领先地位

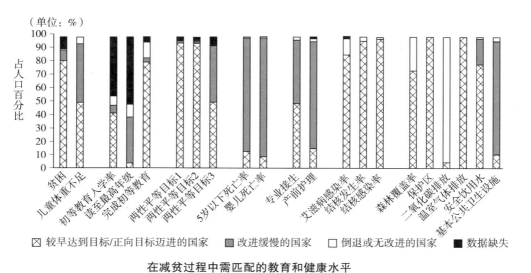

在减贫过程中需匹配的教育和健康水平

数据来源:1. 联合国亚洲与太平洋经济社会委员会、亚洲开发银行、联合国开发计划署:《通向 2015》;2. 圣坦尼集团估计值,2011 年。高收入国家数据不包括在内。

总体而言,亚洲的表现是积极的,并且很大程度影响了全球的进展。该地区有关国家在实现千年发展目标(MDGs)的进程中已处在领先位置,并且完成了超过一半的指标。然而,该地区在一些关键指标的完成上依旧滞后,尤其是涉及妇幼保健和卫生设施的指标完成情况很不好。

值得注意的是,与经济增长和贫困减少之间存在很强的关联性不同,布吉尼翁等(Bourguignon et al.,2006)认为经济增长与非收入型的千年发展目标(MDGs)的改善之间不存在相关性。这说明经济增长不会使非收入型的千年发展目标(MDGs)得以实现。

什么是包容性增长?

包容性增长认识到了经济增长和社会政策的不可分割性。发展经验表明,不平等和社会排斥不能再被视为以市场为主导的经济增长过程中不可避免出现的一种现象。因此,包容性增长需要涵盖各方面的公平、机会的平等、市场的保护以及就业的转变。包容性增长既是增长的速度,也是增长的模式;不仅是结果,也是过程。一方面,包容性增长要求每个人都参与到增长的过程中;另一方面它也要求每个人都能平等共享增长成果。因此,包容性增长意味着参与和利益分享。没有利益分享的参与会造成增长不公,而没有参与的利益分享则难以取得理想的福利目标。

以往有关经济增长对贫困和不平等影响的讨论主要集中在诸如广泛基础的增长或亲贫困增长(broad-based or pro-poor growth)的概念上(Tandon and Zhuang,2007)。那么包容性增长是如何和这些概念相联系的呢?包容性增长通过给予这些概念实现的途径和机会丰富了这些概念。但是包容性增长可以说是从绝对的角度来定义亲贫困增长的,而不是从相对的角度。

从绝对的角度来看,不管其他群体受益如何,如果贫困人口受益的绝对额增加,那么这种增长就被认为是亲贫困增长;从相对的角度来看,只有贫困人口收入的增长幅度快于总体的增长幅度,增长才被认为是亲贫困的,只有如此,不平等才会下降。然而,从绝对的角度来定义的亲贫困增长,只考虑了初次分配的结果,并没有考虑再分配的情况。在生产率提高的同时,就业机会也要扩大。总之,包容性增长要求既要提高增长的速度,也要扩大经济规模,既要提升投资的竞争环境,也要扩大就业机会,同时还要保证获得投资机会和就业机会的公平。包容性增长使得社会的每一群体不论其处于什么状况,都能参与到经济增长中来,为经济增长作出贡献。

为何要关注包容性和公平?

尽管关注包容性和公平的原因是不言而喻的,但是理清这方面的原因也是有用的,尤其是当其涉及交换的时候。关注包容性和增长,除了伦理和道德上的考虑,也有务实的考虑。

各项研究特别是近期增长委员会(Growth Commission)的研究(Kanbur and Spence,2010)表明,如果经济增长缺乏公平性,即无法使每个人能够获得公平的机会参与到经济增长中来,获得经济增长的成果,那么增长战略就难以成功。尤其是对发展中国家而言,不公平会延缓经济增长(Barro,1999)。最近的研究也表明,不平等也是可持续发展的一个障碍,因为不平等程度较大的话,会相应缩短增长的时间(Bergetal,2008)。

目前亚洲和中东的情况说明了不平等的持续存在会引起社会和政治局势的紧张,甚至会导致暴力冲突。政治稳定和社会凝聚力是保持经济增长不可或缺的因素,而且每个因素都会受到收入和社会不平等的影响。如果这两个因素出现下滑,那么就会造成低增长和低效率,从而导致经济危机(Rodrik,1999)。不平等增加,会对稳定造成威胁,从而进一步影响增长和发展。

收入的不平等也会导致投资分配不当。有研究表明,一个国家劳动力的受教育水平较低的话,那么收入的不平等会较严重。此情形部分是由于贫困人口无法投资教育,这也就意味着投资分配基本上是远离贫困人口的。更为平等的收入分配会使得投资更有效率,从而使增长更为强劲(Berg et al.,2008)。

如果不平等程度较大,那么这就会创造有利于那些在政治和经济领域有较大影响力的群体的机制和文化,从而助长不平等的循环。也就是说,如果收入的不平等加深像教育和医疗等这些领域的不平等的话,那么不平等就会被扩大和延续。平等则会使得每一个人都受到影响,从而塑造起一种使每个人的利益都得以提升的机制。不平等有不同的类型。"坏"的不平等是由于个人的情况(与之相对的,"好"的不平等是由于个人的努力),并且"坏"的不平等会造成不平等陷阱。不同的社会经济群体在权力、财富和社会地位上的"慢性"的不平等是由经济、政治、社会文化机制造成的(Bourguignon et al.,2006)。社会精英对政治权力的控制会导致政治的不平等,从而加剧最初的禀赋和机会的不平等。

就连解决不平等的过程本身,也会给政治舞台的双方带来意想不到的影响。改善再分配的努力可能会因为要增加税收而抑制投资,从而长期地抑制增长。另一方面,社会精英也会通过再分配过程中的腐败来维持自己现有的地位,而这会损害政府机构的公信力和使增长放缓(Alesinaand Rodrik,1994)。

最后,增长和公平不应被视为是交换的方案,而应被视为是良性循环的一部分。当不以牺牲其他人的利益而为穷人提供更多的经济机会时,会使得增长增加,这反过来会带来更多的机会。

亚洲的现状是怎样的?

随着在减贫上的巨大成功,人们关注的焦点转向了解决不平等问题。

收入的不平等

虽然亚洲地区近期的经济增长令人称道,但是用来衡量收入不平等的指标——基尼系数在一些国家却一直上升(见表7.3和专栏7.2)。收入不平等的原因不是由于贫者愈贫,而是由于富人收入的增长速度高于贫困人口收入的增长速度。收入的不平等伴随着空间(城乡)和族群间的界限依旧会不断恶化。一些"好的不平等"是发生在增长的不同时间段,由于增长发生在不同的时间及不同的地点,这自然而然会带来收入分配的不公平。但是,"坏的不平等"之所以出现,是因为一些人起初没有参与到增长中来,而且后来也没被给予参与增长的机会。要从统计学上区分这两者是很困难的,但是可以毫无疑问地讲,日益增长的不平等会给日后的增长带来威胁,亚洲尤其是中国现在的情况验证了这一说法。在表7.3 中,马来西亚是过去15 年中唯一一个基尼系数下降、不平等得以改善的国家。尽管基尼系数在其他13 个国家中增长幅度不一,但是有8 个国家的增长幅度达到或者超过了10%。基尼系数增长幅度最少的国家分别是中国、菲律宾和越南。

不平等的增加也可由收入的十分位数看出。例如,在1985 年,中国国内处于社会顶层的10%的人口占有城市收入的17%,而到了2005 年这一比例达到了27%。

表7.3　亚洲日益增长的不平等(基尼系数)

国家	起始年份	基尼系数	期末年份	基尼系数	变化(%)
马来西亚	1992	47.7	2009	46.2	-3
中国	1993	40.7	2005	41.6	2
菲律宾	1994	42.9	2006	44	3
越南	1993	35.7	2008	37.6	5
巴基斯坦	1993	30.3	2006	32.7	8
印度尼西亚	1993	34.4	2007	37.6	9
蒙古	1995	33.2	2008	36.6	10
印度	1993	32.9	2005	36.8	12
泰国	1992	46.2	2004	52.5	14
斯里兰卡	1996	35.4	2007	40.3	14
柬埔寨	1994	38.3	2007	44.4	16
孟加拉国	1989	28.3	2005	33.2	17
老挝	1992	30.4	2008	36.7	21
尼泊尔	1996	37.7	2004	47.3	26

数据来源:世界银行基于世界银行数据库计算得出本表。

专栏7.2　亚洲的两面性

发展中亚洲国家的快速发展掩盖了不断上升的不平等。快速的经济增长——几百万缺乏教育机会、水资源、公共卫生医疗服务的穷人对应富人的增加——塑造了亚洲的两面性:一面是上海、孟买、雅加达和马尼拉纸醉金迷的高楼大厦,而另一面却是同在一个城市里越来越多的贫民窟。

这种双重结构给亚洲的可持续发展和社会凝聚力带来了威胁。国家及地区间的经济发展和社会和谐需要这种两面性的相互融合。亚洲只能展现一面:即一个人人都有机会、人人都能过上好日子、没有贫穷和共享繁荣的亚洲。

振兴亚洲不仅要帮助几百万人解困并保持强劲的发展势头,还要确保增长的包容性,这样才能使利益平等分配。

我们不能低估了完成这项任务的艰巨性。即使是保守的统计,亚洲到 2015 年还会有几百万日收入低于 2 美元的贫困人群,甚至有更多的人喝不到干净的水、没有公共卫生、教育和医疗服务。

如果亚洲不能面对这样的挑战,那么那些富丽堂皇的大楼将继续与贫民窟为伴,并进一步对这个全球最活跃的地区的经济发展和社会凝聚力带来威胁。

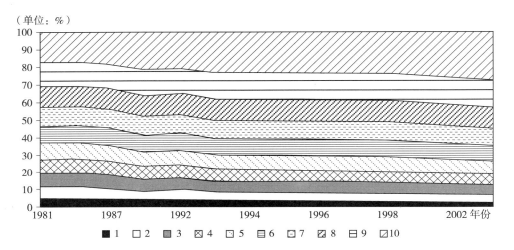

图 7.2　中国城市收入十分位数

数据来源:世界银行基于世界银行数据库计算得出本图。

城市的不平等

城市地区——即使是那些正在经历经济增长的地区——也在经历着不平等的加剧。在亚洲许多城市,在居住条件和享受基础服务上的差距十分严重。尤其是在中国和印度,城市的不平等在过去 30 年中持续恶化(见图 7.3)。虽然在马来西亚,城市的不平等状况略有下降,但是它依旧是该地区城市不平等程度最高的国家之一。可以确定的是,不平等会对城市环境产生不良影响。例如,拉丁美洲大约在 65 年前就先于亚洲进行了快速城市化。而这几年,拉丁美洲城市中的极端不平等使得城市里的贫困区域逐渐成为毒品、犯罪和暴力地区。亚洲必须避免同样的命运。

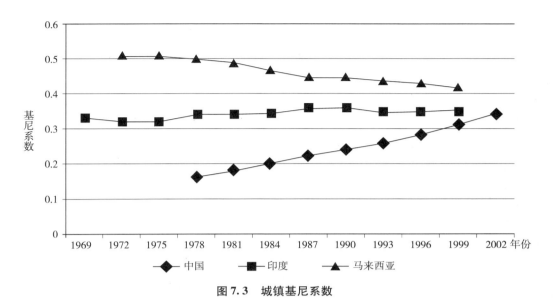

图 7.3　城镇基尼系数

数据来源：世界银行基于世界银行数据库计算得出本图。

空间的不平等

亚洲不平等的一个突出方面是区域的不平等。全国平均水平可以掩盖国家内部真正的不平等，例如一些中等收入国家其国内某些地区，存在着较高的贫困率（Gill and Kharas，2007）。在国家内部各地区间、国家与国家间，人类发展水平存在着巨大差距（见图 7.4）。沿海地区往往比内陆地区更加富裕。可以肯定的是，这一方面可以看做是"好的不平等"的一个例子。在这一例子中，沿海地区日益具有竞争性，并且经济不断地增长。与此同时，沿海和内陆的差异也可看做是"坏的不平等"，在这一观点中，内陆地区的人群与沿海地区的人群相比，不易获得机会。城乡差距在最不发达国家最为明显，在这些国家里，大多数人口从事农业活动。例如，2010 年在柬埔寨，农村高原/山地和洞里萨河（Tonlé Sap）地区的贫困率最高，分别为 36.6% 和 30.8%，而中部平原地区的贫困率则为 21.3%（柬埔寨政府，2011）。

非收入性的不平等

教育

教育是非收入不平等中的一个重要方面。教育属于自我加强的不平等，因为低程度教育一般与低收入直接挂钩，继而导致了下一代教育程度低的恶性循环。图 7.5 显

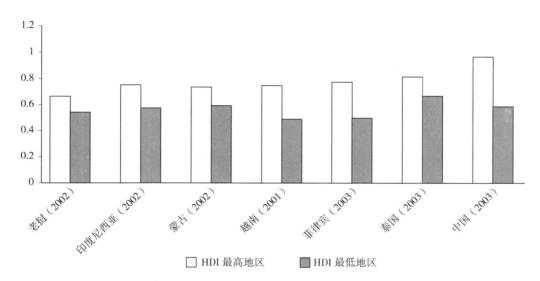

图 7.4 空间不平等：国家内排名最高与最低地区的人类发展指数

数据来源：世界银行基于世界银行数据库计算得出本图。

示了低收入与低程度教育之间的紧密联系。在一些国家，那些高收入的人中受教育年限几乎是低收入人群的两倍。

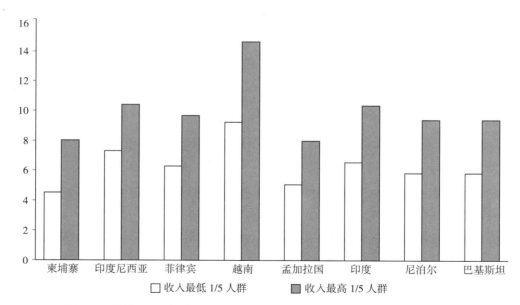

图 7.5 最低 1/5 与最高 1/5 收入人群中 15—19 岁青少年的受教育年数

数据来源：世界银行基于世界银行数据库计算得出本图。

另外一个教育对收入影响的情况是印度男性与女性受教育程度与收入的关系（见图 7.6a 和 7.6b）。收入高低的影响是不言而喻的，因为在低收入群体中几乎一半的男性是文盲,而高收入群体中至少有一半有12年以上的受教育年限。同样地,性别也是一个突出的因素。印度女性低收入群体中几乎有80%的人是文盲。由于这个群体缺乏教育,因此几乎完全不能在劳动市场上发挥作用,这就阻碍了社会的长期发展。

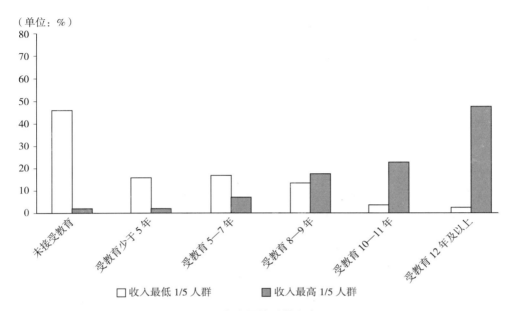

图7.6a 印度男性受教育水平

数据来源:世界银行基于世界银行数据库计算得出本图。

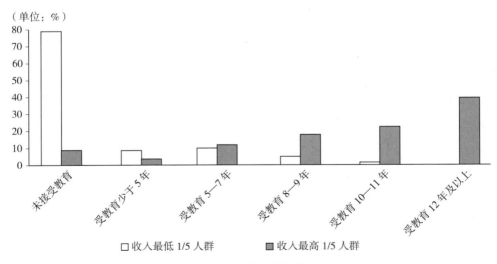

图7.6b 印度女性受教育水平

数据来源:世界银行基于世界银行数据库计算得出本图。

健康

健康问题是日趋严重的不平等问题的另一表现。不良的健康状况降低了穷人提高收入的能力。即使亚洲人口的平均预期寿命在过去30年里有了飞速的增长,穷人依然缺少大量能够用来改善健康不平等状况的基本服务和设施。

例如,在亚洲的许多国家和地区,产前护理服务依旧缺乏,特别是对穷人来说更是如此。在菲律宾,收入最高的1/5群体中有80%的人能够拥有一名医生专门负责产前护理,而在收入最低的1/5群体中这个比例只有10%。这个群体中还有8%的人根本得不到任何产前护理服务(见图7.7)。

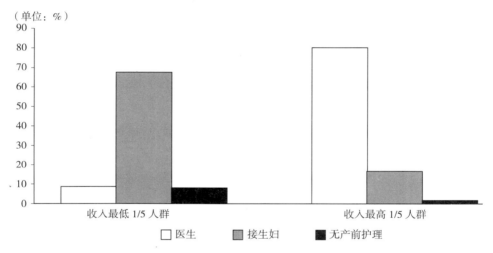

（单位：%）

图 7.7　菲律宾产前护理服务供给情况

数据来源:世界银行基于世界银行数据库计算得出本图。

疫苗接种也是一个问题。在印度尼西亚,收入最低的1/5群体中只有大约60%的人接种过乙型肝炎疫苗,而在收入最高的1/5群体中有超过90%的人接种这种疫苗(见图7.8)。

尽管在过去20年中,亚洲大部分地区的贫穷人数持续下降,但营养不良和食物匮乏问题依然存在。平均每六个亚洲人中就有一个营养不良(Chatterjee 等人,2010)。而且正如人们猜测的那样,最穷的群体中营养不良问题最严重。例如,在巴基斯坦,收入最低的1/5群体中有47%的孩子超出年龄平均体重下的两项标准差(见表7.4)。

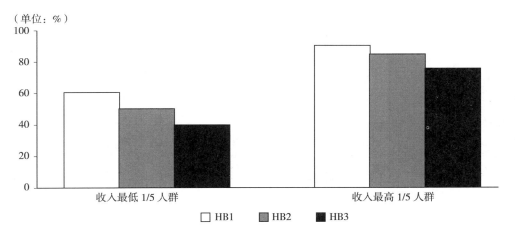

图 7.8 印度尼西亚乙肝疫苗接种情况

数据来源:世界银行基于世界银行数据库计算得出本图。

表 7.4 巴基斯坦儿童营养状况(两项平均标准差下的百分比)

收入	按年龄(计算)标准身高	按身高(计算)标准体重	按年龄(计算)标准体重
最低的 1/5	61.6	11.5	47
第二的 1/5	54.9	15.2	46
中间的 1/5	50.4	15.2	41.7
第四的 1/5	39.8	12.8	31
最高的 1/5	30.9	7	18.8

数据来源:世界银行基于世界银行数据库计算得出本表。

卫生

糟糕的卫生条件在亚洲的大部分地区都是一个普遍的问题,特别是在南亚地区,由于大规模的历史运动减缓了发展进程,这种情况尤其差(Gosling 等,2011)。南亚总共有 7.16 亿人没有任何的卫生设施。54% 的印度人和 27% 的巴基斯坦人缺少卫生设施。卫生问题反映了收入分配问题。在南亚收入最低的 1/5 群体中,几乎所有民众没有任何卫生设施,而在收入最高的 1/5 群体中,几乎不存在这样的状况(见图 7.9)。

性别不平等

虽然性别平等问题已经在教育领域得到了较好的解决,但在其他的大部分领域依然存在。亚洲部分地区的妇女有着世界上最低的政治参与率、就业率和财产拥有率。各国之间的情况也大不相同,菲律宾在世界经济论坛(World Economic Forum)发表的全球性别差异报告中得到了 0.77 的高分(最高分 0.85,在 134 个国家和地区中排名第九)(见图 7.10),斯里兰卡紧随其后。而在 2010 年印度和巴基斯坦则分别只得到 0.66

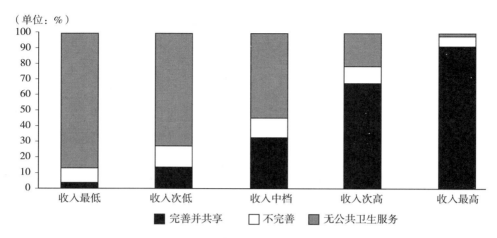

图 7.9　南亚公共卫生服务

数据来源:纳拉亚南:《南亚地区卫生服务的公平与包容性》,供水和卫生合作理事会 2011 年版。

分和 0.55 分,在 132 个国家和地区中名列第 112 名和最后一名,自从 2006 年以来就没什么改善。高收入国家在这方面的得分也很低,比如日本和韩国分别只得到 0.65 分和 0.63 分,名列第 94 名和 104 名,这主要是由于女性在劳动力和政治活动中的低参与率。

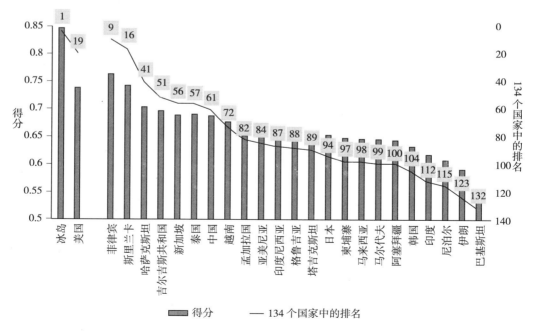

图 7.10　亚洲性别不平等状况

数据来源:世界经济论坛:《性别差异报告》,2010 年版。

行动纲领

中国是包容性增长的忠实支持者和追随者,包容性增长表现为对科学发展和社会和谐的不断追求。随着加快转变经济增长方式、确保经济更好更快增长,中国将致力于把经济发展和改善人民生活水平全面结合起来(胡锦涛,2010)。

包容性增长是整个发展议程的核心。经济的快速增长固然能给我们提供解决贫困、文盲和疾病等问题必要的资源和资金,然而,除非这些仍然困扰我们的社会和经济上的不平等得到快速和有效的解决,否则单纯意义上的高经济增长率并没有太大意义(Manmohan Singh,2010)。

亚洲国家如果想要保持社会稳定——这对发展至关重要,就必须制定出一套战略来解决不平等问题,而包容性增长作为一种发展战略正受到许多亚洲经济体、多边机构和文明社会的重视。中国的"十二五"规划重点关注解决不平等问题,印度也做了相应的努力(见专栏7.3)。

专栏7.3　包容性增长的政策规划:中国、印度和柬埔寨

中国经济快速增长所带来的好处并没有被平均地分配给每个人和每个地区,而是更多地集中到了沿海各城市和城市居民手中。中国的基尼系数从改革开放之初的0.16上涨到目前的0.47,使之成为世界上基尼指数最高的国家之一。此外,中国的人口老龄化带来的社会经济影响也不断威胁着增长的可持续性。

中国的"十二五"规划(2011—2015年)将增加社会安全网的开支,包括为低收入者提供住房(到2015年覆盖20%的城市人口),尽管先从低层次开始做起。同时也十分关注农村发展,其中包括较大幅度地增加农业投资。

印度在最新的计划纲要中承认,尽管此前的计划在促进经济增长方面取得了成功,但却没能有效地解决不平等问题。尽管在过去的三十年间,农村地区的消费不平等状况一直保持相对稳定,但城市的消费不平等却在逐步增加,基尼系数从0.30攀升至0.37。1983年,农村的平均消费水平占城市平均消费水平的69%,但现在已经下降到了52%。鉴于一些地区相对其他地区在经济增长中参与更多,印度各邦之间的区域性不平等也有所增加。1993年印度城邦之间最高与最低贫困率的差距是32.8%,目前已经上升到了43.1%。

最新制定的计划纲要旨在解决不平等问题的同时,要保持过去几年令人印象深刻的增长势头。具体目标包括到 2018 年实现 4% 的农业增长和 1 万亿美元的基础设施投资,优先发展农村和落后地区。

柬埔寨是亚洲国家中收入分配制度最不平等的国家之一,基尼系数在 2007 年达到了 0.45 左右。收入最高的 20% 群体的收入大约是最低的 20% 的 8 倍,也是亚洲国家中最高的比率之一(Hill 和 Menon,2011b)。虽然柬埔寨在减少极端贫困中取得了很大的进步,然而儿童营养不良率、儿童死亡率和产妇死亡率依然高得使人无法接受。

认识到这些挑战之后,柬埔寨政府(2011)起草了在 2011 年开始推行的社会保障战略。这一战略的当务之急主要涉及增加针对性的方案,如为穷人提供免费医疗和增加试点方案,如有条件的转移支付,通过劳动密集的公共工程来创造就业机会等。

虽然这里只强调了三个国家的情况,还有其他的一些国家如印度尼西亚、菲律宾和泰国正在寻求将包容性增长战略作为其政策框架的一部分。看上去这个名单上的国家数量在未来还会增加。

发展中经济体往往会涉及市场竞争、信贷市场、劳动力流动性或是土地所有权的明显的市场失灵现象,从而使投资得不到有效的配置,实现潜在的经济增长也就成了一纸空谈。鼓励出台政策来限制在这些领域的直接投资力度能够改善不平等状况,使得投资得到更有效的配置,从而加快经济增长(World Bank,2006)。

在某种层面上,当今全球趋势对改善不平等状况是有利的。由于受到全球结构性需求因素和供给冲击影响,农产品和其他大宗商品价格出现上涨,这将在很大程度上转变农村地区相对于城市地区在贸易中的弱势地位。而既然城市地区在整个全球化过程中受益更多,这种转变将会对平衡经济中的收入分配起到帮助作用。更多资源流向农村地区将会减轻地区总体上的不平等状况,但却有可能加大城市内部和农村内部的差距。高农产品价格带来的好处将会逐渐不成比例地聚集到富裕农民的手中,代价是会出现更多失去土地的劳动力和需要最低生活保障的农民,对于城市穷人来说也是如此。

大体来说,亚洲国家需要重新考虑它们的分配政策。机会上的不平等不能再被忽视,贫穷地区不能再这么容易地与不断增长的财富和平共存了,对国家之间和社会群体之间来说都是如此。政策工具作用的范围也受到了限制。人力资本的发展是一个良好的开端,接下来需要的就是精心制定的再分配政策和良好的治理环境(见图 7.11)。

经济增长和就业

经济增长是至关重要的,但也许更需要重点考虑的是经济增长模式。解决不平等

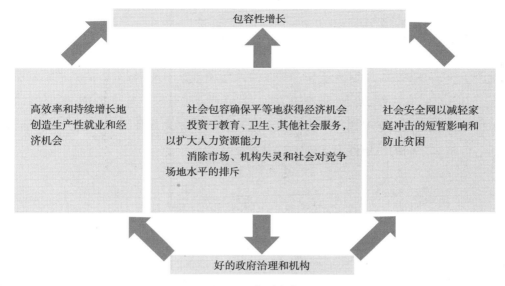

图 7.11　行动纲领

资料来源:庄巨忠:《亚洲的贫困、不平等和包容性增长》,亚洲开发银行 2010 年版。

问题的最明显有效的方法就是为穷人创造就业机会(Thomas,2007)。失业与就业不足通常与不平等紧密联系。因此,更高的就业率不仅能够给穷人提供更高的收入,同时还有助于减轻那些伴随失业而来的社会和政治稳定问题。费利佩(Felipe,2010)认为,为了实现包容性增长,政府必须追求劳动力的充分就业,他自己将这定义为"非自愿失业为零"。他强调,一份富有成效和回报的工作是一个人参与并促进经济增长的最重要的方式。

许多亚洲经济体所面临的挑战是在非农业领域创造生产性就业,进而去吸纳预期增加的劳动力和从农业部门转移的剩余劳动力。需要将劳动力从农业部门转移出去主要是由于农业部门生产率低下。因此,使农业部门生产率上升的唯一途径是促进该部门的劳动力流动(Ahluwalia,2011)。这将伴随着劳动力从农村向城市、无组织活动向有组织活动、满足生计的生活向有质量的生活及就业方式的转变过程(Team Lease Services,2009)。

许多将经济作为一个整体来考虑的就业导向型政策都会对穷人有利。比如,促进劳动力的流动性可以更有效地分配劳动力并扩大穷人的就业机会。而那些试图增加农业部门生产率的政策不仅能够增加产出还能够增加这部分工人的收入。拓宽融资渠道可以通过增加非熟练劳动力的雇佣来使穷人获益。此外,各国还应当着眼于建立在工作岗位富足基础上的经济复苏。因为不仅较高的就业率可以降低不平等程度,高就业率下的经济复苏也往往是更可持续的(Heathcote、Perri、Violante,2010)。

干预和分配政策

要想实现非收入贫困的千年发展目标就需要对经济进行整体性的、部门性的和重点性的干预。整体性干预措施主要包括持续关注经济发展势头,增加基础设施投资和扩大公共开支。在保健、教育(见专栏7.4)、营养和卫生等领域就需要部门性的干预以确保穷人能够有机会学习到与高薪和生产性就业息息相关的技能。最后,可能还需要针对各经济体之间的区域性不平等进行干预。

专栏7.4 职业教育和培训

良好的教育可以帮助穷人赚取更高的收入并解决不平等问题。特别是良好的中学教育。关键一点在于,教育对于那些市场需要的工作来说是至关重要的。

职业教育和培训(VET)便是一个例子。对于亚洲经济体来说,它们迫切需要拥有行业相关技能的劳动力,以满足行业维持竞争力的需求。而一个能顺应不断变化的劳动力市场状况的职业教育和培训系统可以在这方面起到至关重要的作用。通过提供获得就业技能的机会,职业教育还可以帮助穷人和弱势群体,以及那些已经辍学的人群。因此,它可以促进包容性和公平性。不过,亚洲中学生参加职业教育和培训计划的比例(13%)相对欧洲(24%)来说较低,尤其在南亚更低。而且尽管一些亚洲国家已经在这方面实现了性别平等,但对其他地区来说仍然是一个挑战。

解决不平等问题将不可避免地需要改变再分配方式。如果设计合理,再分配政策就会取得成功。例如,扶贫政策已被应用于巴西、智利和墨西哥,并很大程度上缩小了贫富差距(Ravallion,1997)。具体来看,这些政策中都包括社会援助开支。

政府再分配政策和社会安全网可以采取劳动力市场中那些旨在遏制失业和降低就业相关风险的政策和方案的方式。如养老金、医疗和伤残保险、失业保险等社会保险计划;包括有条件的现金或实物转移、为最弱势群体提供基本服务的社会救助和福利计划以及与儿童有关的方案和计划。

上述最后一类计划对人类的发展有重大的影响,主要是通过为青少年提供保护以确保他们能够健康、全面地发展。一些典型的例子包括儿童早期发展计划、学校供餐方案、奖学金制度、面向母亲和儿童的免费或资助的医疗服务以及家庭津贴或信用服务。

考虑到需求的多样性,社会安全网计划需要进行多层次的设计。例如,尽管受到有效监测时,有条件的现金转移支付会对穷人有直接的影响,但这充其量都是治标不治本的措施。而长远的解决办法在于对发展技能和促进可持续的生计项目的投资。

不过,再分配政策还需要得到认真的贯彻实施。累进税和强制执行劳动权利确实有助于减轻不平等状况。然而,政策制定者需要警惕在这些政策的作用下出现"两个"劳动力市场并行发展的可能性(Walton,2007)。此外,再分配政策还可能会对投资激励机制不利,从而阻碍经济的整体增长。"印度已经努力摆脱了 20 年的反增长和反贫穷政策几乎全部是在追求公平的目的上发展起来的……可以肯定的是,在不牺牲效率和增长的基础上能够改善穷人机会的公平导向型政策确实存在。然而,问题在于一旦公平成为决策的中心,利己主义的游说便会打着公平的旗号获得政策权利。而之后修正过的却恰恰是之前那些阻碍经济增长和脱贫的政策。"(Panagariya,2006)

虽然很多解决不平等问题的政策都把穷人作为目标,但是也不能忽视了中产阶级。因为他们不仅是经济增长的驱动力之一,而且还有相当程度的政治影响力。因此,决策者必须在对穷人和那些能够改善大部分人福祉的群体之间找到一个平衡点。

治理

良好的治理和不平等程度的下降是一个良性循环中的一部分。如果治理情况有所改善,各个机构将不太可能再给予富裕群体特殊的待遇,这将提高平等程度。国家要避免被精英阶层控制。如果存在这种势头,那么一定要得到遏制,因为它往往会使不平等状况继续存在甚至恶化。应当通过鼓励政治包容性和提高政治参与度来避免这个问题。

社会和经济的不公正、由于地位和宗派或是不属于某些权力集团而拒绝将机会平等地分配给个人,往往是糟糕的政策、薄弱的管理机制、错误的法律或体制安排以及市场失灵的反映。在发展中的亚洲,要素市场失灵情况(土地和信贷)尤为严重。政府在促进社会和经济公正中的中心职责就是解决这些问题。强有力的机构和良好的治理基本上是公平的,并且对于为所有公民提供机会去从事发明、创新活动或是成为企业家来说,也是必需的。在权力和影响力的分布没有高度的不平等时,这些激励措施最容易出现。

被社会排斥的群体其潜能有很大一部分是尚未开发出来的,因为他们缺少广泛的基本服务——比如之前讨论过的教育和健康,对于金融服务和安全来说也是如此。而旨在确保这些基础广泛服务的政策不仅对平等,还可能对经济增长有很大的影响。

气候变化

气候变化将影响到所有国家,但可能会对贫困人口和贫困国家产生更大的影响。

这是因为他们高度依赖自然资源和诸如渔业、农业这样的对气候敏感的经济部门,而且他们应对气候变化和极端气候的资金和政府机构能力也极为有限,因此他们在气候问题面前更加脆弱。对于亚洲的热带和亚热带地区的最不发达国家来说,尤其如此(Intergovernmental Panel on Climate Change, IPCC, 2001)。气候变化给减贫和消除不平等带来了严重的威胁,因此有可能抵消近十几年来的发展成果。

需要人们注意的是,气候变化对贫困的不良影响有可能会进一步增加。这一方面是由于这种影响自身会加剧,一方面是因为气候变化会影响现有的一些漏洞,使漏洞加大。气候变化将会:降低贫困人口获得生计必需品的可能性,比如饮用水;通过载体或水源性疾病威胁贫困群体和弱势群体(比如妇女儿童)的健康。此外,气候变化会使得干旱、洪涝、森林火灾和热带气候灾害频发,从而影响亚洲、非洲和拉丁美洲许多贫困国家的粮食安全(见专栏 7.5)。

专栏 7.5　粮食安全:增长的需求和萎缩的资源

未来的几十年,亚洲和非洲的高经济增长意味着发展中国家的谷物进口量将迅速上升,从 2008 年的约 1.35 亿吨到 2050 年的约 3 亿吨(Food and Agriculture Organization, FAO, 2008)。随着经济合作与发展组织(Organization for Economic Cooperation and Development, OECD)成员国规定增加生物燃料的使用,亚洲和非洲的这种高增长已经将全世界从一个粮食价格长期下降的时代带入了一个粮食价格要很高并且可能继续上涨的时代。对于低收入和低增长的亚洲国家来说,这意味着粮食安全的两大主要问题——食物可得性和贫困群体的粮食供应,将可能变得更有挑战性。要想解决这个问题,这些国家要么增加粮食产量,要么就从全球市场进口,而全球市场的粮食供应预计能够满足这些增加的进口量的需要。

到 2050 年,对于亚洲 11 个主要国家特别是四大新兴市场国家(中国、印度、印度尼西亚、越南)来说,饥饿问题将彻底消失或仅局限于小部分剩余贫困人口的问题。营养不良和肥胖问题将不再是突出的问题。然而,这些国家将不再有或仅有很少的土地储备,大面积灌溉问题会越来越突出。它们将会面临粮食可得性和粮食供应问题。问题的程度和性质将取决于粮食需求的驱动因素和国家扩大农业生产的能力。

印度的粮食需求将迅速增长,因为它的人口预计在到 2050 年的 40 年里将增长约三分之一,其收入增长速度预计将更高。虽然人均谷物需求预计不会增长,但人口的增长会使谷物需求增长大约三分之一。此外,禽畜产品,特别是牛奶、肉和鸡蛋的需求,将会随着收入和人口的增长而大幅增加。与此同时,印度的农业增长将会在已过去的20

年里出现下降而远远达不到需要的 4% 的增长率。这部分是由于其农业生产率的增长速度在经过了绿色革命的顶峰时期后就已经开始放缓。即使印度目前能够负担起大量粮食的进口，但到 2050 年它将容纳全球 1/5 的人口。因此，印度将很不情愿但不得不在粮食安全问题上依赖全球市场，特别是对其最基本的主食小麦和大米来说更是如此。在最近对印度农业的分析上，帕里克（Parikh）和宾斯万格（Binswanger）于 2011 年发现，在有关全要素生产率和资源可用性的合理假设下，农业将会限制印度的经济增长。巴基斯坦的问题可能更大，因为预计它的人口到 2050 年将增加近一倍，尽管人口比印度少但它更需要依赖小麦和大米的进口。

而中国不大可能面临类似的处境。首先，它的人口预计会很缓慢地增加而且它的人均谷物需求已经开始下降了。中国相对印度有着高得多的农业增长速度，并且在过去的 20 年里已经成为世界上农业全要素生产率最高的国家之一。与印度类似，中国同样不愿意严重依赖小麦和大米的进口，而且由于肉、禽、蛋业飞速发展，中国更愿意大量进口饲料谷物和油籽饼。与此同时，中国也在寻求政策鼓励高价值商品如园艺产品和鱼类产品的出口。

对印度尼西亚和越南（已成为全球主要的大米出口国）来说，人口增长率稍低于印度，但像整个东南亚地区一样，它们已经加快了农业和全要素生产率的增长。它们的农产品进出口对全球性市场的依赖性却比较强。

对所有亚洲国家来说，尽管农业占其经济比重急速下降，但国内粮食需求的上升和全球粮食价格的上涨意味着农业和农业生产率增长的不可忽视性。任何一个国家都不应该只满足于其在农业方面已经取得的成就。

适应和减缓性的措施都要发挥作用。但是为了保护贫苦者，要更加关注适应措施，包括将其纳入发展规划中。适应性措施必须在减少不平等、减少贫困、促进可持续发展的计划中有所体现。它们应可以减少风险（例如灾害管理），加强适应能力（例如多样化的生计），并且要关注漏洞的来源（政治、经济和社会）。在政府管理、体制发展以及自然资源管理等方面取得进展，可以加强适应性机制。这些机制能够使国家、社会和家庭应对包括气候变化在内的各种类型的冲击。

总而言之，人们普遍地认为，经济增长本身——不管这种经济增长是稳健的增长，还是快速的增长——都没有关注贫困、匮乏或脆弱性的多维实质。为了解决这些问题，增长必须是包容性的。包容性增长不仅要解决贫困问题，也要处理公平和机会平等方面的问题。

政府、公共部门、公共—私营部门间的伙伴关系也会在包容性增长的实施战略中发挥作用。尤其是在中等收入国家，一个能够促进慈善事业发展的环境能够发挥重要的补充作用。经济增长主要是由私营部门推动的，而政府部门则偏向于市场失灵、堵塞的疏导和体制障碍的解决方法，所以每个人都能参与到本地区强劲的增长并从中受益。虽然现在大部分政策制定者关注增长，但是现在也需要政策制定者关注增长的格局，并使其基础更为广泛。

最后，一些不平等会带来长期的影响，影响几代人。这带来了儿童早期发展、健康和获得更高质量教育的问题。这些问题亟须关注。

第八章　提升生产效率与经济增长

黄亚生(Yasheng Huang):麻省理工学院教授

亚伦·斯兹夫(Y. Aaron Szyf):圣坦尼国际集团政策分析师

引　言

亚洲经济的快速增长一直以来都是建立在全要素生产率(TFP)不断改善基础上的,并且是通过全要素生产率(TFP)的不断改善来保持其可持续性的。本章将以亚洲经济体为例,说明创业、创新和技术进步是怎样保障生产效率的改进,并转变为经济的增长和公民福利的改善。

创业并不都是同质的现象或概念,本章试图区分两种不同的创业,即追赶型创业和前沿创造性创业。追赶型创业致力于模仿和复制——即模仿他人创造的东西并以具有竞争力的成本复制出来,其主要的经济贡献在于创造新的就业岗位,几乎不需要新的知识和技术。前沿创造性创业则具有创新性和创造性,并且在科学和技术领域都能有突破性进展。尽管可能会出现一系列失败,但也会有不少的成功,这两者之间是可以转换的。前沿创造性创业是一种把知识生产率向增加人类福利转变的重要机制。这种区分法是分析新兴亚洲各种创业前景的有效方式。

亚洲的高收入经济体处于创造性的一端,而其他大多数国家则处于追赶型一端。中国和印度却属于特殊的一类,既有一部分创造性创业、创新、规模生产优势,同时也在广泛地区内分布着大量的追赶型企业。本章利用亚洲和世界上其他地区的经验对亚洲各高收入国和低收入国进行分析,得出相应的经验和启发。本章也总结了促进和改善生产率、创新和创业的必备条件。其中通过各个层次高质量的教育来开发人力资本对亚洲大多数国家来说是一个最基本的条件。附录3以亚洲为核心,详细阐述科技全面发展的前景。

为什么要关注生产率和创业？

实际 GDP 的增长可以分解为劳动力、资本、全要素生产率（TFP）几个部分，而全要素生产率（TFP）又能说明其在亚洲经济增长中的重要作用（见图 8.1）。

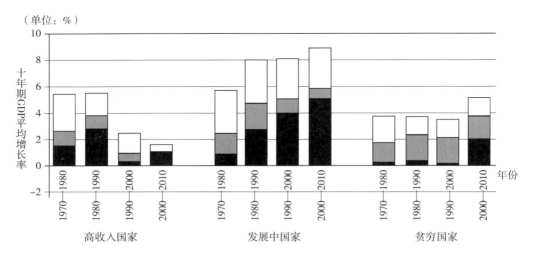

图 8.1　高收入经济体的高速增长不断显现出 TFP 的重要性

资料来源：圣坦尼国际集团，2011 年。

亚洲的高收入国家均将其经济增长归功于生长率的改进。近年来，发达亚洲经济体实现了 GDP 全要素生产率比例的稳定增长，由 1970—1980 年的 13% 增长到 2000—2010 年的 56%，这也表明了全要素生产率的增长在这些国家表现出日益重要的趋势。全要素生产率的增长对中国在 2000—2010 年间经济快速增长的贡献率达 59%，对印度的贡献率为 42%。高收入国和低收入国之间的巨大差别不仅仅表现在 GDP 的增长率上，也表现在其组成要素上。大部分较发达国家都将其经济增长归功于生产率的进步，而较贫困国家（如尼泊尔）则将其增长归结为劳动力投入的增加。亚洲各经济体未来 40 年的持续增长仍将以全要素生产率的增长为依靠。附录 4 给出了亚洲各经济体关于 GDP 和全要素生产率增长的一些附加数据。

如图 8.2 所示，与全球创业和发展指数预测的一样，在地区经济中，亚洲的全要素生产率水平和高收入企业活动水平相关。以创新和生产率为基础的活跃创业在未来 40 年中将是亚洲各类经济体的核心内容。对于亚洲高收入的发达国家，这是挖掘其积累起来的基础储备知识的核心机制；对于发展中国家，鼓励创业是他们避免陷入中等收入陷阱最有效的策略。同时,创业也是帮助低收入国家进入高收入国家行列最有效的追赶型策略。

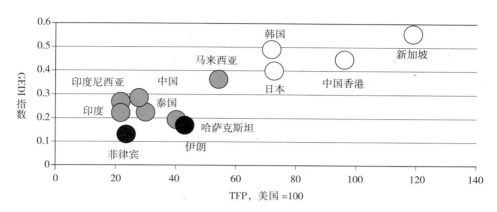

图 8.2　创业与 TFP 的关联性

注:○ 表示高收入国家,◔ 为欠发达国家,● 为贫穷国家。
来源:GEDI 指数,2010 年;圣坦尼国际集团估计值,2011 年。

企业活动通过以下几种机制促进经济增长。第一,创业能够创造就业岗位。这一点在几个从社会主义经济体制向市场经济转变国家的最新经验中被大家所关注。在越南,在改革初的七年里,私人部门创造的净工作岗位达到 1000 万个,然而在公共部门创造的就业岗位却在减少(Johnson 等,2002)。第二,企业家们通过降低在职人员不断增加的佣金来挑战现状——这就是约瑟夫·熊彼特提出来的著名的"创造性破坏论",这种熊彼特式经济观点和任何的经济环境特别是在政府保护和政治默许垄断起主导作用的经济环境紧密关联。第三种机制是创新和技术进步。20 世纪的一份关于重大创新的经济分析表明:50% 的创新是由新建企业和小公司作出的(Acs and Audretsch,1988)。

企业家们对经济增长的贡献被人们广泛地认可,但政策制定者应当注意两个常犯的错误。首先,政府习惯于制定政策来挑出获胜者,但经验表明这实际上非常困难,原因之一就是政策制定者缺乏专业知识、远见和具体信息来准确预见企业活动的经济增长前景,而且他们的成功通常都是事后才能检验的。一个重要的案例就是中国的阿里巴巴网。如今,阿里巴巴是中国第二大的企业对企业和个人对个人的电子商务平台。2007 年其在纳斯达克市场首次公开发行就筹集了 17 亿美元的资金,筹资额仅次于谷歌公司。但是,20 世纪 90 年代基本上没有人预测到它今天的成功。

很多政策制定者通常会犯的另一个错误就是以牺牲追赶型企业为代价而制定一些规则和监管条例来鼓励前沿开创性创业。许多政府由于偏好前沿创造性创业而过多地进行干预以调整追赶型创业和创造性企业活动之间的平衡,这是一种可以理解而又内生的冲动。竞争力通常被认为和高科技同等重要,而创新则意味在技术和科学方面的进步。根据这种推理,一个发达的经济体的产品和生产过程中往往孕育着高科技内容。

中国和印度起初都在追赶型创业方面取得成功,其后又将前沿创造性的创业纳入其发展战略中。这两种企业活动是不可替代的。事实上,追赶型创业是前沿性创业的基础。在新兴亚洲国家中,政策制定者应该努力避免犯这种常犯的错误。

亚洲的生产率和企业活动

亚洲在 1970 年至 2010 年的全要素生产率的年均增长率约为 1.6%,高于其他区域。如图 8.3 所示,从 1970 年的最低水平开始,亚洲的发达国家在过去的 40 年中取得了远高于该地区发展中国家所达到年均 0.2% 的增长率,实现了平均 3% 的全要素增长率的快速增长。亚洲发达国家在过去的 40 年中同样也享受了持续的全要素生产率增长,然而亚洲的低收入国家在 20 世纪 90 年代却遭受着生产率的下降。在 2000—2010 年期间,亚洲发达国家全要素生产率的增长达到了年均 5% 的高速度,为这些国家所达到的年均 9% 的高速 GDP 增长作出了巨大贡献(见附录 4)。

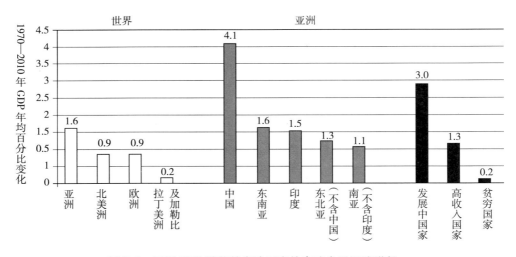

图 8.3 亚洲 TFP 随着其发达国家的高速发展迅速增长

资料来源:圣坦尼国际集团,2011 年。

一个关于 TFP 水平(2010 年)和 TFP 增长率(1970—2010 年)的二维图突出了亚洲不同经济体之间生产率增长的不同前景(见图 8.4)。发达的高收入经济体如中国香港、日本、韩国、新加坡、中国台湾在 TFP 水平上处于领先位置。在涉及创业和创新方面,这些经济体也处于前沿的位置。

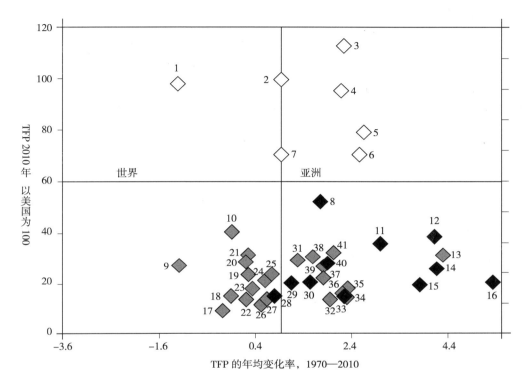

图 8.4　TFP 与增长率

1. 文莱　2. 美国　3. 新加坡　4. 中国香港　5. 中国台湾　6. 韩国　7. 日本　8. 马来西亚　9. 帕劳
10. 伊朗　11. 哈萨克斯坦　12. 阿塞拜疆　13. 土库曼斯坦　14. 中国　15. 格鲁吉亚　16. 亚美尼亚
17. 尼泊尔　18. 巴布亚新几内亚　19. 斐济　20. 基里巴斯　21. 所罗门　22. 马绍尔群岛　23. 密克罗
尼西亚联邦　24. 瓦努阿图共和国　25. 菲律宾　26. 孟加拉国　27. 吉尔吉斯共和国　28. 柬埔寨
29. 印度尼 亚　30. 印度　31. 萨摩亚　32. 塔吉克斯坦　33. 越南　34. 老挝　35. 乌兹别克斯坦
36. 蒙古　37. 不丹　38. 汤加　39. 斯里兰卡　40. 泰国　41. 马尔代夫

注:图为各国家 1992—2010 年的年均 TFP 变化率。
资料来源:圣坦尼国际集团,2011 年。◇为高收入国家,◆为发展中国家,◆为贫穷国家。

日本拥有非常高的全要素生产率水平,但在全要素生产率的增速上有所放缓,日本的大多数创新旨在节约能源、原材料、时间和空间以增强竞争力,然而日本创新的核心特征表现为持续的进步。日本的创新主要发生在集团公司而非小公司,发生在鼓励增值的创新、创造力、个人首创性的集团文化中,而激进式创新却并不常见。

新加坡在 TFP 水平和 TFP 增长率方面给人留下了深刻印象。这反映出在科学研究特别是生命科学方面的大量投入。于 1991 年成立的国家科学和技术委员会旨在提高新加坡的科学和技术水平(Republic of Singapore,2003)。后来其改名为科学、技术和研究署(Agency for science,Technology and Reseach),它通过一系列的五年计划建立了新加坡科技知识基地。为使新加坡成为"东方的波士顿",新加坡政府对科研活动进行了大量的拨款和支持。新加坡特别注重吸收世界级的教育机构来新加坡,并花费了大量的精力来发展其教育体系。

早在 20 世纪 80 年代初,韩国通过国内的重点大学如国立首尔大学、大韩民国高级科学和技术研究所、科技城等为支撑,以大量的科研投入为基础,致力于使自身从一个模仿者逐渐转变为创造者(Farhoomand,2005)。但它同样也面临着和日本类似的因大型公司中存在的等级制度和资格限制所产生的约束。

像印度尼西亚、马来西亚、泰国和越南等则处于创业和科技创新跨度中的追赶型一端。这些国家经历着温和的 TFP 增长但又被其他一系列因素所限制。马来西亚的企业活动和科技创新被两个主要障碍所限制:教育培训和政府管制(World Bank,2005)。和其他很多国家一样,马来西亚缺乏一个有效的风险资本产业来支撑企业的发展。泰国、印度尼西亚和越南则遭遇同样的问题,例如基础设施薄弱和资金不足、知识水平低下的劳动力、较差的工作意识、官僚政府的无效率和政治的不稳定。

中亚许多国家的 TFP 增长率(1992—2010 年)让人记忆深刻,显得很有意思,其中阿塞拜疆和亚美尼亚又显得特别突出。这也许是弥补苏联解体在 GDP 和生产率方面的巨大损失,同时也是受益于能源生产和出口。而亚洲落后国家的低 TFP 增长率表现显得有些让人失望。

而大陆经济体,如中国和印度,不仅仅依靠他们的国土面积,也凭借其经济结构的多样性、科学和技术知识深度的特殊性而形成了其自有的特色。他们有广阔的区域供追赶型企业的发展以支撑经济发展和就业的增长,同时也在深挖主导世界科学技术领导力的创新之源。规模效应是拉动需求的重要源泉,同时也是促进创新潜能的供给源泉。米尔顿·弗里德曼曾大胆断言,征服前沿技术和征服地域边界一样,同样需要数以亿计的个人力量(Friedman,1955)。规模效应或许能够解释为什么大量资本流向了中国和印度。在波士顿咨询集团排出的 100 个全球性挑战中,38 个来自于中国,19 个来自于印度,与之相比,巴西只有 14 个,俄罗斯只有 6 个。在全球 500 强企业中,中国占有 98 个科研机构,印度有 63 个。

根据各个国家在创业和科技创新跨度中的不同位置,亚洲国家需要更加注重制定合适的政策来促进创业。一种极端情况是,像日本、韩国、中国台湾等经济体会从其前沿的企业活动中获得更大的进步。另一种极端情况是,像老挝和越南等经济体将从追赶型活动中获得更大的进步,中国和印度则两者兼具。

总体上讲,新兴亚洲国家大多数都是处于追赶型创业一类。多数国家不具备满足前沿创新型创业所需要的合适的制度、机构和政策实践。尽管这些问题并没能阻止这些国家通过复制模仿来实现快速的增长,但他们很有可能成为这些经济体保持其经济增长势头和避免陷入中等收入陷阱的绊脚石。

获得创业和创新的权利:中国和印度

中国和印度在这部分的章节中特别值得一提,这一方面是因为他们强劲的经济表现、国土面积和经济影响力,另一方面也因为他们经济结构的差异性,以及他们的经历可供其他新兴亚洲国家作为政策制定的参考依据。

从这两个国家中衍生出来的一个很重要的经验就是,追赶型创业很可能成为实现广泛的包容性经济增长策略中的一个重要内容。中国在 1978—2002 年间所达到的扶贫成果中(按人口计算),一半以上都是在乡镇和农村企业快速发展的 20 世纪 80 年代期间实现的。农村地区制造业的巨大发展将数以千万计的中国人带进了全球性的产业生产链中。而许多村庄和城镇产业集团又是从这些制造业供应链中自然产生的,如温州的服装和玻璃工业、东莞的电子和家具供应链等行业。

近年来,印度在追赶型创业方面取得了长足的发展,并强调建立在现有的社会和经济平台基础上的包容性的创新。同时,印度消除贫困工作的步伐也在加快。

内生经济增长模型证实了知识生产的重要性,积累起来的科学知识的更大好处是其带来的能量(Romer,1990;Grossman and Helpman,1991;Jones,2002)和一步一步的技术发展(Scotchmer,1991;Gallini and Scotchmer,2001)。知识的生产是一个积累的过程,而不是媒体和政策讨论中所描述的一蹴而就的跨越。中国和印度在从追赶型创业向创新型创业转变这一增值过程中提供了一系列宝贵的经验和教训(见专栏 8.1)。

专栏8.1 建立在传统平台上的 e-Choupal

1999 年,ITC(印度一个企业集团)推出了一个能更加有效采购大豆的电子互联网平台。传统的方法面临着价格扭曲、信息不对称和不透明等诸多问题。e-Choupal 对种豆农民进行培训,让他们接触电脑和互联网服务站,免费为他们提供天气、价格、技术等信息。由于消除了中间商的谋利行为和价格扭曲,立刻取得了即时又巨大的成效。农民利润增加了 33%,大豆种植量上升了 19%。

e-Choupal 的一个主要特征就是打破了传统的大豆采购程序,它是基于长期以来为印度社会的规范和风俗所接受的实践,即利用公共场所(Choupal)来交换信息,e-Choupal 自发利用了这一传统的平台,并将其转换成一个代表人民利益的价值主张。

上海因为其只偏爱于已经建成的具有相当规模的创新性和竞争力企业的政策偏误而错过了支撑阿里巴巴等众多有前途的科技公司的创立。黄正生和钱颖一(2010)发现,上海的追赶型企业在全国范围内属于最不发达的,这种追赶型企业的落后也阻碍了前沿创造性企业的发展。如果用生产专利来衡量,上海已经远远落后于浙江和广东等地区,后两个地区已经成为追赶型企业发展的大型基地。

许多前沿创新性企业在这些地区引人注目的成功并不是跨越式发展的结果,而是追赶型企业渐进的增值进步带来的。印度医药行业便是一个很好的例子。一个客观的衡量办法就是,印度具有世界上最具竞争力的医药行业。世界卫生组织(WHO)定期进行调研来评测发展中国家制造的药物是否达到质量测试标准,是否能通过一致性检查(WHO 使用与美国联邦药品管理局和欧洲药品局类似的标准和程序)。在其最新的药物资格预审名单中,有 137 种是在印度制造的,只有 5 种是在中国制造的。印度的企业,如 Ranbaxy 和 Biocon,越来越多地转移到研发层面,并不再局限于制造现有的药物。

这些成就不是一朝一夕的事。印度医药制造业的转折点是 1970 年颁布的专利法,该法将专利保护年限从 1911 年制定的专利设计法案的 16 年缩短到 3—5 年。1970 年专利法取消了产品保护法并强化了在程序保护方面的披露要求,这大大减少了专利保护的范围和程度。伴随着对外汇和价格控制,这项法案的出台也标志着印度本土制药行业的诞生。

这个在近几年中享受着两位数高速增长的行业,曾经的价值为 200 亿美元,而预计在 2015 年将达到 400 亿美元(McKinsey,2009)。这是一个从起初的追赶型企业到前沿创造型企业转变的经典案例,以起初最先实现的制造能力和卓越度为基础,到其后具有更高的科研竞争力。几乎所有的印度制药公司都经历了相似的发展轨迹,即首先掌握制造技术,再进行更多的科学研发活动。随着企业不断发展,他们摆脱了以简单模仿为特征的追赶型企业活动。2005 年,印度顺利实现了医药行业从追赶型向前沿创造型行业的转变,将专利保护时限延长到了 20 年的《2005 专利法案》便是这一重要转变的里程碑。

中国的制药行业则是一个完全不同的案例,即为追赶型企业和前沿开拓型企业之间的互补性作出了诠释。尽管其制造业整体上强于印度,但制药行业却是个例外,这一点在世界卫生组织(WHO)的药物资格预审的排名差距中就能看出来。其中的一个问题就是,中国的医药产业是由对自上而下研究的投资而不是自下而上的发展研究为驱动的。例如,国家在医药产业链的上游行业如纳米技术进行巨额投资(Zhang,2011),这是一个旨在于知识生产而不是工艺改进的供给方改进法,也是一种带有印度特色的方式。中国的这种做法花费昂贵,其他新兴亚洲国家难以负担得起。

绿色技术给出了一个中国成功转型的例子。尽管经常被描述为跨越式发展,但中国在绿色科技方面的巨大成果是作为先前各种实践和长期知识积累和吸收的结果。据记载,对这种技术进行大额投资的计划早在1986年就得到了邓小平的支持。中国在绿色技术上的巨大成功驱动了其制造业的发展潜力。例如,中国在太阳能方面最为成功的企业——无锡尚德,一方面就是利用了澳大利亚的核心技术,但该公司能够迅速地进行大规模批量生产首先要归功于中国拥有一个发育良好的太阳能电池板的供应市场。类似地,中国在风力发电技术、气化设备、电网建设的成功依靠的是中国资本的深化和制造业设备的规模。中国的追赶型企业为本国转变为前沿创造性企业提供了坚实的基础。

中国和印度也为我们提供了创新发展的两个截然不同的例子。弗里曼(2004)将创新活动分为产品创新和工艺创新。两者之间的区别在于,产品创新是非持续和间断的,在产品质量上通常不同于现存的和前代的产品。工艺创新是连续的,也表现为过去和现在产品代际之间数量上的进步。产品创新往往在拥有诸如大学和政府主导的科研机构等外部专业研究机构的环境下更易实现。

美国提供了一个面向产品创新的生态系统样本模型。美国拥有世界上最多的科研经费投入,据一项估计,其中2/3的科研费用于产品创新,这鼓励了大量美国企业突发的、激烈的技术创新。科研经费占GDP比重在日本同样也非常高,但其科研经费的分配与美国却并不一致。以一个典型的日本企业为例,2/3的科研经费投向了工艺创新。日本的各种创新更多地是以增值和工艺创新为导向的。尽管日本拥有大量的专利数量,但大多数都是围绕如何逐步改进现有技术的。

有证据表明,与印度发展方式相比,中国存在着一种向产品创新倾斜的政策倾向。我们的分析研究为这种倾向性政策提供了证据,并没有对这种效用进行评估。一系列关于产品和工艺创新相对重要而又非直接的措施与国家的基础科学研究、研发水平以及专利相关。在这些措施方面,中国领先于印度。在全球性的知识经济中,这已经越来越被认可为最重要的要素(King,2002)。最近的研究还强调中国的高等教育机构培养出越来越多的科学家和工程师,越来越多的资金用来进行知识创造。到2005年,中国的科学出版物在全球排名第五、工程出版物排全球第二,新兴工业出版物数量则紧随美国(NSF,2010)。中国同样还囊括了许多重要的科研项目,中国是唯一参与人类基因组计划研究的发展中国家,在空间科研方面,中国是第三个成功建立载人航天空间计划项目的国家。

有一系列的条件为中国和印度从追赶型创业向前沿创造性创业的转变提供了便利。这些条件包括:外国直接投资(FDI)、研究与开发、政治和政策重点、知识生产机构和广泛的改革政策。

FDI:FDI 有一个专注于企业活动的特点。有时,FDI 具有一种为国内企业提供资金支持、人力资本和技术发展的溢出效应。例如,20 世纪 70 年代,印度 IBM 的撤出间接带动了国际科技企业的发展。一部分原来 IBM 公司的员工成为印度 IT 公司和信息系统公司的创始人。

中国和印度许多发达的 FDI 模式为产品创新创造了环境。印度拥有大量致力于创造新产品的机构,例如,GE(印度)公司就是一个聚焦于研究与开发运作的公司。它拥有在美国以外的最大的研究与开发中心(多达 3500 名研究者)。与许多发展中国家的研发项目不同,GE(印度)专注于开发有印度特征的科技和设备。微软北京的研发中心在微软系统内部拥有第二多的专利数量(数量仅次于在西雅图的总部),摩托罗拉开发了汉字识别和书写技术,随后该技术又传播到了中东和韩国。

R&D:前沿开创性企业和创新是以科学为基础的,它依赖于科学知识,并以其为供应基地。供应基地和很多其他因素一样,是政府对科学技术研究的承诺,并给以切实的资源支持。政府对供应方创新的承诺和各种可能的直接调控非常重要,而在这些地方,以科学为基础的常规融资机制却经常缺失。在这方面,中国和印度之间存在明显的差异,中国比印度做得更加深入和系统化,和中国相比,印度因投入到科学和技术领域的财政资金不足而受到了限制。

R&D 是政府承诺的一个有效的指标。印度将 GDP 的 0.8% 投向了研发,而这只是中国的一半,鉴于中国的经济规模大得多,其绝对值的差异就更大了。由于印度科研经费占总支出的比重较低,在公共和私营部门都增加资金投入对印度显得相当有必要。

还有一些指标表明印度处于落后状态。在北欧国家,每百万人口中约有 7000 人从事科研工作人员,在美国大约为 4700 人,在印度却为 156 人。印度与中国的核心研究人员之比为 3:20。印度政府认识到了需要进一步行动的必要,并且计划到第十一个五年规划时(2007—2012 年)将科研经费占 GDP 的比重提高到 1.2%。

从往年科研经费和 GDP 之间的关系来看,许多经济学家预计,中国正处于科技腾飞的边缘(Gao and Jefferson,2005)。中国的科研经费日益增加,将达到占 GDP 2% 的发达国家水平。一个更为详细的调查显示,目前在应用和基础研究方面,中国此项的研发支出(占研发支出总比重的 23%)远比美国(占经费总支出的 42%)少(Government of PRC,2007)。经合组织认为,基础和应用研究的不足将阻碍创新(OECD,2007)。

政策导向：一种难以量化的无形的措施，就是政府对科研研发的政治承诺水平。中国政府在此方面显示出了坚定的承诺。表现之一就是管理这些科技项目的领导人级别。例如，1986年，对于替代能源项目的投资是由邓小平本人亲自审批的。一个资金分配的重要机制，即所谓的"973项目"，据说是由当时主管经济的副总理朱镕基（1998—2003年为总理）本人亲自授权的。其他主要调控和管理科研项目的倡议都由朱镕基主管的国家科学技术和教育领导小组负责。

《科学和技术发展中长期规划（2006—2020）》指出，科学技术对国家经济发展的贡献度要达到60%，并降低对外国技术的依赖度。该规划后来被纳入一个主要聚焦于生物科技、信息技术以及纳米技术等前沿和突破性领域的特定研究议程中。更具体地说，政府对科研项目给予大量资金资助的几批项目是通过由一个资源分配的引导程序控制着。这份项目列表清单十分长，其中包括国家高技术研发项目（"863"项目）、星火计划、火炬计划、国家重点科技项目、"211"工程（1996）、世界一流大学的融资项目（"863"项目，1998）和"111"项目（2006）。

知识生产：大学也许是生产转变性创新产品这一知识最为重要的提供者。一项由麻省理工学院主持的有关初创企业的研究项目表明，这些企业在2006年一年的销售收入就达到1万亿美元，基本上相当于韩国GDP的总和（Roberts and Eesley，2009）。

中国和印度都有卓越的研究性大学。印度拥有世界一流的科研机构，几年前还拥有250所专攻计算机科学的大学和工程学院（Saxenian，2006）。2001—2002年的数据显示，印度的大学和科研机构约有13万个新的IT研究院。印度政府认识到了大学和科研机构的技术研究商业化的重要性，他们其中相当一部分已经完成了商业化运作的程序，其中包括国立免疫学研究所、生物医学科技中心和生物技术中心。

然而，一致公认的是，印度各大学的技术转变机制仍然很薄弱。产业和大学仍处于分开的两端，其间的专业化和商业化交流非常有限。结果是，印度的软件产业主要是作为公司内部或者是远程学习的工具（Saxenian，2006）而并非由于与当地大学或科学研究实验室之间的交流。公司和大学、科研机构之间缺乏合作（也包括公司和金融机构、客户、供应商之间缺乏合作）的原因在于出口导向型的生产商、有限的分工、传统保密性和印度传统企业的等级制度等（Saxenian，2006）。

中国的大学仍需发展将人力资产资本化和商业化的能力。但对于以发表论文数量和引用次数为测量标准的创造力，中国领先于印度。中国的企业比印度的企业容易得到更大的科学知识基础供应源。中国的出版物数量激增，这恰好与20世纪90年代中期中国对高等教育大量投入这一时期吻合。1983年，中国仅仅拥有3304页的科技文献，到1998年上升到25000页，到2008年又上升到110459页。当然，这也只达到美国和欧洲的一半水平。以一种格式化的期刊影响指数来衡量的中国出版物的平均水平仍然很低,尽管在某些领域,例如医学和生命科学,中国的出版物数目大大增加了(Fensterheim 等,2008)。

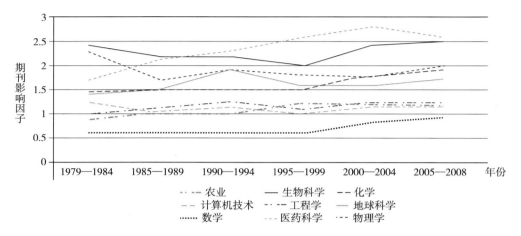

图 8.5　中国科学刊物的发展趋势

资料来源:黄亚生:《劳动力跨境流动——治理框架》(未发表版),2011 年。

　　广泛的政策改革:在前沿创造性企业领域,两国依然有很大的差异性。在印度,许多的产品和工艺创新都是市场导向型,并且是由私人部门而不是由政府出资的公共部门创造的。需求方的变化性对印度的创新成功至关重要。有一些非常著名的市场导向的成功案例,其中包括某些融合性创新,例如最便宜的汽车、笔记本电脑、手机和白内障手术等(见附录 3)。中国至今并没有取得这些先进的成就。中国政府的倡导型方法有自身的优势,这包括为融资和发展指定相应的目标大学和科研项目,但这也与企业的滞后发展有关。

　　在印度,金融系统已经成为政策框架内的重要内容,与中国相比,也更广泛地支撑着私人部门的发展。世界企业环境调查表示,印度的金融系统相对中国而言为中小企业提供了更多的融资服务。有证据表明,印度的资本市场比中国的资本市场运作得更好(Morck 等,2000)。也有其他研究表明,印度私有银行的准入领域比中国要宽得多(Banerjee 等,2005;Saez,2004)。

创业和创新循环系统的核心要素

　　根据对企业的动态分析,包括中国和印度在内,创业活动的发展需要一些必要的条件。前沿型和追赶型创业都各自对国家的经济和政治系统提出了不同的要求。追赶型创业相对来说提出较为简单的要求，包括良好的经营环境、完善的基础设施和高质量的初级和中级教育。前沿型创业提出的要求则更高，包括健全的知识产权、科学和知识的基础构架、科学和工程领域的坚实的高等教育体系、政府的承诺和领导、一个鼓励前沿尖端创新的整体政策框架。

国家需要考虑能够促成创业活动的环境——促使他们更多地走向前沿创造性创业——这是一个复杂的多方面的生态系统而不仅仅是一个简单的特定政策。这部分将考察能够促进亚洲各经济体全要素生产率、追赶型企业和前沿创造性企业并进发展的生态系统中最关键要素的前景。这一分析表明新兴亚洲在创造能够促进企业活动成功发展的必备条件方面还有很长的路要走。

商业环境

商业环境在推动亚洲的生产力和经济增长上是一个非常重要的因素。其中最关键的因素与竞争、能够促进广泛的私营部门发展的环境这两者紧密相关。在亚洲，依靠创新而并非影响力实现的各类企业的动态发展所带来的竞争资本主义的巩固能够大大促进创业活动和创新的迅速发展（Walton，2010）。许多亚洲的经济体有出现国家主导的寡头资本主义垄断化的倾向（在拉丁美洲也存在该现象），这一倾向必须通过适当的鼓励竞争的政策、有效的管理结构、检查腐败及其影响的程序、基础广泛而具包容性的金融系统、透明度与问责制和司法独立等措施来检查和预防。

平均来看，亚洲在被世界广泛使用的"商业环境"这一指标的进步上还有很长的路要走（见图 8.6），在这一指标上，亚洲区域间存在着巨大的差异，东北亚（不包括中国）比欧洲国家要好，但南亚国家比撒哈拉以南的非洲国家情况更糟。为了积极发展，在2010 年的经商报告中，中亚的一些国家被建议施以改革来改善经商程序（World Bank，2010a）。

亚洲所有的经济体在"输入密度（Entry Density Indicator）"这一指标上表现得非常糟糕，这是一个测量每个经济体中新成立的有限责任公司数量的指标（World Bank，2010b）。通常地，数据显示拥有较高的人均 GDP 水平和较好的金融发展的国家通常也有较高的输入密度指标值（World Bank，2010c）。亚洲一些高收入国家（如日本、韩国，分别达到 1.3 和 1.7）的低指标值也引起了人们的注意，这也暗示着亚洲大多数地区在创业和创造性方面需要有更强劲的发展。

基础设施和技术设备

创新思想只有在存在相应的基础设施和技术设备时才能顺利转化为有销售前景的

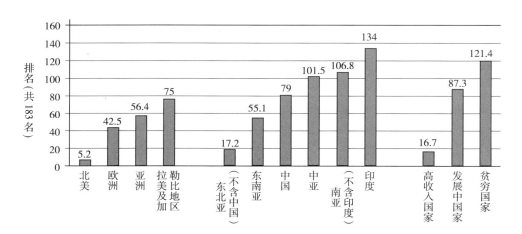

图 8.6　亚洲不同区域、不同收入水平经济体创业便利性指标排名

资料来源:《世界银行 2010a:创业指数》,世界银行,2010 年。

产品。亚洲的基础设施在除了日本和新加坡之外的地区相当地缺乏。基础设施指标是一个包含六项指标(公路、铁路、机场、港口、通讯和电力)的合成指标,而亚洲开发银行通过这六个指标分析发现亚洲大多数国家的基础设施建设仍非常缺失(De,2010)。而不同区域之间的差异也十分巨大,日本和新加坡排在了前十位的国家中,柬埔寨却和另外九个撒哈拉以南非洲国家排在了倒数十位国家的名单中(见图 8.7)。近十年中,这一情况在许多国家都有所改善,其中以中国的改善最为显著,而像柬埔寨等国家的情况却进一步恶化了。为了能够从区域和跨边境合作中受益,物质基础设施建设需要大大改善。

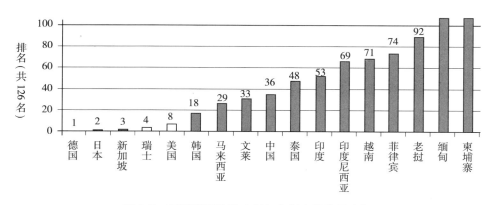

图 8.7　亚洲基础设施建设仍有很大的发展空间

资料来源:De,P:《亚洲:治理、机构和地区基础设施》,亚洲开发银行,2010 年。

　　亚洲的技术基础设施也需要大大改善。在全球化的今天,信息通信技术的合并和应用对提高生产率尤为重要。在亚洲,ICT 投入占 GDP 的比重大约为 5%,低于欧洲和美国的9%,而拉丁美洲则达到了6%(National Science Foundation,2010)。根据《经济学人》的电子商务企业排名来看,亚洲在电子商务方面做得较好,达到了6.6的平均分,而欧洲为7.2,拉美国家为5.2,但许多亚洲国家(如印度为4.1)仍得分很低。当然,电子商务依靠于互联网通信,而在这一领域亚洲仍有很大的发展空间。亚洲的互联网普及率为21.5%,远低于除了撒哈拉以南的非洲的其他国家和地区。然而,印度的互联网普及率才为6.9%,这表明亚洲内部各国家的差异也非常大。

教育

未来全球知识经济对人力资本的要求已与过去不同了。技术的飞速变化和信息通信技术(ICT)以及IT服务重要性的增加,需要更高层次教育的支持。受知识力量推动的经济增长要求更多的劳动者掌握先进的高新技术。更为重要的是,要把这种终身学习所需要的技能转变为自身的一部分(World Bank,2009)。由于教育与全要素生产率表现出极强的相关关系(见图8.8),这个话题有必要进行深入探讨。亚洲开发银行最近的一项研究表明,所有那些经济快速发展的亚洲国家都拥有一支超乎寻常的劳动力队伍,一支能运用最新技术的劳动力队伍。为了避免陷入中等收入陷阱,我们需要一个有效的适应新技术的过程和一个合理程度的人力资本积累,来避免"技术错配(technology-skills mismatch)"的出现(Kim and Terada-Hagiwara,2010)。

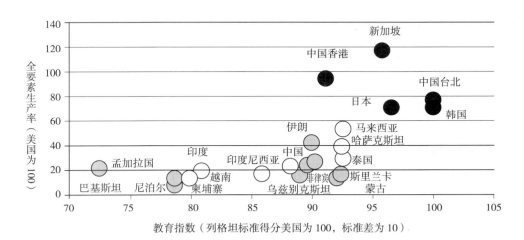

图8.8 与全要素生产率(TFP)相关的教育指标得分情况

注释:●为高收入国家;○为经济高速增长国家;◐为发展中国家。
数据来源:1. 列格坦研究院:《列格坦繁荣指数》,2010年;
　　　　　2. 世界银行:《教育分类指数》,《世界银行知识评估方法》,2010年;
　　　　　3. 圣坦尼国际集团估计值。

在过去的40年里,亚洲在提高教育资金投入方面有了很大进步。亚洲新兴市场国家平均受教育年限已经从 1970 年的 2.9 年增加到 2010 年的 7 年(Lee and Francisco,2010)。在将来的 40 年,这些进步必须被复制,而且这些是需要主动去争取的①。教育年限更快的增长需要有更多的投资来提高各种层次教育的质量和可行性。此外,教育事业本身有着特别重要的意义,所有亚洲国家都需要通过教育来鼓励创造性思维(见专栏 8.2)。

专栏 8.2 亚洲缺乏创造性思维

教育的本质是重要的。创业精神和创新能力只有在一个能形成创造力,又能承载风险、失败和非传统性思维与习惯——即通过一个国家的教育体制完全展示出来的宽泛的能力——的系统中,才能蓬勃发展。然而,在许多亚洲国家,包括高收入的新兴经济体,强调死记硬背和应试机制的教育系统被认为是导致亚洲国家领导人缺乏创造力的主要原因,从而受到了严厉的批评。

用近年来正在研究该区域教育体制的一位教育专栏作家的话来说,就是:如今的亚洲严重缺乏创造性思维(Costello,2010)。毫无疑问,科学知识是重要的,但众所周知,爱因斯坦也曾经说过:"想象力比知识更重要"。最近,一些亚洲政策研究者的报告指出,创造性思维因素在亚洲逐渐得到了认可:"印度尼西亚的国民教育体系扼杀了孩子们的创造力"②,"教师为了适应国家规定的教学课程而阻碍了孩子创造性思维的发展"③,"亚洲国家有文化融合的趋势但没有各自的特色"④。

虽然基础教育覆盖率已经提高,在整个亚洲地区也处于正常合理的水平,但是一些比较落后的亚洲国家仍然需要关注这一领域。尤其在南亚地区,即使有相对较高水平的入学率,也不一定转化为同样高水平的学习质量。在列格坦繁荣指数(Legatum Prosperity Index)和世界银行知识评估方法(World Bank Knowledge Assessment Methodology,KAM)的教育分类指数中,亚洲平均分数低于拉丁美洲、欧洲和北美洲,并在不同类型国家之间有显著的差异(见图 8.9)(Legatum Institute,2010;World Bank,2010d)。这些

---

① Lee 和 Francisco(2010)回归分析模型预测出亚洲新兴市场国家平均受教育年限的高速增长将放缓,并在 2030 年仅仅达到平均 7.6 年的水平。这一教育增长速度不足以跟上快速的技术变革,因为这种快速的技术变革需要人力资本结构的相应调整。

② 著名的印度尼西亚儿童心理学家 Seto Mulyad 在 2007 年创造力发展基金会(YPK)成立 24 周年的庆祝活动期间发表的声明。

③ 创造力发展基金会(YPK)董事会顾问 Conny Semiawan 发表的声明。

④ Tan Sri Dato 教授 2009 年在马来西亚区域教育工作政府管理会议发表的声明中指出,该国需要重塑其教育体系,使其能够培养学生的创造力,并引导学生摆脱过去的思维定式。

差异也反映在总体入学率上。高收入国家有较高程度的中学入学率和一般程度（超过60%）的大学入学率。

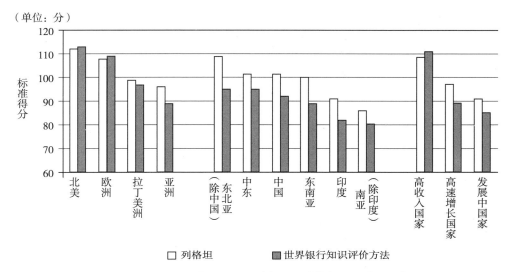

图 8.9　亚洲必须在各种不同的教育评价指标上作出更大努力

数据来源：列格坦和世界银行知识评价方法。

越来越多的人把中学教育看做是在这样一个日益全球化的经济环境中取得成功和确保获得一份体面的工作所需的最低门槛（联合国，2010）。在亚洲，中学入学率急剧下降。快速增长国家在追赶阶段需要在中学教育层面上提高入学率和教学质量。高等教育入学率存在更急剧的下滑，这一点突出表现在中国（21%）和印度（只有12%）。较贫困国家甚至落后得更多（见图8.10）。

除了低入学率，巨大的性别不平衡也是赶超经济体所不容忽视的。虽然大多数国家在小学阶段都实现了性别平等，但在中学阶段，性别差异仍然很明显。除了已经消除性别差异的菲律宾之外，亚洲国家在世界经济论坛（World Economic Forum's，2010）性别差异报告的教育成就指数中排名靠后。即使在小学阶段，包括阿富汗和巴基斯坦的少数几个国家仍然远远落后于其他国家。

为了满足企业对技术熟练人才的劳动力需求，能够对劳动力市场状况变化作出反应的职业教育和培训系统（Vocational Education and Training System）可以起到至关重要的作用。职业教育培训为人们获取职业技能创造了机会，从而也可以帮助那些穷人、弱势群体和已经辍学的人。在亚洲，中学生参与职业教育培训课程的比例（13%）低于欧洲（24%）。完善职业教育和培训系统，将帮助亚洲国家减少贫困，带动经济增长，并能为弱势群体提供机会，从而促进社会的包容性和公平性。

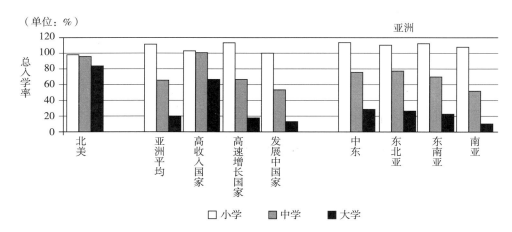

图 8.10　亚洲的高收入国家有较高的高中和大学入学率,但其他国家却远远落后

注:总入学率是用注册学生总数除以适龄学生总数。如果有相当大数量的学生较晚进入小学,这增加了分母(而不是分子)并且可能使总入学率超过 100%。

数据来源:世界银行:《统计数据库》,2011 年。

高等教育和研究开发(R&D)

　　新领域的开创精神和创新精神需要以科学知识为基础。在最高的层面上,特别是在科学和工程领域,高等教育为其培养研究人员,并为技术的发展和研究开发奠定了基础。新兴经济体需要把重点放在高等教育这个层面上。

　　近些年来,一些亚洲国家大大加强了对高等教育的投资,使得越来越多的学生受到了高等教育的熏陶。1995 年至 2008 年间,中国的高等教育入学率增加了 5 倍,印度和马来西亚增加了 3 到 4 倍,泰国和印度尼西亚增加了 2 倍。目前中国攻读大学课程的学生人数已经是美国的 1.5 倍。由于中国的大学辍学率显著低于美国,这使得 2008 年中国大学的毕业生数量(700 万)远超出了美国(280 万)(见专栏 8.3)。亚洲高收入国家的入学率排名最高,与美国的 82% 相比,韩国达到了 95%。高等教育入学率低是亚洲其他国家的普遍现象,而且在一些南亚国家,入学率仅为个位数。

　　　　专栏 8.3　　中国高等教育和研究领域的迅猛发展

　　中国在高等教育方面取得了长足的进步,在研究开发的投入比例上从 1995 年占 GDP 的 0.6% 达到了 2009 年的 1.4%,并且预计会在 2015 年达到 2.2%。这些进步也使得从事研究工作的专业人员,连同 R&D 的经费支出一起带动了专利技术的增加。

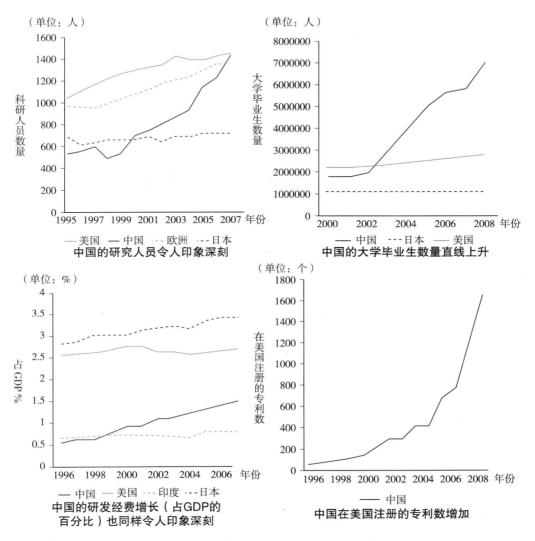

（单位：人）

科研人员数量

—— 美国 —— 中国 ‥‥欧洲 --- 日本
中国的研究人员令人印象深刻

（单位：人）

大学毕业生数量

—— 中国 --- 日本 ‥‥美国
中国的大学毕业生数量直线上升

（单位：%）

占GDP %

—— 中国 —— 美国 --- 印度 --- 日本
**中国的研发经费增长（占GDP的
百分比）也同样令人印象深刻**

（单位：个）

在美国注册的专利数

—— 中国
中国在美国注册的专利数增加

数据来源：1. 美国国家科学基金会：《科学与工程指标》，2010 年；2. 世界银行：《统计数据库》，2011 年；3. 美国专利局，2011 年。

　　提高高等教育的质量至关重要。大学可能是传授那些可以引起制造工艺的变化与创新的知识的最重要的载体。尽管大学生人数显著增加，但在亚洲，仍然只有极少数的大学能符合国家旨在把全世界最好的实践成果汇集起来而建立大学的期望。亚洲大学在全世界排名中一般非常糟糕。从世界大学学术排名来看，相对于美国的 54 所大学和欧洲的 33 所大学，亚洲只有 5 所大学排名在前 100 位，且 5 所大学都在日本。亚洲有 74 所大学排名在前 500 位，除了有两所大学在印度，一所大学在伊朗以外，其余都在日本、中国、韩国和新加坡。

　　许多二流大学培养出来的毕业生只学会了书本知识，却不能应用到将来的工作实践中。例如,印度的大学培养了超过 300 万的大学毕业生,包括 50 万名工程师,但在一些评估中可以看到,其中只有 2% 的大学生拥有必要的职业技能,而美国的比例是 68%(Batelle,2010)。招聘人员表示,许多毕业生"不符合雇佣条件"(BBC,2010),即使在工程师中,只有大约 25% 的人"拥有跨国公司工作所需的外语能力,实践知识和文化理念"(Batelle,2010)。然而在韩国,情况却大不一样,有 96% 的毕业生拥有符合雇佣条件的基本职业技能。

研究开发(R&D)方面的政府支出情况是衡量政府承担科技发展义务的一个有力的判断标准。亚洲国家在全球研究开发(R&D)支出中所占的份额已经大幅度上升,从 1970 年的低于 10%(如果不包含日本则为 2%)上升到如今占全球研究开发支出份额的大约三分之一。这一支出最近已经超越欧洲(见图 8.11),并预计很快将超过美国(Batelle,2010)。在研究和开发(R&D)强度方面(研究和开发(R&D)经费占 GDP 的比例)方面,亚洲国家(日本除外)也已经大幅提高,从 1970 年的 0.4% 提高到今天的 1.2% 以上。这个方面的进步尤其鼓舞人心,因为这方面开支的增加是相对于 GDP 而言的,而在许多国家,研究和开发(R&D)比例的增加是在 GDP 总量增长非常快的背景下发生的。日本和韩国的研究开发(R&D)支出经费分别占 GDP 的 3.4% 和 3%,排名非常高。印度在研究和开发(R&D)方面的投资相对较低,占 GDP 的 0.8%。

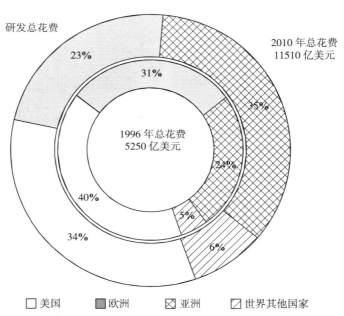

图 8.11　亚洲在全球研究和开发(R&D)经费支出中
所占份额已显著增加,并已超越美国

数据来源:1. 美国国家科学基金会:《科学与工程指标》,2010 年;
　　　　　2. 巴特利:《全球研究经费预测》,《研究》,2010 年。

不仅仅是经费占 GDP 的比例,政府投入的绝对数量和规模大小与研究开发方面的花费也密切相关。在 2006 年,中国在研发上投入了 1360 亿美元,超过了日本的 1300 亿美元,达到了美国支出水平的 40%(2006 年约为 3300 亿美元)。如今,世界上 40% 的研究人员居住于亚洲(见图 8.12)。2008—2009 年的经济危机并没有阻碍亚洲研究和开发(R&D)方面的持续发展趋势,研发费用继续不断上升。很明显,中国是最令人钦佩的例子。虽然世界上大多数国家削减了研发开支,但是中国却仍维持每年 10% 的增长趋势(Batelle,2010)。

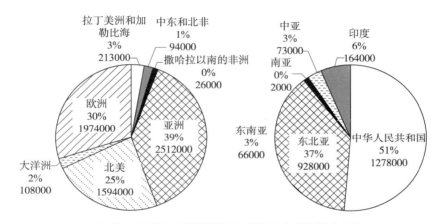

图 8.12　亚洲在世界的科研人员数量中拥有较大份额

数据来源:世界银行:《世界发展指标》(使用的是 2005—2007 年的平均数据),《世界发展报告》,2006 年。

在亚洲的研究和开发(R&D)项目中,约有 75% 来自企业,这一份额略高于美国。在日本和韩国,企业资助约占了总研发经费的 3/4,而在印度却恰恰相反,是政府资助了研发经费的 3/4 三。跨国公司现在越来越多地把研究和开发(R&D)项目转向亚洲。许多企业正在努力利用当地较低的劳动力成本,大量技术熟练的科学家和工程师,并抓住时机把产品推向消费者群体日益富裕的亚洲市场。研究和开发(R&D)项目的经费不断从美国流向亚洲,从 1995 年的 19 亿美元增加到 2006 年的 56 亿美元(National Science Foundation,2010)。同样,在亚太地区(不包括日本),由美国跨国企业国外子公司投资的研究和开发(R&D)项目的资金占国外研发投资总额的比例已从 1994 年的 6% 上升到如今的 14%。大多数美国和欧洲的财富 1000 强企业在亚洲有多个研发中心和生产基地(Batelle,2010)。

亚洲研究性支出的增加已经初显成效。在过去几年里,亚洲在全球创新成果(通过在国际科学和工程方面的期刊上发表的论文比例、世界范围内论文被引用的次数以及在发明专利中所占的份额来衡量)中所占的份额一直稳步提高,从 1998 年的低于 14% 提高到 2008 年的超过 20%。然而,这种创新大部分集中在位于亚洲东北地区的高收入国家。2009年,亚洲在美国注册的专利有2/3来自日本,其余的一半左右来自韩国。虽然由日本企业拥有的专利的绝对数量非常高,但这些专利大部分是基于现有技术的改进,不太重视有突破性的技术创新。尽管专栏8.3中指出在美国注册的专利数量有了显著增加(从1996年非常少的46个提高到了2009年的1655个),但亚洲在美国注册的专利中只有3%属于中国。

印度专利的数量仅仅是中国专利数量的1/3,亚洲专利总数的1%。虽然居住在印度和中国的研究人员的专利数目很少,但是在国外生活的印度和中国的移民后裔却占据较大份额的国际专利数目。在所有美国申请的国际专利中,有超过30%的发明人或共同发明人是中国或印度籍后裔,即便这些后裔只占美国总人口的不到3%(Wadhwa,2009)。这可能让人联想到在过去几年中亚洲国家所关注的"人才外流(brain drain)"现象。但是,这种现象已经出现了逆转,因为在亚洲各国都出现了有足够吸引力的机会,并且我们有理由相信,他们中的一些研究人员也许会返回印度、中国或亚洲其他国家和地区(Wadhwa,2009)。

我们可以通过分析许多不同的指标来更好地理解亚洲在世界创新领域各个方面中所处的位置。欧洲工商管理学院(INSEAD, Institut Européen d'Administration des Affaires)的全球创新指数中,亚洲排名仅略低于欧洲(见图8.13),并带有显著的区域差异性。《经济学人》智库指数中对亚洲的排名稍低(甚至低于拉丁美洲)。在这两种指数中,亚洲高收入国家的整体表现非常好,并且在创新能力方面有着非常高的排名。

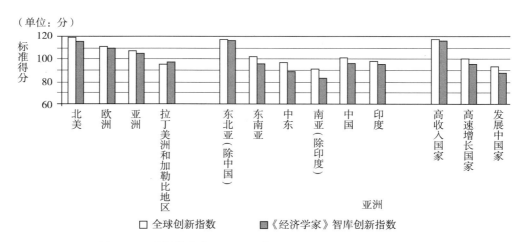

图8.13 创新能力在亚洲不同地区和不同阶段中的显著差异

数据来源:1.世界知识产权组织,欧洲工商管理学院:《世界创新指数》,欧洲工商管理学院出版社2010年版;2.《经济学家智库创新指数》,《经济学家》2010年。

一些亚洲国家在推进以技术和创新带动经济上展现了强大和坚定的领导力。一些最适用于亚洲国家的"个案研究（case studies）"其实就存在于亚洲内部，例如韩国（见专栏8.4）。

专栏8.4 韩国向科学技术中心转型的过程

韩国是从发展中国家过渡到较发达国家的一个最好的例子，并且证实了以技术和创新能力为基础的经济发展决策的重要性。1960年，该国还是世界上最贫穷的国家之一，当时的GDP为240亿美元，失业率为22.3%。今天，韩国的GDP为9860亿美元，失业率仅为4%，是世界上最现代化的工业化国家之一。

如同近些年的中国和印度一样，韩国建立起了循环发展的创新体系，并通过坚固的创新能力过渡到较发达国家的行列。根据其中一则对韩国经济增长最好的记录，我们看到20世纪60年代该国社会十分崇尚创业精神（Jones and Sakong, 1980）。与跳跃式发展相反，衡量韩国的是其采取的循序渐进的发展方式，韩国在其劳动密集型产品出口取得成功的基础上，建立起了装备制造业的出口能力。直到1985年，纺织品和服装产品仍然占韩国出口的30%。政府的政策和计划助长了其对外出口贸易的成功，而且为增强民营企业的能力奠定了坚实的基础。其中一个例子是，现代汽车公司通过政府给予的外汇贷款进入了汽车出口领域，成功引进了意大利的车身造型设计，以及日本的进口发动机、变速箱与轴承技术。

韩国政府通过投入大规模的研发（R&D）经费来刺激科学技术的发展，在某些情况下甚至为了达到这一目的设立了专门的机构。在1980年，政府承担了64%的研发（R&D）经费支出，而政府研究机构占据了研发（R&D）经费支出的62%。随着时间的推移，私营企业逐渐成为研究开发支出最大的一部分，直到现在已经占据了经费支出的75%和研发绩效的约90%。韩国从在20世纪60年代和70年代以技术转移作为引进技术的一种重要方式，转变到了在20世纪80年代把重点放在本国的自主科学研究和开发上。政府倡导的外向型发展战略，鼓励了更多在长期项目上的投资，并且创造了许多经典的成功案例。韩国研发总支出（Gross R&D Expenditures）占GDP的比例由1980年的0.77%显著增加到2011年的超过3%，这一数值位于世界最高水平之列。

为了应对20世纪90年代末的亚洲金融危机，韩国增加了公共研发预算，并通过全面改革现有的法规和税收抵免政策，建立起了一个能促进技术导向型中小企业（SME）部门发展，以及鼓励风险创业的市场环境。其结果是，全要素生产率（TFP）水平成倍上升，按购买力平价法（PPP）计算，韩国今年将缩小与日本的差距，而在1990年，韩国仅是日本的30%。

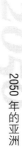

整体政策框架

作为促进经济增长的关键驱动力,政府必须致力于提高劳动生产力和培养创业精神,并提供充分的发展空间,而不是把发展当成是理所当然的事情。所有国家面临的主要挑战之一,在于在对知识生产的供应基础进行大量投资与依靠灵活性和市场能力来进行知识创新这两者之间找到适当的平衡点。例如,中国把重心更多地放在前者,而印度则更注重后者。这两种方式都存在优点和缺点,在不断变化的经济环境下,可能需要进一步的改进和调整。一个企业如果在正确国策领导下良好经营,就会在与世界上最好的公司的比较中在竞争力和创新思想上不断取得优势。

一般而言,有助于形成创新意识的企业生存环境具有一些共同的特点,如:独立的科研经费、政府和研究机构之间的健康关系以及科学领域自由探索的精神。许多亚洲国家目前对政府采取的控制和计划行为过度放宽,而对个人的行为和创新意识限制较多。例如,一般来说,虽然亚洲国家经济的发展大部分是由贸易所驱动,但其仍然在对外国直接投资上进行大规模限制。来自中国和印度的经验之一是,外国直接投资是传播具有广泛意义的专有技术,如技术、管理和思想观念的一个重要途径。一个与外国直接投资紧密相连的经济体通常也是一个最接近于先进企业管理观念和经济思维的经济体。为了使亚洲国家为2050年做更好的准备,政府还需作出更多政策引导,从而使外国直接投资更加自由化。对于中国而言,其重要挑战在于如何处理好真正的创新改革与政府控制和民主导向的管理制度和政治条件之间的关系。

日本是可以证明为高新技术企业发展创造空间并作出相应政策变化重要性的一个典型例子。日本所具有的高全要素生产率(TFP)水平与低全要素生产率增长率结合的特点部分地反映了其打破现有运作模式和采取"破坏性创新"所面临的挑战。与本书中所描述的其他国家不同,日本的体系中不要求那么多的政策和政治体制的调整,而是对社会和思想规范的改变,从许多方面看,这种改变比其他亚洲国家所倡导的改革方式更本质。

第一,日本创新的主要特点是持续的改进和提高。第二,日本的技术创新主要产生在那些被认为具有会扼杀创造力和个人主观能动性的较大的企业集团中。第三,也是最难以改变的一个因素,就是日本的企业不得不适应日本的所谓赶超策略(catch-up strategy)的市场生存环境。我们现在就从下面的讨论中来具体探讨日本的教育体制。

日本教育体制的一大特色就是非常强调直接记忆及填鸭子,而不是鼓励思考和创造。在日本的小学中,尽管教学活动生动活泼也具有启发性(Coleman,1996),但在初中就开始转向死记硬背的学习方式。以事实为基础的教育根深蒂固于入学统考制度中:亚洲的许多国家都在效仿这一制度。通常统考制度有两个阶段,即为 14 岁设置的第一次考试和为 18 岁设置的第二次考试。一些研究表明,成功创业冒险所需的人力资本积累都具有一般的特性而不是特定领域知识的掌握。而日本的教育体制侧重的是学生早期关注的对象和所选择的学科。

到了 10 年级,学生们必须选择是否要在大学中学习自然科学、社会科学、艺术或是人文科学,这些领域中的一个是其集中研究和学习的重点(Normile,2007)。日本高等教育仅仅关注专业知识,而不关注一般的广泛知识,学科界限被严格划定。例如,电气工程专业的学生不能在工程学院学习机械工程专业的课程(Normile,2007)。虽然学科的分类可能导致学生更好地掌握其专业知识,但却阻碍了学生形成跨学科的知识体系,而跨学科的知识体系将有助于培养学生的创新能力。

亚洲前沿领域创业成长的一个巨大约束条件是缺乏早期阶段的融资。从某种程度上说,这直接源于对经济快速增长的偏见,即认为对产品和生产工艺投资回报的增加取决于市场规模,而不是技术水平。新领域创业早期阶段的投资非常少。在亚洲,募集大量资金要比募集少量资金容易得多。例如,印度的一个私人股票投资者桑吉·安德拉姆说道:"筹集 200 万美元比筹集 20 万美元容易得多"(Anandaram,2010)。许多国家面临的一个问题是,本国国内的金融机构在风险投资和私募股权领域还没有能力去运作。相反的是,这一行业被只喜欢运作大规模资金的国际投资者所控制。

最后,既不过分干预也不完全放任自由的政府机构对新领域创业的发展至关重要。新加坡在这方面为我们提供了一个正面的例子。所有亚洲国家中,新加坡在促进新领域创业的发展和科学基础上的创新拥有最系统化的方法。其所创造的科研成果硕果累累,尤其是在生命科学领域。作为强大的制造业大国,中国和印度的崛起,已经强有力地冲击了新加坡在科研领域的地位。政府在基础领域和在应用研究中采取的直接干预,使得这种次优政策工具的使用在新加坡最为广泛。据哈佛商学院教授约书亚·勒纳(Joshua Lerner)的分析,在所有政府赞助的项目中,新加坡的成功是证明这一规则的一个例外(Lerner,2010)。新加坡的国家创新政策已经成功地把经济从强调"技术采用(technology adoption)"引导为强调"本土创新(indigenous innovation)"。为了支持技术创新,特别是生物科学领域的创新,政府十分重视发展和完善教育体系。

优先重点和行动议程

在全球范围内,包括亚洲,特别是从中国和印度的生产力和创业精神的分析中,我们总结了三个方面的经验教训。

首先,创业精神和技术发展有着明显的顺序:各国是从追赶创业精神过渡到新领域创业精神,而不是直接从前面跳跃到后面一个阶段。知识生产是一个累积的过程,而不是像媒体和政策讨论中经常描述的那种跳跃式发展过程。中国和印度在缩小与其他发达国家在创业精神上首先获得了成功,随后在它们的发展策略中加入了新领域的创业精神。在这种转变的效果和速度方面获得了最大成功的亚洲国家可能是韩国。

其次,获得新领域创业的成功需要一个特别长的酝酿期。政府必须三思而后行,并投身于一个长期的、成熟的政策路线中。中国和印度的几个关于创新成功的故事实际上取决于其在几十年前的投入——20 世纪 70 年代初印度的制药业和 20 世纪 80 年代中期中国的绿色科技部门在经济和商业领域的成功表明了这一点。

最后,次优干预措施在短期是有作用的。例如,中国和印度,尽管在培育创业精神和实现创新突破方面都取得了相当大的成功,但是仍然经受着与其发展节奏相符的创业和创新政策和制度方面差距的阻碍。短期而言,可能唯一现实的做法是把制度环境当成是既定的,并且设计出政策干预措施来弥补不足。这种政策干预的一个例子是中国的政府融资和行政干预,其目的是为了扩大大学的研究能力,并促进大学和企业之间的联系。另一个例子是新加坡以"东方波士顿"为努力目标而获得的驱动力。

创业精神和创新精神对经济增长至关重要,它们不会自然地产生,而必须加以特别关注并授予其充分的发展空间。创新和创业系统中的某些元素与快速发展的经济有着更多的联系,因为快速发展的经济是在新领域创业的必然要求,而新领域的创业精神需要一个可循环的生态系统而不是追赶式的创业精神。与此同时,许多基本措施有很长的酝酿期,因此在早期阶段关注基础性措施将大有益处。亚洲国家的政策制定者必须避免的错误之一是创造一个以牺牲初始创业精神为代价的新领域创业的政策和监管环境。

多数亚洲经济体需要通过保证更高的入学率和提高各个层次的教学质量,来更有效地对人力资本发展进行投资。有些国家还需要解决性别差异问题。通过强调创造能力来改进学习效果,可以形成更高的生产力、创新能力和创业精神。推动创业精神的另一个重要因素是开放的自由竞争环境和有利于企业大规模进入和创业的经营环境。

亚洲的发展中经济体:对于这样的亚洲经济体,初始创业精神和创新精神是非常重要的,这在以后的若干年里,可能仍然是最有效率的策略。对于一些低全要素生产率和缓慢的全要素生产率增长率的国家(如尼泊尔),以及那些经历过全要素增长率增加,但是从一个非常低的基础水平开始增长的国家(如孟加拉国、蒙古、菲律宾)来说,最紧迫的政策重点是让"基本面"恢复正常,就是这些政策能够促进初始创业的增加。所有这样的经济体都需要把重点放在改善基础教育和职业教育上,提高小学和中学里的性别平等意识,并简化商业流程。对于这些国家,政策的重点不是高科技的发展,而是使经济和商业基础恢复正常。来自台湾的一些 20 世纪 60 年代和 70 年代的正面经验尤其可以证明这一点。对于这些国家的小规模创业者来说,融资的可获得性是一个巨大的障碍。学术研究显示,越南缺乏对小型和中型企业的银行融资,迫使企业家缩减其业务的地域范围,削减了企业家向其本身所熟知的小规模精选出来的客户群体扩张的机会。

亚洲快速增长的经济体:这种经济体在很大程度上仍然处于追赶阶段,一些国家仍然必须把优先考虑的重点集中在"基本面"上。然而,这些国家可以从不同程度上开始为新领域的开创打好基础。这将需要相当大的人力资本投资,其中包括建立一个能鼓励创造性思维的更多元化的教育体制;提高高等教育的入学率;建立更多世界级的高等院校;更加平衡的高等教育性别平等意识。这样的经济体也应侧重资本市场的发展和多层次融资体系(包括风险投资)的成长。法制改革和加强知识产权意识对于准备向新兴经济体阶段转变的国家也是极其重要的,但作为一个从追赶式创业阶段成熟起来的国家而言,应谨慎地开始进行转变。最后,这些国家需要政府对基础性研究进行投资,明智和深思熟虑地选择目标市场,以及创造一个传播知识和信息,从而为更高水平的新领域创业打下基础的平台。

高收入经济体:亚洲的高收入经济体需要增强创业精神,并同时把这些创业精神反映在社会精神中。尽管这些国家已经拥有通过高分而体现出来的高质量的教育系统,但是这些教育制度必须同时为创造性思维和"发散型"问题解决(outside the box)提供更好的机会。我们应作出更多的努力来加强人们对于创业精神的主动性。在这些国家中,性别不平等不仅表现在政治赋权上,而且在高等教育中仍然相对突出,由此我们应鼓励更多的妇女参与到社会各阶层的工作中。最后,企业的组织结构(针对目前许多国家仍然存在的森严的等级制度)应作出调整,以激励更大的创业精神。

第九章　实现城市化的新途径

安东尼·佩莱格里尼(Anthony Pellegrini):国家发展基金协会联合创始人

　　本章提出实现亚洲地区城市化的一种崭新途径。在未来的 40 年,亚洲将出现大规模的城市化浪潮,人口将增至 14 亿,巨大的市场将成为投资者的宠儿。亚洲如何应对并更好地利用这些投资,将是未来城市化进程中非常重要的方面。本章强调,亚洲地区一、二线城市的发展不仅能促进区域经济,同时对地区的社会稳定也将起到重要的作用。同时在城市化进程中,大多数城市将面临重大的风险,由此带来了对管理和领导能力的挑战。本章最后提出了需要优先关注的相关措施。

回顾过去亚洲城市 40 年发展历程

　　在过去的 40 年中,亚洲的人口分布结构发生了重大变化:1970 年,人口主要集中在农村地区,仅 20%——4.42 亿人口在城镇;2010 年,城镇人口将达 16 亿,占总人数的 40%。

　　虽然人口发生了重大转移,但城乡间的改造和发展并不平衡,特别在生活条件及基础建设方面。极少数城市迅速地实现了现代化,如东京——亚洲最大的都市现正成为世界级的商业中心。亚洲四小虎、中国香港、新加坡、中国台湾等地正遵循着城市导向型的经济发展模式迅猛发展。韩国将以首都首尔为中心进行再造,寻求更高层次的经济发展。然而,在亚洲其他地区,大量为找寻更好工作机会的流动人口涌入城市,而城市基础设施及服务又无法容纳,这导致这些城市不堪重负,也直接导致了个人汽车使用的爆炸性增长。

　　大量的移民,往往涌入以前是非法的,但现在已形成了地方特色的贫民窟和棚户区。亚洲的大多数城市如曼谷、孟买、加尔各答、雅加达、卡拉奇、马尼拉等,其中约有 25%—30% 的人口居住在没有供水、排水、卫生及街道等基本设施条件的临时窝棚中。

卡车、出租车等机动车的大量使用,特别是私家车的泛滥正改变着城市原有的风貌。原来规划好的街道为满足车辆爆炸式增长的空间需求被迫拓宽。私家车、自行车、三轮车、公交车及手推车、牛拉车等都竞相争夺有限的街道空间。城市规划者已对私家车爆炸式增长所引发的严重的拥堵后果发出了警告,但除了极少数城市有所响应外,其他城市及地区都选择了视而不见。新加坡推出了全球第一个中央商务区道路收费系统,现在伦敦和斯德哥尔摩也在使用这一系统。这一模式虽然有效地解决了交通拥堵问题,但是需要国家增加对基础设施的投资。20 世纪 80 年代亚洲其他许多城市面临的恶性拥堵也正是由于对 70 年代所做预测的忽视,从而没进行交通需求管理并提供充足的公共交通工具。

人口增长及投资不足的压力导致公共服务供给条件的持续恶化。1970 年,亚洲城市开始集中公共治理权力,由中央政府统筹并进行城市的投资建设,地方政府则主要负责实施及进行一些小规模的投资项目,但却缺乏必要的技术能力。对地方投资建设的集中控制易导致城市基础设施建设投资不足,地方政府融资能力下降,忽视对成本的控制,政府工作人员专业水平的低标准化等。这都严重影响了中、小城市获得国家资金进行发展建设。

加尔各答在这方面便是一个很好的例子。作为南亚地区的一个大城市,它在过去的 40 年中实现了城市化——一方面取得了骄人的进步,另一方面也由于对城市政策的疏忽带来了一些问题。1970 年,城市规划局划分出了 2 个自治团体、33 个直辖市、37 个乡镇及 544 个非市级城镇单位。但相关政府却几乎没有任何规划或实施项目的权力与能力。大多数的城市服务设施是由印度西孟加拉邦政府提供的。

该国 34% 的人口——约 280 万人居住在高密度的棚户区和巴斯蒂贫民窟部落。这里的房子都处于低洼积水处,排水不畅,卫生条件恶劣,每到季风时节这里就出现严重积水。城市居民、街边小贩及固体垃圾占据着人行道,迫使路人只能在街道上行走,这使得原本恶劣的交通状况雪上加霜。当时英国广播公司(BBC)制作了一个纪录片,盛行欧洲。该片对众多居民所处的令人咋舌的生存环境做了写实拍摄,同时展示了光鲜亮丽的富人区同条件恶劣的贫民窟之间强烈的对比。

然而,当时企图将地方政府与当地 10 个自治团体进行整合的尝试再一次地失败了。终于到了 1970 年,当地州政府成立了加尔各答城市发展局(Calcutta Metropolitan Development Authority,CMDA),作为城市整体规划和开发的机构。该机构并没有取代当地的政府,但可以独立地进行城市规划,并在供水、排水、卫生设施、住房等方面投资建设。如"巴斯蒂方案"——即通过发展局的投资,对大量贫民窟进行改造,建设供水、卫生设施及人行道等基础设施。"巴斯蒂方案"(a basti improvement program)极大地改善了当地居民的生活环境条件,但该方案并没有涉及土地所有权和该地区存在争议的产权问题。

40 年后,该地区的治理结构发生了细微的改变。加尔各答城市发展局(现改为 KMDA, Kolkata Metropolitan Development Authority)的关注点已从大规模的城市基础设施建设转向进行都市规划及城市发展建设项目上。从 20 世纪 80 年代开始,当地政府只在供水、卫生等公共服务方面承担有限的责任。分权式治理结构已正式写入 1991 年的宪法修正案。然而,建设项目融资仍是一个大问题。关税和服务费用,由当地机构或加尔各答城市发展局根据具体情况来决定是否提供,但一般情况下,提供的资助普遍不足。加尔各答城市发展局的运作主要依靠西孟加拉邦政府的赠款和贷款贴息。加尔各答城市发展局热衷于投资建设该城市的核心都市圈,而对周边的郊区乡镇开发力度和关注度小,这就导致了在建设城市走廊时成本较大幅度的增加。当地政府机构的数量也已经随着都市地区的扩大而增加。该地区现有 3 个市政自治团体、38 个直辖市、72 个城市以及 572 个城镇和村庄。

随着经济的发展,加尔各答地区的贫困状况和生活各方面条件都得到了改善,但是公共服务的供给仍严重不足。从 1970 年至今,仍有 250 万人露宿街头或蜗居于贫民窟。现在也仅有 66% 的人口能够饮用自来水,并且每天平均只供应 10 个小时。自来水公司一般在供水前会将水煮沸,以防止该地区大量的粪便及其他污染物的污染。城市的排水系统只提供给该地区 26% 的人口。令人担忧的卫生条件使健康欠佳、误工等现象时常发生,由此产生了极其不良的经济影响。土地所有权/租金等问题也仍未解决,有的甚至升级成更激化的矛盾。尽管当地居民不能被强制迁移,但他们的发展权却被剥夺了。由于该地区的所有权并没有法律的保护,当地原居民的发展受到了极大的限制,同时还出现了大规模违法、违规、低质量的建设工程。

再来看看一个完全不同的案例:韩国的首都——首尔(见专栏 9.1)。虽然从 20 世纪 60 年代起,这里逐渐挤满了从农村涌入城市寻找工作的流动人口,整个 70 年代出现了大量大规模的非法棚户区和贫民区,但同中国台湾及德国的做法相类似,首尔通过创新和土地改革,很好地解决了这一问题。这是一个在当地政府的指导和控制下,将该地区土地所有者的财产进行重新整合及分配的自我融资的方法。一部分划归基础设施建设用地,同时拿出一小部分以高价重新卖给原来的土地所有者。低收入者则可以以较便宜的出租价格租下一小片地或移居到别的地区。新出台的法律保护土地所有权,防止在低收入者居住区出现土地所有权的纠纷。雅加达(见专栏 9.2)的情况则处在加尔各答和首尔之间。该城市自 70 年代起已有了显著改善,但在基础设施及服务方面还有很长的路要走。

专栏 9.1　1970 年与 2010 年的首尔

1970 年的首尔

1970 年,首尔的人口是 890 万,在政府推行制造业出口导向型城市发展战略期间,一直以较快速度增长。人们出行大多使用约占 70% 城市交通工具的公交车。整个城市不足 6 万辆汽车,其中私家车也只占极少部分,自行车多于私家车。

尽管当时普遍来说并不富裕,但是整个城市正在紧锣密鼓地进行重建。通过土地改革,首尔 50% 多的土地都被重新规划(或进行基础设施建设,或改变原有的布局等)。由于城市的基础设施建设被视为本国生产力提高和发展的先决条件,因此政府将高效的城市建设作为执政目标之一(Bertaud,2003)。当时正筹划建造该市的第一条地铁,地铁线于 1974 年正式投入运行。

随着经济的增长,大量农村人口涌入城市,形成了非法居民区。1970 年新增流动人口数达到 40 万,其中约 30% 的人居住在城市贫民区和棚户区。而对这个问题,政府所采取的措施是进行强制拆迁,并将他们运送出城。与此同时,面对民众的抗议,政府提出了一项新的长期规划方案。该方案涉及受影响的社区,政府承诺让被迁出人群有更畅通的表达利益诉求的渠道,并对开发的区域进行安置,解决土地所有权和产权等问题,以及进行基础设施建设等开发性项目。

2010 年的首尔

2010 年,首尔已成为国际性的商业金融中心,作为全球万事达卡的商业中心(Global Center of Commerce by MasterCard Worldwide),首尔的总人口在世界排名第九,大约有 2450 万人,即约一半的人口居住在首都。

重工业已被移至近郊。韩国中央政府倡导绿色发展,同时首尔地方政府也努力为整个城市追求更高品质的生活创造条件,营造更健康的环境以及发展知识型产业,使其成为未来经济发展的驱动力。其所发展的产业部门包括:旅游、时尚设计、数码芯片、信息技术、纳米技术、生物技术和商业金融服务业等。

首尔地铁于 1974 年正式开通,是世界第三大地铁,年载客量超过 2 亿人。作为绿色城市计划的一部分,首尔市政府统筹规划对公交车、地铁、城郊铁路系统等公共运输工具的使用,使交通高峰期时的使用率达 70%;同时也不断开发新的公交路线,提升公共交通的便利度;对私家车的使用征收道路费、燃料税以及停车费等。

亚洲的城市化浪潮

　　亚洲正在发生从农村转向城市的人口结构的社会历史性转变。亚洲人口每年增长约 4400 万(亚洲开发银行,2008a)。到 2050 年,亚洲大多数人口将会居于城镇,城镇人口数将是目前数目 16 亿的两倍,估计将达 30 亿左右(见表 9.1)。这对于城市的领导者来说,将会是一个巨大的挑战,同时也是一个千载难逢的历史性机遇(具体数据请参见附录 5)。

表 9.1　2050 年亚洲人口将翻一番

亚洲城市化	1970 年	2010 年	2050 年
城市总人口数(百万)	442	1587	2982
东北亚	214	764	1092
南亚	133	480	1221
东南亚	61	249	498
中亚	34	94	171
城市化水平(%)	22	40	63
东北亚	22	49	73
南亚	19	30	55
东南亚	21	42	66
中亚	39	51	66

数据来源:联合国经济与社会事务署人口司:《世界城市化前景报告》,联合国 2007 年修订版,第 86—87 页。

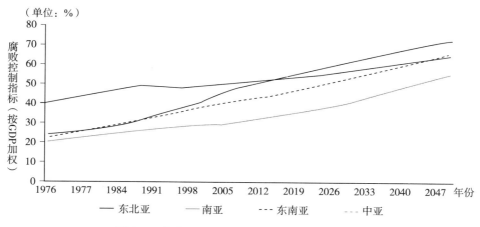

图 9.1　东北亚将是亚洲城市化程度最高的地区

数据来源:联合国经济与社会事务署人口司:《世界城市化前景报告》,联合国 2007 年修订版,第 76 页。

对于那些国土面积小且较为贫困的亚洲国家来说,它们同样要经历这一重大的社会变革。柬埔寨的城镇人口占全国总人口的比例预计将达44%,与现在20%相比,大约增长550万。同样,老挝城镇人口比例将从33%增至68%,老挝需要开发更多的地方为这些增加的360万人口提供空间。

农村发展与城市发展的互补性

虽然许多人涌入城市,但也有很多人愿意留在农村。政府需要解决农村地区各项服务不到位的问题,应进行开发、投资,以提高当地的生产力水平。农村发展与城市发展并不是相互替代的关系,实际上两者缺一不可、相互补充。小型城市和二线城市可为农村提供产品的销售市场,同时也为农村的其他商业性活动提供必要的服务。加强城市和农村地区间的联系将有助于解决彼此的贫困问题。

亚洲大多数农村地区用于种植的生产性土地现已被开发使用。如果人口继续增加,而城市化的步伐却未跟上,农村地区将没有足够的资源解决就业问题(Bolt,2004)。相对于农村而言,城市的生产力水平一般比较高,可使进城务工人员获得更多的收益,为经济发展提供更强大的动力。目前,中国已正式实施通过城市化吸收农村剩余劳动力的发展战略(Webster,2004)。从中国的经验中我们也认识到,在吸收农村人口的同时,出台各项社会政策以适应发展的变化,这是非常重要的。

目前,政策制定者所面临的问题不是如何阻止城市人口的增加,而是如何解决当前的转型问题,使农村和城市地区都能得到合理开发,充分挖掘两者的潜力和优势。

专栏9.2　1970年与2010年的雅加达

1970年的雅加达

40年前,印度尼西亚还是一个乡村国家,城市人口只占全国总人口比例的13%。

雅加达作为首都城市,人口仅500万,只有几个小型的市中心和一些低矮的商业建筑,并不繁华。市内大部分穷人居住在城区周边相比于市中心来说较为荒凉的未开发的村庄。村庄的池塘基本上是淤泥沼泽,没有自来水供应及排水系统,卫生条件差,房屋建筑也很简陋,基本由水泥地、茅草屋顶和竹席组成。孩子们光着脚丫在乡间的泥土小路上嬉戏玩耍。在这里,永久性建筑占总住宅的比例只有24%,并且80%的房屋都没有电力提供。平整宽敞的道路只见于较发达的地区,而在较穷的地区则并不常见甚至没有。

雅加达的人均收入是160美元，是爪哇地区整体平均收入水平80美元的两倍。

2010年的雅加达

经过多年的发展，如今的印度尼西亚充满活力，已步入中等收入国家行列，其经济成就举世瞩目。

雅加达人口970万，是拥有2660万人口的Jabotabek地区的中心。尽管经济取得了长足的进步，但依然有将近50%的城市居民无法饮用自来水。城市每天的垃圾有6千吨，但只有50%被回收集中处理。干净的饮用水对于住在城市内贫民窟的人们来说简直就是奢侈品。许多如疟疾、登革热、霍乱及急性呼吸道传染等疾病的出现都是因为饮用污染水质的原因。由于没有相应的公共部门承担供水职能，人们需花费1/4的收入从供水商那里购买干净的饮用水。近年来，严重的洪涝灾害愈发频繁，这可能是现代化的高楼如雨后春笋般迅速出现的副产品。在2007年的洪涝灾害中，城市60%被淹没（甚至在有些地方，洪水达7米深），34万人被迫离开家园，流离失所，据估计造成了9亿多美元的经济损失。

2001年，政府职能发生重大转变，中央下放权力，实行分权改革，地方政府由此承担更多的责任和职能，并实行独立预算。虽然如此，地方政府所被赋予的征收新税种的权力依然有限，且地方财政收入的主要来源依然是中央的行政拨款。

城市的未来

亚洲以城市为中心的发展模式预示着未来巨大的能源消耗和碳排放量。地区的长期竞争力及社会稳定将很大程度上取决于核心城市的发展水平。

这意味着，未来将会出现更加紧凑、高效、安全、适宜居住的城市。这就需要进行专业的城市规划及管理，开拓有效的融资渠道。目前，一些国家的城市化水平已经达到亚洲其他国家2050年才能达到的水平。现阶段，日本（城市人口占67%）、韩国（城市人口占83%）、马来西亚（城市人口占72%）及中国香港、新加坡等国家及地区经济繁荣，人民生活水平较好，社会稳定，这都预示着亚洲城市化光明的发展未来。

2050年，百万人口以上的大型区域将成为亚洲未来经济发展的火车头。目前，临近的城市已通过组成城市区一起成长，共同发展。比如，首尔—釜山段之间的大型区域，有4600万人口，据估计经济产值可达5000亿美元（Florida，2007）。

亚洲以城市带动区域的发展模式将使得地区的经济规模不断扩大，专业化水平不断深入,这就需要地区间在能源、交通及和供水系统等宏观方面的相互合作及统筹规划;同时,商业宣传、经营特许及市场营销等微观行为也同等重要。

而在跨国界的区域生产网络中,城市与城市间的关系则是国家之间独立、平等主权关系的体现。国际性的三角发展区如由麦丹(印度尼西亚)、槟榔(马来西亚)和普吉岛(泰国)组成的区域,由中国云南、老挝北部和越南湄公河流域组成的区域等。在发展过程中,这些城市都是相互独立、对等的。国际生产网络的进一步扩大及深化需要由各国的中央、地方政府在运输、电力、通讯及物流等方面加大投资力度,加快创新,探索新型合作机制,寻求高效的经济增长。

随着亚洲的发展,财富水平不断提升,科技不断进步,未来亚洲的某些发达城市将走在全球科技、能源及生活等方面的前沿,引领世界发展的潮流。如此美好的构想在现有的商业发展模式下并不能达到,需要不断创新(见专栏9.3)。

专栏9.3　成功的2050年亚洲城市展望

到2050年,一个成功的亚洲大城市的密度应与2010年的东京相似。城市蔓延是有限的,这是因为基础设施的设计是按照有利于填充式和紧凑式的城市扩张模式而设计的。城市的公共运输布局合理、污染小而又高效,铁路运输将在最富有的国家占据主导地位,而在其他国家,公交车是主要的运输工具。人们可在清新的空气下徒步旅行。能源效率的提高将集中在建筑设计、设备、照明、加热、冷却系统方面。废水、固体废物等将重复利用或回收。洗衣、清洁、垃圾处理和基本烹饪等室内活动将由机器人来执行。一些家居系统将时刻关注家人的健康状况,为严重老龄化国家的居民大大减轻养老负担。新型私家车以电和氢气为燃料,成为零排放量机动车。

此外,在减少发电过程中的碳排放量方面也将取得重大突破。由于建设、维修、燃料生产等原因,城市交通的碳排量仍将占总量的7%。汽车间的信息传达和智能交通管理系统将使车流得到合理的控制,同时为装有自动导航设备的汽车选择最为快捷、方便的道路行使。嵌入式技术在公路、街道的应用能够大大减少交通拥堵和车祸的发生。越来越多的人将逐渐青睐这种方便而又舒适的大众交通。

教育、文化、当地文化遗址、公园及附近生态环境区的保护,娱乐活动设施等都达到一流水平,并构成一个城市的独特品牌及竞争优势。城市的贫困人群(指的是那些收入位于平均值60%以下的人口)也可以享受高质量的健康护理和儿童教育。

经过20年对土地所有权问题的处理,重新出台治理规定进行再次规划,扩大基础设施服务,从而进行全面升级整理。到那时,贫民窟将会消失。尽管一些地区仍有个别房屋不符合建筑规范,但也是安全、可靠的。

放权让利使地方政府有明确的财政权和行政权,可以平衡地方政府筹集资金时的权责关系。在这样的情况下,城市管理是自发的。地方政府乐于商业合作,即试图努力保障学校、大学——特别是科研机构——不断保持创新能力来维持高水平的生产力以满足技术不断演变和商业扩张的需求。其他城镇之间也保持着密切的合作,同时保持跨国界的城市所形成的大型城市区域。以地区为基础的城市规划、执行和管理能提高能源效率,促进生产力改进及尽量减少对生态的破坏。

现阶段,亚洲城市普遍基础设施不完善,市容市貌有待整顿。根据联合国人居署2005年统计,世界近一半的贫民窟及棚户居民,约4.9亿人在亚洲。尽管经济不断发展,但这一数值并没有下降。许多城市供电、供水尚不稳定,废水、垃圾处理并不规范,排水系统的不完善导致了近年来洪涝灾害频发。低收入地区恶劣的卫生环境给人们健康带来了极大的威胁。许多地方的土地登记制度不完善,贫民区土地所有权不可交易,这都严重打击了人们投资、重建的积极性。土地所有权问题、贫民区土地市场交易机制不完善、城市分区不合理等问题都会严重阻碍对贫民区的整顿。

据经济合作与发展组织估计,未来城市将占全球的能源消耗及二氧化碳排放总量的60%—80%。节能减排的压力将会增大。未来需要提高建筑物及各项设备的能源使用效率,在回收和再使用的基础上建立公共系统,同时对土地的使用进行规范管理,合理统筹调配交通运输,降低成本及能源消耗。

像伦敦、首尔、新加坡及东京等这样高密度的城市都鼓励人们出行使用公共交通工具或以步代车,它们相对人口密度较低的城市来说,人均二氧化碳排放量相对较低(见专栏9.4)。但亚洲的城市人口密度正在下降,而中产阶级对汽车的需求则迅速增加。对汽车需求量的增加将会导致碳排放的迅猛增长。到2035年,尽管不断努力提高能效,中国和印度的碳排放量依然将快速增长,据估计将会分别达到现在水平的2.5倍和4倍(Rogers,2006)。公共交通的市场占有率正急剧下降,城市人口密度的下降将极大地提升私人机动车拥有率,从而使城市变得混乱不堪,进而陷入恶性循环。亚洲以外的发展中国家的大部分地区,城市人口增加一倍将导致陆地面积扩张三倍。而在亚洲,由于人口密度不断降低,城市人口增长一倍则可能会导致陆地面积需要相应扩张六倍(Angel,2005)。低人口密度及混乱的状况都会增加城市公共系统及交通的治理成本。

专栏9.4 "经济型城市"的概念

经济型城市作为一种空间发展战略的概念在经合组织特别是欧洲和日本等国家广受欢迎。欧洲委员会鼓励欧洲国家以环境和生活质量为目标,朝着更为紧凑的方向发展。英国政府已将城市紧凑度作为其可持续发展政策中的一个核心指标。荷兰政府也采取了类似的措施(荷兰国家规划局,1991)。最近,日本政府引进了"生态经济城市"的概念,并将其作为日本城市发展政策的优先考虑指标(日本国土省、基础设施建设省、运输旅游省,2009)。

经济型城市发展策略旨在通过结合高密度居住用地、集中化、混合土地利用及指定化区土地限制来加强城市土地的利用(Churchman,1999)。

城市建设的范围

对于亚洲的城市来说,现代化城市规划及建设的三个方面将对其未来产生深远的影响。

◆对旧城区进行现代化改造

对于大多数的亚洲城市来说,原先那些没进行过规划的旧城区需要重新改造和建设,具体包括城市的交通运输、供水、污水处理、排水、文化遗产保护及土地的使用等。在科学技术不断发展的基础上,未来的城市应实现信息化、数字化及现代化,使居民通过先进的通讯技术服务更快捷、方便地进行联系,从而减少二氧化碳排放量,提高能源使用效率。未来城市发展的战略方向应重点关注合理使用土地,为大量迁移提供方便。

◆经济发展与现代化建设并行

人口急剧膨胀既是城市发展过程中所面临的挑战,同时也是进行新一轮城市规划的战略机遇。运用先进的信息技术及通讯服务,将土地使用和交通运输进行统筹规划可实现高密度型城市现代化的发展。因此需要努力探索节能型的发展方式以应对人口快速增长所带来的挑战。

◆大力发展实用城市经济开发区

通过建造城市经济开发区,聚集相关产业,实现规模经济,挖掘比较优势,可极大地提升自身的竞争力。比如,首尔的松岛国际商业区(Songdo International Business District);马来西亚的多媒体超级走廊建立于20世纪90年代,它的产生使马来西亚进入了信息时代。截至2005年7月,这里共有将近3500家中小型企业。经济开发区鼓励推行制度创新,园区内的公司(无论私营还是国有)在追求企业利润最大化的同时,还肩负有城市规划、设计、建设及管理等社会综合性发展的重大责任。

亚洲中小型城市的管理

对中小型城市的管理是一个极大的挑战。它们大多起点低、发展快。但一些小城镇缺乏有经验的城市管理人员,也没有科学、高效的决策管理体系,因此在高速发展过程中暴露出许多问题。城镇数量的增加给中央政府带来了极大的压力,也因为这个原因,小城镇很少能得到官方发展援助(Official Development Aid,ODA)。因此,它们亟须专业化的管理培训及相关人才引进来建立现代化城市管理体系。

未来所面临的风险

亚洲地区 GDP 的 84% 都源于城镇,因此在亚洲,一国的经济发展状况与城市化水平息息相关。但同时也面临着四大风险:城市、地区间发展不平衡;迅速壮大的中产阶级利益诉求不断增加;无规划的土地使用及基础设施不完善所带来的高成本、高碳排放的环境污染以及由此带来了气候变化和其他自然灾害。

发展不平衡,贫民窟数量的增加,社会凝聚力的瓦解

在亚洲,城市间的基本生活条件如房屋、供水、卫生水平等差距极大。同时收入不平等现象也普遍存在。许多国家的基尼系数已超过 0.4 的警戒线(见图 9.2)。中国的收入差距由于地区间发展不平衡被拉大,同时印度各地区的收入差距也呈扩大趋势(见图 9.3)。彼此间发展水平差距过大则会极大威胁社会稳定和社会团结。

目前,亚洲城市普遍还没有面临犯罪、毒品及暴力等严重的社会问题。但是,随着城市快速发展,人口的爆炸性增长、尚存争议的土地所有权问题以及城市的高失业率等都会加剧社会矛盾,成为社会冲突爆发的导火索。拉丁美洲的教训值得人们深思。拉丁美洲比亚洲早 65 年开始进行城市化的探索。阿根廷、巴西、墨西哥以及委内瑞拉等国家对非法移民及流动人口进行合理安置及妥善管理。城市的贫民区及低收入地区是袭击抢劫、殴打、贩卖毒品及暴力等各种犯罪的温床。在许多情况下,当地政府的无作为就是对城市的犯罪团伙的纵容。如果现阶段亚洲城市不抓紧改善低收入人群的生活条件,则会走上拉丁美洲的非和谐的发展道路,在现代化高速发展的背后酝酿暴力及仇视情绪。

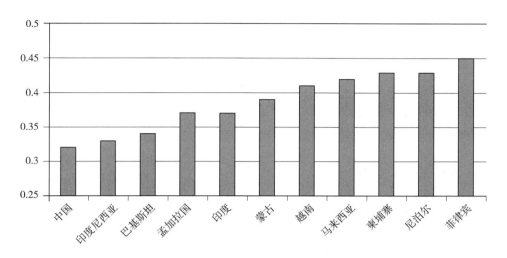

图 9.2　各国城镇基尼系数

数据来源:联合国人居署:《世界城市状况 2010/2011》,Earthscan 出版社 2011 年版,第 192 页。

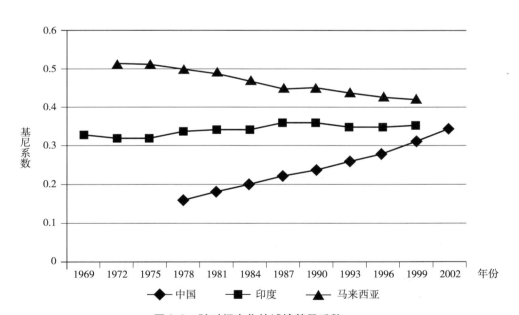

图 9.3　随时间变化的城镇基尼系数

数据来源:联合国人居署:《世界城市状况 2010/2011》,Earthscan 出版社 2011 年版。

中产阶级不断增长的诉求的无法满足性

　　随着亚洲经济的发展,中产阶级不断壮大,主要集中在城市地区。他们接受过良好的教育,同时,与外界接触、交流的机会较多,视野广阔。他们对城市的基础设施服务,现代化的购物、文娱设施场所及社区绿化的需求不断提高。这是城市发展的有机组成部分,并将带动进一步的发展,从而形成良性循环。实际上,全球经济竞争的核心——创新大多都出现在城市。人才、技术工人也多集中在生活舒适、经济发达的地区。若一个城市能很好地适应人们现代化的生活需求,不断进行创新,则可获得长期性较快的发展。因此,对于亚洲的大、中城市来说,成功地从制造业转型向服务业的发展是至关重要的。若无法满足不断增长的物质、精神需求,无法提供善治及良好的服务,社会则将面临不和谐、不稳定的潜在威胁。

薄弱的基础设施建设与非法土地使用

随着城市中产阶级的壮大,他们对生存、交通的需求空间不断提高;同时,农村的流动人口也带来一定压力,促使城市空间不断扩张。一些国家及地区的政府已着手处理这一问题。日本打造了"紧凑型生态城市"的发展理念。目前世界上地铁线路最长的城市——上海,大力发展公共交通,计划到 2020 年将地铁线长度翻倍,减少人们出行对私家车的依赖。新加坡则长期致力于对汽车的需求管理。高密度紧凑型城市的出行人均消费普遍低于低密度的城市,并且高密度人口的城市更富有活力与生气,如柏林、香港、纽约、巴黎、旧金山、新加坡、东京等。

尽管目前有少数亚洲城市开始实施可持续发展战略,但大多数地区依然采用的是高成本、高耗能的发展模式,基础设施建设不完善,土地使用不合理。

环境问题

许多亚洲城市都面临着各种不可预知的威胁,如火山爆发、地震、海啸以及气候变化等。

其中,气候变化尤为严重,包括水资源严重短缺、干燥的气候使喜马拉雅山脉冰川融化的淡水资源减少;海水入侵城市地下蓄水层;台风、暴雨等极端天气来袭,威胁沿海城市;同时还伴有传染病蔓延等问题。易受到影响的大城市主要包括:曼谷、达卡、广州、海防、胡志明市、马尼拉、加尔各答、孟买、上海及仰光。地下水过度开采引发地表沉陷将加剧洪灾风险:据测量,曼谷正以每年 4 厘米的速度下沉;而雅加达部分地区的下陷速度则达到每年 6 厘米。据估计,到 2050 年,一场 30 年不遇的特大风暴将致 1250 万人受灾,并造成 200 万人无家可归(Fuchs,2010)。

加强国家间在科研、制定统一标准、规划以及投资方面的合作将有助于降低环境变化所带来的风险,实现互利共赢。

迈向美好未来的行动议程

城市化是一个复杂的过程。但不同地区城市化的经验对于亚洲来说具有普遍适用性。各个国家和当地政府必须积极制定行动方案。并且,政府需运用强有力的领导手段处理改革过程中难以调和的既得利益及政治惯性。

对中央政府的建议

中央政府需要为各地区、各城市的运营管理建立政策性框架。

有效分权

以往经验表明,管理复杂的城市经济,需要当地的配合、支持,地方政府要有一定的自主性和问责权。但历史上的分权改革向来是困难重重。分权改革,从中央立法、监管到地方全面贯彻落实,从而提升当地政府进行有效地方治理的管理水平,需要数十年时间。过去 20 年间,亚洲许多国家和地区都进行了分权化改革。但程度不均,需加快改革进程。

通过合理分权,在中央、地方的分税制改革进程中,促使当地政府建立科学的地方财政体制,制定合理的财政预算以及构建公开透明的政府会计体系(Alm,2010)。同时,为进一步提升当地的治理水平,中央需对地方政府的能力培养及专业技能方面进行指导,具体包括行政管理人员和具体技术人员的培训等。全国范围、各地区间可进行合作,共享培训课程,互换教学人员,实行联合培养计划(特别是废水处理、交通管理等具体技术方面),建立国家与私人间的合作关系(Public-Private-Partnerships,PPPs)等。目前,许多国家和地区已建立相关的政策研究机构,需在此基础上进一步加强同其他国家和地区的合作。

同时,各地区应建立对人才有足够吸引力的薪酬制度。国家应制定相关的法律法规,敦促建立透明的信息披露制度、合理的财政预算体系及交易公开制度,促进公平的市场竞争。而且,不断壮大且受过良好教育的中产阶级对信息透明、善治及政府的优质服务有着更高的要求,能在一定程度上提高当地政府的治理水平。

为城市基础设施建设融资而建立国家政策性框架

据亚洲开发银行估计,在地方政府支出预算、国家补贴和官方发展援助等常规性收入的支持下,亚洲环太平洋地区的"城市基础设施建设赤字"每年达 600 亿美元(亚洲开发银行,2008)。所以,当务之急是使地方政府能够从国内私有银行和资本市场进行融资,弥补资金缺口。

政府在进行融资时,建立公私部门的合作伙伴关系,如对道路、桥梁进行收费,可实现双赢局面。韩国、印度已经开始建立这样的合作关系,并且越来越多的亚洲其他国家也开始逐渐接受各类开发银行的多边援助。但是,目前大多数的城市投资都是非营利性的基础设施建设(如城市街道、排涝等),妨碍公私合作伙伴关系的建立。因此在这样的情况下,地方政府就需要想方设法地为建设项目筹资。

地方政府获得商业信贷的政策性框架主要包括以下几个方面:

——地方政府需在财务、管理方面进行改革,作为获取信贷的必要条件之一。如建立科学的财务管理体系和现代会计制度等;对项目进行合理规划,并实施、运作;控制开支,同时注重开发新的收入来源。

——建立合理的政策框架,对地方政府的财政赤字(无论是来自银行还是资本市场的地方政府债务)进行法律约束。具体包括对地方政府的借款授权,对证券发行、信息披露及透明度方面进行相关规定,同时还包括对税收待遇、信贷结构、记录保存以及信用评级(如果需要的话)等方面的具体规定等。

——为政府借款确立明晰的监管规则。目前,许多国家已实施了此类法律法规[1]。比如菲律宾,就在这方面建立了比较完善的法律体系。然而,许多亚洲国家的中央主管部门并不鼓励地方政府进行民间借贷,即使它们有能力偿还借款。因此,大多数地方政府的借款几乎完全来自国有银行,即政府融资通常由官方发展援助支持(Official Development Aid,ODA),而不是通过商业渠道;实际上,中、小城市的地方政府以市场媒介为基础进行融资,可优化市场准入环境。除了大城市的地方政府,一般情况下,直接发行地方债券并不可行(西方也同样如此)。债券发行的固定成本较高,主要包括文档登记费用、信用评级和资产重估费用、发行宣传等各项费用。这对于中小城市的政府来说,根本无法承受。基于市场的金融中介机构,可专门进行对地方政府的贷款,正好可以填补这一缺口。

——印度泰米尔纳德邦已采用了城市基金这样的方式,定期收集本省、各城市地方政府所关注的焦点及对国内债券的需求。实际上,许多发达国家都采用这一模式,只是形式不同而已[2]。

---

① 有许多具体规则,包括对外汇借贷的限制,限额借款,如还本付息总额不能超过项目收入的特定比例等,不允许资本炒作,实行担保,进行账目独立审计,建立负债披露制度等。

② 在加拿大,有 6 个省级金融机构,包括不列颠哥伦比亚省的市财政局;挪威的是 Kommunal Bankan;瑞典的是 Kommuninvest;荷兰的是荷兰城市银行;丹麦的是 Kommune Kredit;芬兰的是城市财政 PLc;美国则有国家周转资金,同美国 17 个州的国家债券银行进行合作,用于水资源的投资。

——一些亚洲国家在政府和官方发展援助资金的基础上，建立了城市发展基金（Municipal Development Funds, MDFs），可向地方政府进行借贷。菲律宾许多城市的当地政府已通过城市发展基金进行筹资，实际的不良贷款率甚至可以忽略不计。城市发展基金可作为过渡机制处理政府同市场的关系，但是要实现长期性的可持续发展，则需要从对政府及官方发展援助资金的依赖中独立（上述印度城市发展基金正向着长期性发展方向转型），提供以市场为基础的商业资金。

——地方政府公私伙伴关系制的建立，需要符合国际标准的、公开透明的法律框架（韩国已建立起非常规范的公司伙伴关系法律框架）。这样的合作伙伴关系已成为国内私人投资的有效工具。这些框架的搭建需要由中央政府出面制定法律，而由地方政府进行具体实施。

为城市规划、环境保护以及绿色能源的发展建立良好的市场机制

中央政府若能建立城市规划、环境保护及绿色能源等方面有效的市场激励机制，则可在人们对汽油、煤炭及水资源的需求日益增加的情况下，较大幅度地减少甚至取消补贴。这样能有效地推动公共交通的发展，在城市的规划和设计上，也能更有效地进行空间利用。同时也将鼓励逐渐转向对低碳能源的需求。

跨境的城市群发展

城市间物流链向境外延伸，需要各个国家、地区、城市间在交通、电力、通讯及物流投资方面的合作。并且，各国贸易政策对于经济发展也同等重要。

给地方政府的建议

吸引个人投资者

一国的经济、社会政策，可对企业对外投资的地域选择决策产生较大的影响。而城市政策对于城市竞争力的提升至关重要。因此，需定期评估城市政策中关于产权、土地使用、营业登记，地方税收程序公允性等各方面对城市生产力和竞争力的影响。对城市基础设施的审查评估，主要包括城市的通信设备，公共保障服务如公安警察、急救以及政府与民众互动机制等。

一项针对中国 23 个城市的研究指出，地方政策可影响该地区的生产力，约可提升 45% 左右，同时对投资环境也有较大的影响（Dollar, 2004）。另一项研究估计，如果巴基斯坦某一城市将目前巴基斯坦各城市所有最好的做法集中进行实践（创业、施工许可处理、财产登记、税款缴纳，跨境贸易，合同执行等），该城市吸引力将在世界范围的 183 个经济体中，排名第 69 位，与巴基斯坦的国家排名相比，靠前 16 位（世界银行，2010E）。印度尼西亚的日惹和万隆已在逐渐采取相应措施，通过建立许可证"一站式"

115

服务,缩短产权登记的办理时间等来提高城市的吸引力(世界银行,2010F)。印度的艾哈迈达巴德市,也在改善商业环境方面作出了巨大努力。近些年,大量外国公司进驻艾哈迈达巴德,已有企业在此成立分支机构。

城市管理

亚洲许多城市在其行政管理方面,还有许多改善的空间。良好的城市管理需要高水平的专业人士,同时明晰、合理的人力资源激励机制也不可或缺。这需要制定相关的政策并建立一定的机制来改善产权、土地所有权、土地注册及使用的相关法律法规,提高营业登记和许可的办理程序效率,调整税收及调集资源的政策等。财务的专业化管理,是城市管理的另一重要方面。

作为国家培训的补充,大城市一般还应根据需要建立自己的培训学校,或与当地的大学进行合作。对于一般的城镇来说,项目外包或聘请顾问是获取专业知识、技能最有效的方式。对于小型城镇来说,可能更需要项目外包服务,并考虑同邻近地区进行联合外包。

除了技能的相关培训,还需要进行体制及规章制度等方面的改革,减少行政官僚作风,鼓励创新。对政府进行绩效考核,是一条极为有效的管理途径。

基础设施建设规划及土地使用

实际上,国家间城市基础设施建设的人均支出费用差异很大。印度人均约 17 美元,相比之下,中国人均则高达 116 美元(Kohli and Sood,2010)。

随着城市化进程的不断推进,市区面积正迅速扩大,因此对城市基础设施建设的投资绝不能忽略。尤其在交通运输方面的建设投资,将对城市未来的土地利用及其他形态特征产生极大的影响。对公路、铁路、公交甚至港口及机场设施的投资,需要进行技术、地点等方面的选择,这将长期影响城市效率、土地使用及其环境状况。

经常出现严重拥堵等交通问题的地区很难吸引投资,并且也很难成为人才的聚集地。在亚洲密度相对高的城市,轨道交通将占有举足轻重的地位。据麦肯锡预测,到2025 年,中国将建立 170 个公共交通运输系统。但是建立轨道交通系统费用较高,特别是对中、小城市来说也并不是解决问题的唯一方法。巴西的库里提巴市(Curitiba,Brazil)和哥伦比亚的波哥大市(Bogota,Columbia)的快速交通系统(Trans Milenio system)就是在城市交通技术和土地使用方面进行创新的典范。雅加达也成功建立了快速公交专用道路系统。首尔现已拆除市中心约 700 公里的高架公路,取而代之的是正建立一个四通八达的快速公交系统,从而提高非机动车的使用,优先发展公共交通(亚洲开发银行,2008A)。

对空间使用的把握及对成本的控制对城市的发展至关重要。应对城市人口的高速增长,低密度城市付出的代价比高密度城市如中国香港、首尔、新加坡及东京等更大。伴随人口增长,温室气体排放和能耗成本的增加,对于前者来说将更加明显。城市,尤其是较大城市,应考虑紧凑型的发展战略,消除分区及对容积率的限制,通过市场运作提高城市的密集度,并建立公共交通系统,大量鼓励非机动车的使用(Bertaud,2010)。

土地市场和解决土地所有权争议

亚洲土地市场存在的许多问题,包括长期性的历史遗留产权争议、关于财产出售的限制性条款、建筑规范的任意性及过时的土地规划等,都需要加以处理。由于贫民窟和棚户区长期存在所有权等纠纷,使得对这片区域的投资产生了负面影响,妨碍了该地区未来的发展。要达到产权清晰、责权明确则必须建立良好的土地市场秩序、科学土地管理制度及财产登记制度,这样才可以促进经济增长及社会公平。例如,菲律宾存在产权不明确的土地价值估计超过 1000 亿美元(De Soto,2000)。土地流转机制的建立,需要较高的成本,并且时间漫长,但对土地商业价值的开发将产生较大影响。土地登记制度的不完善使地方政府损失了巨额的房产税。目前,中国香港已高度发达,建立起了高效的土地登记和管理系统。

包容性发展政策

减少不平等现象,提高基本公共服务供给并建立社会安全网络是提高生活质量的关键。同时,良好的城市管理,无论对于作为生活及工作场所的城市本身还是市场,都会产生较大的影响,同时城市管理也必须包括向穷人提供基础性服务。城市的低收入区和棚户区,需要解决土地使用权的历史争议问题,并进行系统性的改造。通过改造方案,对该地区提供基本的基础设施(排水、区内道路、供水及卫生、电力等)。中等收入国家的城市贫困人口绝对数字最高,因此最需要实行可持续发展战略。

人力资本是可持续发展战略的关键。知识型经济立足创新,主要集中于城市地区。城市是孕育创新的温床,新想法、新理念在此产生,并能得到进一步的开发和交流。提高教育水平作为长期战略的一部分,是促进创新、提高劳动力技能素质的必要条件。创新与大学的存在是紧密联系的。虽然对于一些城市来说,建立这样的研究性机构可能性并不大,但城市领导层必须意识到大学存在的意义及其重要性。即使没有世界一流的研究型大学,建立普通大学间的交流合作网也是提高技术能力的一种手段。通过这样的网络,可以建立竞争力较强的领先领域,并且可以实现关键领域技能的互补(Yusuf,2007)。

人才通常被认为比较自由,因为他们可以随心所欲地选择在哪里工作。随着人们收入和期望的增加,人才会更多考虑在城市工作,因为他们在那里可以充分地享受生活(Castells,2000)。爱德华·格兰泽(Edward Glaser)、理查德·佛罗里达(Richard

Florida)等研究人员发现,休闲文化娱乐活动设施,是城市竞争力的核心因素。这主要包括保存完好的城市中心及其他文化遗址、公园、博物馆、美术馆、电影院、剧院、餐厅、体育设施等。同时还必须制定针对穷人的医疗、教育政策。

环境可持续发展和风险管理

为减少城市的生态破坏,需要对资源的使用进行管理,同时要运用新方法进行城市规划,包括对建筑物能源管理法规的制定、对城市土地和交通的规划,以及对城市用水、空气、固体废物的回收、再利用的管理等。

亚洲城市的水污染、空气污染以及较差的卫生条件是环境管理所面临的严峻挑战。上海已在环境基础设施建设方面投入巨资,作为其发展战略的组成部分,将把上海打造成适宜居住的城市。当地政府通过这样的方式可以吸引更多的外国直投资和国内外的优秀人才,这将大大地提升其竞争力。规模较小的韩国松岛商业区就是根据 LEED 绿色建筑标准①所建立的。

同时,还需要防止由于气候变化而导致的城市温度的改变及海平面上升。这就需要采取一些预防措施。相关的建议包括(Fuchs,2010):提高对洪水及其他灾害的识别预警系统,做好灾害防护工作;将气候变化的风险纳入土地使用规划,使未来的发展重心转移至洪灾发生较少的地区;防止地面沉降;并设立必要的规划、减灾、救灾机制。

减灾工作对于减轻其他的突发自然灾害,包括火山喷发、地震和龙卷风等,也是必需的。

但这些措施具体到不同的城市不是一成不变的。每一个亚洲城市都需要在现实的基础上憧憬未来。这样,才可以客观地根据城市自身的要素禀赋、人力资源及相对竞争优势来制定发展战略。

愿景领导

现在就需要开始行动。拖延只会进一步扭曲原来的行动宗旨,最终还可能无疾而终。亚洲各国及其城市需要具有远见卓识的领导者,为现代城市的发展创建新思路,并充分抓住当前城市化大发展的历史机遇,实现城市的快速发展。

---

① LEED 是国际公认的绿色建筑认证体系,提供建筑物设计和建造第三方认证,是旨在改善综合性能的战略体系,综合考虑节约能源,提高水资源利用率,减少二氧化碳排放,改善室内环境质量及进行资源管理等。

第十章 金融转型

沈联涛(Andrew Sheng):中国银监会首席顾问、香港证监会原主席

本章讨论了亚洲金融体系的转型对于支持"亚洲世纪"到来的必要性。本章首先介绍了在过去几十年间亚洲金融崛起的短暂历史,并在结构和规模上与西方进行了比较。然后,本章概括了在两种情况下金融的可能性增长:"亚洲世纪"和中等收入陷阱。本章用事实说明为什么亚洲应该突破传统思维来发展金融体系以更好地服务于实体经济部门的需求。本章的核心是金融转型的必要性。本章还讨论了亚洲在全球货币和金融体系治理中的作用。本章以优先行动议程为结论,提到了区域合作的优先事项。

亚洲金融崛起:过去和现在

在我们展望未来 40 年至 2050 年时,回顾过去是有意义的。在 20 世纪 70 年代,日本是唯一被看作发达国家的亚洲国家,但是其 GDP 仅为美国的 20%。亚洲金融格局在很大程度上是高度管制的银行占主导地位的系统,伴有小资本市场和新兴债务市场。实际上外汇市场很小,因为大部分亚洲货币存在外汇管制。金融自由化真正意义上的开始和亚洲金融格局发生显著变化是在 20 世纪 80 年代。

1980 年,传统的全球金融部门的大小(包括银行资产、股票市场资本化和未偿还债务市场,不包括衍生工具)大约是国内生产总值的 100%。到 2009 年,金融市场的总资产(不包括衍生工具)达到 232 万亿美元,相当于全球 GDP 的四倍(见表 10.1 和表 10.2)。到 2009 年底,金融衍生产品市场的市面价值为 615 万亿美元,相当于全球 GDP 的 10.6 倍。

相比之下,亚洲新兴市场的金融资产总值与 GDP 的比率为 245%,体现了其金融深度只相当于欧盟(409%)的一半左右,但日本的水平(477%)却比美国(431%)略高。然而,新兴工业化经济体(NIEs)金融资产与 GDP 的比率更是高达 603%,由中国香港

和新加坡两个金融中心主导。

新兴亚洲的金融部门在很大程度上仍然是银行占主导地位,银行资产相当于 GDP 的 126%,而股票市值和债券市值分别占 GDP 的 69% 和 50%。在债券市场,公共债务远远超过私人债务发行。相比之下,欧盟的债务市场规模为 GDP 的 177%,其中私人债务是公共债务的两倍。

表 10.1　2009 年全球金融部门指标(占 GDP 的百分比)

	GDP(万亿美元)	银行资产/GDP(%)	股票市值/GDP(%)	债务证券*/GDP(%)
世界	57.8	161	82	159
亚洲	12.9	145	68	123
美国	14.1	100	107	224
欧盟	15.3	189	43	177
北美	15.4	109	108	217
新兴亚洲	7.9	126	69	50

＊不包括衍生工具。
资料来源:国际货币基金组织:《全球金融稳定报告——主权、融资与系统流动性》,2010 年 10 月,附表 3。

表 10.2　2009 年全球金融资产分类指标(占总资产的百分比)

	银行资产、股市资产、债务证券*(万亿美元)	银行资产份额(%)	股市资产份额(%)	债务证券份额(%)
世界	232.2	40	20	40
亚洲	43.5	43	20	36
美国	60.9	23	25	52
欧盟	62.9	46	10	43
北美	67.1	25	25	50
新兴亚洲	19.3	51	28	20

＊不包含衍生工具。
资料来源:国际货币基金组织:《全球金融稳定报告——主权、融资与系统流动性》,2010 年 10 月,附表 3。

亚洲通过它在美国和欧洲的市场处理其大部分存款,这些市场尽管经历了大萧条,但仍然具有高效、稳健和较强的流动性。亚洲的外汇储备主要投资于美国和欧洲市场。亚洲经济在 2009 年持有超过 6.1 万亿美元外汇,相当于世界外汇储备(黄金除外)的 71.5%,但其中相当小的比例用于投资亚洲市场。

亚洲非银行部门的机构发展落后于欧洲和美国。创新的资本市场和保险知识仍要向伦敦或者纽约学习。虽然基金管理技能正在得到提高,但最大的契约储蓄机构往往由那些保守和面向国内的投资策略为导向的公共部门来领导。例如,马来西亚和新加坡的储蓄机构资产,作为两个在亚洲最发达的部门,相较于欧洲大部分地区的160%—180%和美国的100%,其金额仅占本国GDP的60%—80%。

尽管亚洲具有高额的储蓄,但它的金融体系波动性强,部分由于结构性缺陷极易遭受巨额财产损失。在亚洲金融危机之前,由于家族及集团公司给市场带来的有限波动和严密控制阻止了圈外人或外国人的收购,而使得股市的市盈率往往超过发达市场的比例。相对于直接从公众或分散股权筹集资金,亚洲股市往往更倾向于投机性和使用更多的"双重杠杆"对银行贷款作为抵押品的持股集中控制。

2050年亚洲金融的可能前景

2009年,亚洲占全球GDP的28%和全球金融资产的23%(见图10.1)。到2050年,在"亚洲世纪"的情景下,按市场汇率计算,亚洲的全球市场份额将增长到52%,差不多相当于原来的两倍(见图10.2)。

在金融深化配置的基础上,亚洲所占全球金融资产的份额可能上升到全球的45%,金融深化比率(衍生工具除外的金融资产总额占GDP的比重),2050年上升到549%,可与当前美国和欧盟的水平相媲美。另一方面,如果陷入中等收入陷阱,亚洲的市场份额占全球GDP的比例则只有31%,金融深化低于GDP的470%(见图10.3)。

不管是遇到哪种情况,亚洲都将成为全球最大的股票、债券和银行市场,并在塑造全球金融体系、货币体系和全球金融中介中扮演越来越重要的角色(见图10.4—图10.6)。

金融出现这样的情况既不是注定也不是不可避免的。事实上,亚洲金融危机和大萧条提醒我们,管理不善的金融对贸易、投资和增长具有高度破坏性。对2050年亚洲的长期预测,不能排除"完美风暴(perfect storm)"情况发生,即错误的宏观政策、宽松的财政部门监督、自然灾害/气候变化风险、人口结构的变化,以及薄弱的政府治理等结合起来会给亚洲经济带来的重大挫折。

该地区无法发展更加深入和具有较强流动性的资本市场,意味着亚洲仍将依靠欧洲和美国的金融市场来中和其过多的储蓄值。实际上,亚洲金融危机后,这种依赖性增加了,甚至有更多的资金被置于发达的市场,以此来减少风险,抵御金融冲击。

GDP（占世界百分比）　　　　　　金融资产（占世界百分比）

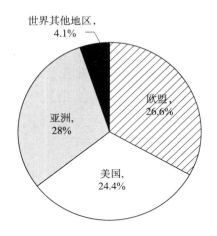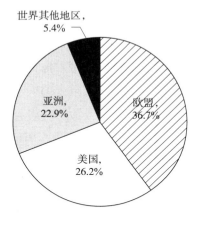

金融资产对GDP比率（%）

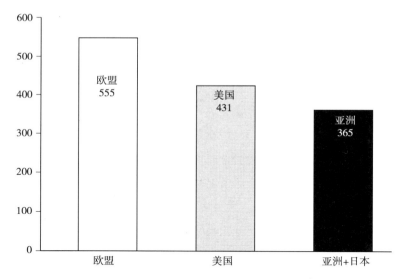

图 10.1　2009 年状况（基期）

数据来源：国际货币基金组织：《全球金融稳定性报告——主权、融资与系统流动性》，2010 年 10 月，附表 3。

"亚洲世纪"对亚洲金融的启示

"亚洲世纪"的实现，意味着亚洲不应该再作为价格的接受者或规则接受者。亚洲应增加与其他主要经济体的合作，以成为价格和规则的制定者。适用于以地域为基础

GDP（占世界百分比）

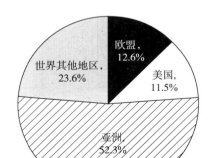

金融资产（占世界百分比）

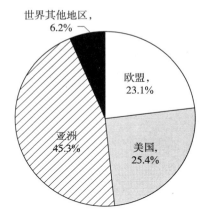

金融资产对GDP比率（%）

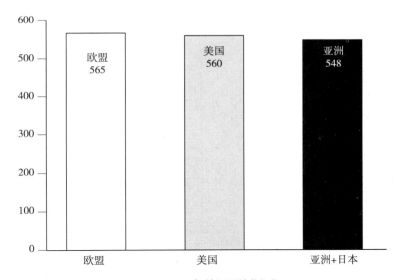

图 10.2 2050 年的"亚洲世纪"

数据来源：国际货币基金组织：《全球金融稳定性报告——主权、融资与系统流动性》，2010 年 10 月，附表 3；圣坦尼国际集团估计值。

的真正管理部门的要素也同样适用于金融部门。但要成为一个全球意义上的有责任心的一员，亚洲也必须成为全球各个方面的思想领袖，包括金融领域。

最近全球金融市场触目惊心的跌宕起伏表明，现代金融业越来越有其自我意识，既可以帮助也可以干扰实际部门操作。最近有关全球金融危机的官方诊断表明，其原因应归于人为错误和系统失灵（US Financial Crisis Inquiry Commission，2010），其中的四个因素得到重点讨论——传统经济理念和金融理论对危机预测的失败，全球金融体系的

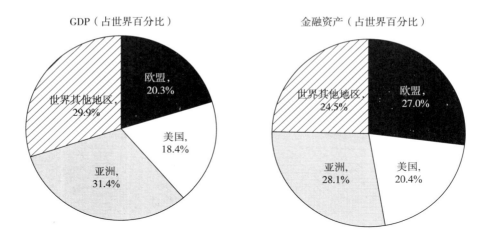

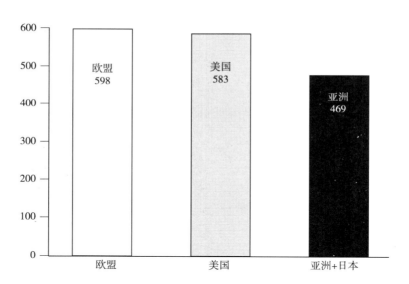

图 10.3　2050 年的亚洲陷入"中等收入陷阱"状况

数据来源:国际货币基金组织:《全球金融稳定性报告——主权、融资与系统流动性》,2010 年 10 月,附表 3;圣坦尼国际集团估计值。

缺陷,"大而不倒"的融资规模,必须进行金融转型以使它更好地服务于实体经济。

　　到目前为止,亚洲在经济发展中,其金融角色发展方向更倾向于务实,而非过多地纸上谈兵。这种发展方式在亚洲过去的发展中取得了很好的成果,应该在今后继续下去。作为一个正在崛起的经济力量,并拥有较高的储蓄水平,亚洲可以建立不同的金融体系,吸取过去金融危机的教训,更好地满足其发展需要。这需要其从目前发达经济体已形成的思维定式中跳跃出来。

　　迄今为止,亚洲在实体部门上取得的成功是建立在金融服务于实体经济的基础前

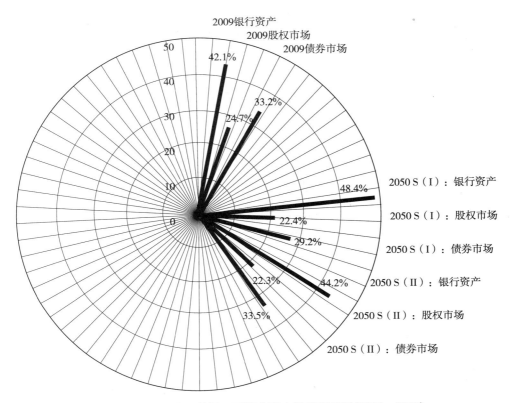

图 10.4　两种发展前景下亚洲金融市场状况预测（2009—2050）

数据来源：国际货币基金组织：《全球金融稳定性报告——主权、融资与系统流动性》，2010 年 10 月，附表 3；圣坦尼国际集团估计值。

注：S(Ⅰ)表示"亚洲世纪"前景，S(Ⅱ)表示"中等收入陷阱"前景。

提上的。亚洲未来的金融发展方式也应基于相同的假设。亚洲需要的金融体系，是能够有效地作为中介，将巨额的储蓄基金投资于基础设施、城市化、减缓气候变化，以及在技术开发和商业创新上。包容性金融应放在首要位置上。

金融的传统理念:2007—2009 年的大萧条

当前经济和金融理论的传统理念是以理性预期和有效市场假设为基础的。在不受约束的金融和自由市场的信念下，全球金融市场自 20 世纪 90 年代成倍扩大。然而，发达经济体的金融衍生品的金融监管和风险管理存在严重缺陷，造成了金融无限发展产生的系统风险由公共部门来被迫承担的不可持续的难题。不经意的后果是史无前例的国家干预，以阻止全球金融危机。金融危机后，OECD 各国政府的财政赤字几乎翻了一

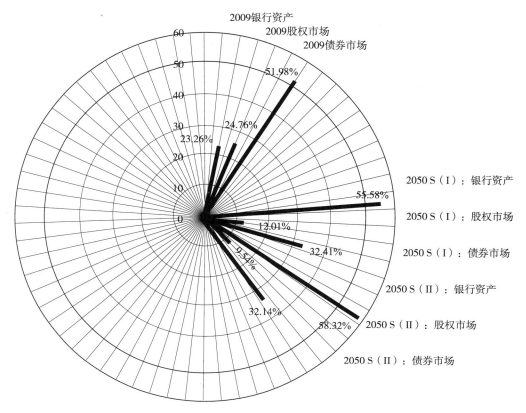

图 10.5　基于亚洲两种发展前景的美国金融市场状况预测（2009—2050）

数据来源：国际货币基金组织：《全球金融稳定性报告——主权、融资与系统流动性》，2010 年 10 月，附表 3；圣坦尼国际集团估计值。

注：S（Ⅰ）表示"亚洲世纪"前景，S（Ⅱ）表示"中等收入陷阱"前景。

番，相当于 GDP 的 100%。

　　亚洲金融部门不发达和缺乏应对全球化的准备，是早期亚洲金融危机发生的主要原因。无法加强国内金融体系对大型和波动的资本流动的管理和对双重错配（double mismatch）危险的忽视，导致了严重的经济危机。其中双重错配是指借入短期资金进行投资或提供长期资产，同时，借入外币对长期本国货币资产进行投资。这次危机给我们的惨痛教训——企业的过高财务杠杆作用，监管不足的银行系统和对不稳定资本流动风险的忽视——让亚洲政策制定者和金融监管人员格外小心谨慎，从而有助于亚洲抵制大萧条。

　　亚洲金融危机是大萧条的预兆，虽然后者的规模更大，并且两者的产生是不同的。大萧条是过度杠杆化金融批发市场产生的危机。当房地产泡沫破灭时，银行的资金在资产证券化中倒塌（US Financial Crisis Inquiry Commission，2010）。亚洲金融危机在很

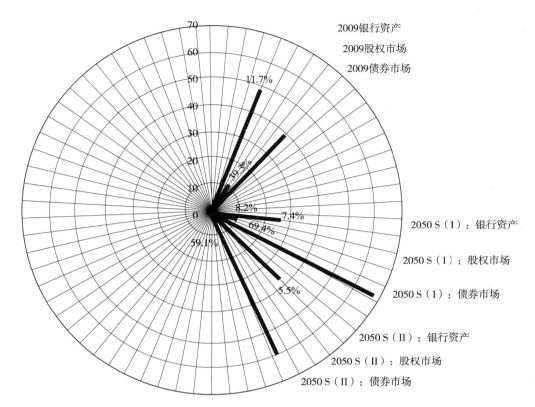

图 10.6　基于亚洲两种发展前景的欧盟金融市场状况预测（2009—2050）

数据来源：国际货币基金组织：《全球金融稳定性报告——主权、融资与系统流动性》,2010 年 10 月,附表 3；圣坦尼国际集团估计值。

注：S(Ⅰ)表示"亚洲世纪"前景,S(Ⅱ)表示"中等收入陷阱"前景。

大程度上反映了传统银行业务的一种,即由于过度杠杆化而产生的企业部门不良贷款,不良贷款主要是房地产和股市泡沫过度造成的。

　　"自由市场最有效"这句格言造成了在金融监管和监督中的过度自信。IMF 独立评估办公室的结论是,IMF 和发达国家很少注意蔓延和外溢的风险,由于"高度集体智慧而产生的基本态度——一个主要的大型发达经济体发生经济危机是不可能的,也是不可信的"(IMF,2011)。

　　大萧条强调了将货币、财政以及金融监管政策当做应对新兴资产或信贷泡沫的相互排斥的工具的缺点。根据这一思路,政策工具是下放给划分的各官僚机构来实施的。这一技术方法没有认识到这个问题是系统性的,它受到跨机构、跨国家、跨地区各个方面的影响。

　　虽然亚洲由于其金融衍生品研发较晚而没有受到直接伤害,但通过全球贸易、国际投资以及金融危机蔓延,该地区还是受到了间接伤害(Azis,2011;Boorman 等,2010)。

当前的改革建议

目前的改革需要国家通过加强金融监管、降低杠杆以及对过度冒险的惩罚措施来严加干预。随着世界对传统理念和金融理论的重新审视,亚洲应继续保持务实的做法。基于此前提,不应牺牲实体经济而发展金融业务。相反,应该进行补助和支持实体经济发展。

亚洲通过对以往危机的了解和学习,明白金融发展中不存在奇迹和免费的午餐。系统地说,在没有很高的通胀或者资产泡沫的情况下,金融发展速度是不可能超过实体经济发展的。仅仅依靠杠杆作用,金融创新是没用的。金融发展应该与实体经济发展之间建立合理的联系。金融业不能被视为只帮助富人的工具。

总之,金融必须支持实体经济的发展,使其获得长期稳定的、包容和可持续的发展。

国际金融体系下的亚洲

当今的金融是全球性的金融,因此基于对国家的改革是非常有必要的,但是目前的改革还远远不够。如果不能对全球储备货币的作用以及对能够维持全球金融稳定的全球货币和监管系统的规模进行重新审议,是很难保持国内金融的稳定性的。

由于现今的世界已经不能够靠单一的国家经济来支撑了,所以亟待出台一个更加具有代表性、更加多元化的全球货币和金融架构。由于亚洲的金融领域变得更加复杂,而且规模也相对更加庞大,亚洲经济政策的决策者和监管者众望所归地需要更加积极地参与到全球论坛中来,共同规划未来的国际金融结构和规则。

在吸取了 20 世纪 90 年代高昂代价的教训之后,由亚洲经济体和后续流动性支持部署所建设的储备资金(以基于东盟"10+3"框架的清迈提议和亚洲债券基金提议的形式)能够提供更高水平的自我保障,从而应对资本的波动和国际收支平衡的赤字问题。

由经济大萧条所引起的巨大的变革浪潮,为亚洲创造了拯救世界危机的机遇,世界需要亚洲通过采取进一步的措施来规避经济危机带来的强大冲击。亚洲政府也普遍认识到了对现行经济体系进行改革的必要性,然而这需要亚洲的政府能够积极地参与到国际金融组织和论坛上来并取得有力的发言权。同时,亚洲政府也很支持 G20 关于加强监管机构之间的合作和加大全球金融的监管力度的决议(Asia Policy Forum,2009)。

世界储备货币

全球的金融货币体系存在很大的漏洞,集中体现为过于单一化的国内全球货币存储的主导作用,而这一漏洞也正是造成大萧条的原因之一。由"特里芬"全球定价难问题所引起的活期存款赤字,造成了全球经济局面的严重失调,包括美国难以承担的巨大的国际金融资产负债以及庞大的往来账户赤字①。

对于未来的全球货币储备系统来说,有四种可能的发展方向。第一种可能,如果亚洲的经济体成员各图其利,自扫门前雪,内讧不断,任凭全球经济衰退,那结果就是现今萧条的继续。第二种可能,就是将亚洲货币作为唯一的主导力量,进而会取代全球货币储备的主导权。然而这种情况发生的可能性并不大,因为对于亚洲单一的经济体系现状来说,要想凭借自己的力量支撑整个亚洲及全球的经济是一件异常困难的事情。第三种可能,就是提供一种折中性质的亚洲货币系统(在加入国际储备货币系统之前),如果针对现行国际存储货币法案的谈判最终失败的话,此不失为一个可行的方案。第四种可能,就是针对现状重新进行商议和裁决,从而直接或渐进地由如今的现状向一个全新的全球货币储备系统进行转变。这是一套由法国在2011年初的20国集团主席会议上提出的建议。

当下有这样两个必须讨论的相关话题,那就是货币的再评估以及针对维持国际货币系统稳定的重要性的讨论。

首先,长远来看,直到40年后的2050年,很难预测是否一个或多个区域性货币的价值会被过高或过低的估计。在本书中,我们假定在这个长期的过程中,实际的具有时效性汇率的地区性差异会进行自我修正。这样,这里所介绍的情况基本上就是稳健的中立汇率。

其次,尽管在方法上看来会有区域性的差别,但是一个"理想"的国际化的货币系统应该更具合法性和代表性,从而可以为全球的自由贸易交换提供有效支持,并可以改善财政调节过程中系统不稳定的情况。现在的情况是,一个被越来越多的人认可的事实就是单靠个别国家的力量是很难解决这样一个国际问题。政策的制定者需要认识到地区性的个体行为会加剧全球的危机。如果想要保障国际货币政策的稳定,国际货币

---

① "特里芬难题"困扰储备货币发行商必须施行宽松货币政策(又称高往来账户赤字)来适应全球清算的需求。

系统便不得不要求所有参与者都能遵守这一金融和财政的规矩,如果有必要,利用法律、国家或者其他的手段都是可以的。

如果亚洲要成为国际经济的带头人,那么,若想要取得全球经济的稳定,亚洲势必要推出具有国际和区域性职责的合法股权。因此,倚靠一己之力或单枪匹马的区域性政策是行不通的,新的国际货币系统只有在亚洲经济体成员的共同磋商中才能够得以发展。

未来的亚洲金融系统:使金融服务实体经济

所有的金融系统都具有这样三点重要的功能,那就是:有效地分配资源的功能;通过降低交易成本来改善支付系统的功能;通过采取更透明且统一合作的政策方针来规避风险的功能。

亚洲如果想取得成功,其金融系统必须能够有效地应对由大萧条引起的主要风险(如影子银行、高危性衍生品、不平等和系统外部性以及道德风险),有力地实现以上这些功能。

世界经济虽然受到了大萧条的重创,但是金融领域的以下趋势并没有被改变:第一,危机过后,发达国家经济将缓慢增长,由亚洲引领的新兴市场将快速发展,富人将成批增长。然而,这些讯号都是针对收入和资产分配不均的情况的。金融有助于财富的集中,因为富人可以通过参与金融进行投资,并从中获得丰厚的投资回报。

第二,随着管理政策的放宽,印花税和税收的减少,以及在交易、清算和结算系统中使用智能计算系统的转变,使得交易成本下降,从而让几乎所有的金融市场中的市场成交量和流动性都得到了提升。

第三,金融市场不断印证着"赢家通吃(winner takes all)"的网络效应,世界上最大的金融机构会通过兼并小型机构以及不断延展他们跨越国界的足迹来实现自我的发展和财富的聚集。

第四,资本市场在一些相关的传统零售银行业务方面也取得了一定的进展,比如依据住户的年龄可以为其退休寻求到更高的回报。

第五,通过实行更加严格的金融监管将极大地影响金融业的增长,及其动力因素、盈利能力和创新的步伐。

大体来说,未来可持续发展的亚洲金融体系的大致框架体现为:

——应有效地满足实际部门的资源分配要求,特别是在提供信用、流动性、支付功能以及风险资本方面更为重要;

——有效改善市场定价机制和交易过程,从而保持市场的流动性和透明性;

——提高风险管理,包括在新的动荡局势下提供保险机制;

——通过加强管制和自我约束,以及防止实际部门的利益冲突来加强金融部门的信用和金融准则;

——保障养老金和社会保障金的实际回报;

——关注社会各阶层,特别是缺乏金融服务的部门。

服务实体部门所需的转型

亚洲金融转型是多方面的,并且将持续几十年。

由于内部和外部的原因,亚洲金融市场改革已是当务之急。在亚洲,决策者认识到缺乏深度和流动性的资本市场阻碍了国内效率和增长。强大的资本市场,尤其是国有的,可以帮助改善公司治理,它们将受到市场的考验和纪律约束。深度和流动性的债券及衍生产品,对于资助长期社会基础设施和提高货币和汇率管理两方面,是有必要的。

外部方面,发达市场正在对亚洲经济体施加升值压力,并要求亚洲采取更为灵活的汇率制度,以纠正全球经济失衡。亚洲已建立了庞大的官方储备,作为对资本流动波动和国内汇率的投机性攻击的自我保险。然而,这些高外汇储备有很大的机会成本。没有人愿意看到巨额外汇储备下降的潜在性会动摇全球市场。没有人怀疑亚洲资本市场的薄弱会对全球产生系统性风险。

几乎所有亚洲快速发展必需的改革条件都已具备。储蓄充足,同时技术对于迅速升级现代金融市场硬件或软件是可行的。甚至改革的先后顺序也是大致了解的。外汇市场和政府债务市场应以货币市场作为前提条件,同时发展企业债券,股权和资产为基础的债券市场,以及复杂的衍生产品市场(Karacadag 等,2003)。

我们需要的是提高技能、允许竞争(推动创新),以及以区域合作为基础的工作(金融转型)的政治意愿。

亚洲金融体制结构的商业模式转型

亚洲在基础设施、城市化、提高能源效率和减缓气候变化、创新和创业的需求方面都需要金融部门的支持和宏观经济政策的调整来解决其中的挑战。

金融在实体经济部门的预算约束行为方面起着至关重要的作用。如果亚洲要拥有较高的工资水平、更大的平等、环境可持续发展和实现"亚洲世纪",亚洲金融必须作为一个资源消耗和信用文化的关键准则。这表明金融应像不同商业模式应用于不同经济部门一样,需要进行彻底改变。

零售及商业银行①

至 2050 年,零售和商业银行将两极分化,包括一些非常大的全球性的银行和许多为当地社区服务、规模较小的银行。金融创新将来自于信息和通信技术(ICT)的大规模改进。这将允许通过电话或网上银行直接为客户服务,使用基于网络和移动电话平台,实时监控风险,与社会互动。事实上,科技将成为银行业变化的主要驱动力之一。

技术将改变服务传达给民众的方式,它可以将知识和信息传达给原先受地理位置和不良通讯约束的人。移动通信成本的迅速下降,意味着移动通信技术已成为穷人使用的最广泛的沟通网络。这在亚洲尤其如此,在中国、印度和东南亚,已经进行了有关手机银行相当广泛的试行。

就像移动通信技术在社交网络平台范围内结合支付和信贷服务,商业银行服务和个人融资也将发生改变。社区也在不断消除由传统功能性和机构性带来的合作、学习和进步的障碍。大规模信息共享也将改善信用文化的应用,并揭露系统弱点,如腐败和不良行为。百科全书型的非政府、非营利组织将与以利润为导向的银行共存,此类银行给人们提供小额信贷和金融服务,这些方式此前从未存在过。

在亚洲,本地和外国银行需要满足城市中产阶级更加丰富且越来越多的需求,同时要给人口老龄化的亚洲提供服务:

◆提供简单、方便且值得信赖的消费银行,该类银行需提供简单且容易理解的理财产品,收取合理的中介费并且具有长期风险调整后的积极回报。

◆帮助亚洲私人投资者和机构,使其投资组合多样化。亚洲对外投资组合和直接投资将是主要的资本外流,但现在还没有为世界认同。随着中国、印度和其他亚洲经济体中的中等收入人群开始开放资本账户并使本国货币国际化,全球资产管理的投资组合会经历从量到质的巨变。

◆通过维持其受托责任、客户服务的信赖度和金融包容性以回归到长期以来的道德价值观的基本点,尤其是银行应减少通过高净息差和费用而获得的储户和投资者

---

① 微型金融和邮政服务储蓄类活动包括在这一类,它们提供资金给家庭和商业部门,除此之外还提供支付服务,如信用卡和借记卡。

"税收"。

◆为中小企业(SMEs)提供更多的金融建议,同时协助亚洲企业合并重组,使亚洲更加全球化和具有竞争力。

◆为亚洲巨大的基础设施建设需求和城市金融需求提供服务。

◆改善支付系统和国内业务,使其符合国际标准。

◆提高风险管理、监管质量和运营效率,使其满足国际标准。

◆形成本地化和区域化的金融创新,以满足客户需求。

◆提高人力资源技能。

正如第九章所述,城市化将是亚洲社会变革的驱动力。到2050年,城市人口将增长近两倍,达到30亿人,相当于亚洲人口63%将是城市人口。城市化需要在社会基础设施上的大量投资,包括住宅、商业楼宇、运输系统、公用事业、基本保健和教育。这将需要巨额资金,从简单的住宅和商业地产,到大型基础设施项目。由于城市变得更加复杂化,在人口集中的风险管理上,保险业将扮演重要角色。具体说来,商业银行将不得不解决包容性金融难题,这个问题是很难解决的。世界银行估测在低收入国家有70%的中小企业(SMEs)没有获得基本金融服务的渠道。在东亚,39%的人口可以获得银行服务,南非的这一比例只有24%(Shapiro,2010)。大部分亚洲发展中国家仍依靠"灰色"甚至是非法的金融提供服务。

中小企业的融资服务面临很多障碍和挑战。在大多数国家,传统金融系统对投资中小企业关注很少,因为提供该类服务的风险和成本都很高。银行喜欢借钱给大型企业,因为他们有担保品和一定的可以降低交易成本的规模。中小企业也不能通过传统股票市场获得资金。通过政府干预,直接贷款给中小企业,或实行利率上限,或政府支持的信用担保计划,都没有取得大的成功。有必要重新思考,寻找支持中小企业发展的新的方式。

中国、印度、日本和韩国的经验表明,如果培育中小企业发展与全局政策联系在一起,资助计划是能够成功的(Garcia Fontes,2005):

◆提供资金给中小企业应该是促进中小企业长期发展战略的一部分,旨在创造一个竞争激烈的商业环境,促进大型企业和中小企业间的紧密联系。中小企业应该是鼓励效率和竞争的供应链的一部分。应避免直接补贴。

◆信贷计划应该通过良好的资本和专业管理机构来引导在评估贷款申请时,必须采用以市场为基准的标准。

◆应协助中小企业通过建立透明的会计信息来明确业务计划,以获得贷款资格。

◆在可能的情况下,ICT技术以及会计和信息披露,应该被标准化并进行应用,这样可以使中小企业通过最新的网络技术获得全球市场信息。应该提供传送服务来支持中小企业,其监管职能应该基于网络或移动电话,以降低中小企业的交易成本。

为了实现上述前景和吸收市场较高的波动风险,银行体系的资本充足比率需要比现在高很多,可能是风险资产的 10%—15%,但目前只有 7%—8%。特别需要指出的是,为了解决系统性风险问题,金融监管必须是严格的。

投资银行

亚洲的投资银行仍然处于发展初期并且依赖于非亚洲参与者。理由非常简单:亚洲金融部门的开放竞争不足,金融知识深度十分有限。从操作层面上来看,大多数亚洲经济体实施的是美国格拉斯—斯蒂格尔法(Glass-Steagal Legislation)的变种(现在已经废除),要求分离商业银行和投资银行。但是得益于企业部门的重建、合并、联合或者追求更多的资本,资本市场活动和投资银行变得日益重要。

大衰退的后果表明亚洲内部需求和供给的彻底重建需要条件。首先,出口到发达经济体不再成为增长的基本引擎,各国需要更加强调刺激国内消费和出口到新兴市场,从而保证经济的快速发展步伐。其次,根据气候变化和日益严峻的资源限制,转化生活方式需要更高的能源利用效率、更少的碳排放、节约水和其他自然资源——简而言之,需要发展绿色经济。并且工业需要由基于廉价劳动力成本型向高知识密集型和绿色工业转型。

如此种种,需要投资银行扮演一个工业变迁的催化剂和促进者角色。2009 年麦肯锡的估算表明,亚洲占全球企业银行收益的 36%,占全球股票资本市场收益的 21%。据估算,到 2014 年,45% 的新增全球大规模银行将会出现在亚洲。国际性的投资银行也向亚洲倾斜并支配着一些东盟(ASEAN)企业银行业务。

关于资本市场,其核心的争论问题是:进行所有权交易的金融机构,其金融稳定性应该被公众隐性或显性地监管到何种程度? 资产交易可能是独立盈利的,但长期来看这是一个零和博弈,只有实体经济产生新的资金来源支持日益增加的债务负担才能支持下去。问题在于,投机交易最初具备提供流动性和发现价格的社会价值,但是一旦其发展到一定阶段,投机利润的积累将会成为交易类型和实体经济中的生产性投资转化为投机和赌博性投资的指导动机,这就会催生巨大的经济泡沫。

因此,亚洲的挑战就是区分投资银行的优先交易业务和其在任何金融机构和公共安全网中扮演的咨询者角色。亚洲政府应该怀着轻松的态度,允许更多高风险金融领域中高回报的私人自发行为,但是必须明确的是这种行为是在缺乏任何为了规避道德风险的隐性或显性公共监管下进行的。

资产管理和资本市场

资产管理产业是全球资本市场形成的一个核心,它在近 30 年间取得了快速的发展,并处于一个空前的金融创新和自由化进程中(McKinsey Global Institute,2010)。

2001 年至 2008 年,全球资本市场总资产(保险业除外)从 107.3 万亿美元增长到了 252.9 万亿美元,其中商业银行资产占总资产比例从 35.3% 略微增长到 38.1%(见表 10.3)。2008 年证券行业资产占比 61.9%,但是该行业内部力量对比发生了实质性变化。2001 年,股票市场资本总额占总资本市场的 26%,但是到了 2008 年已经下降至14.2%。债务市场仍然占据约为三分之一的市场份额,金融衍生品市场价值增长了 8倍,其所占比重由 4.3% 跃升至 14.9%。

表 10.3 2001 年和 2008 年的全球资本市场

	2001		2008	
	万亿美元	占总量百分比(%)	万亿美元	占总量百分比(%)
股票市场资本化	27.9	26.0	35.8	14.2
债务证券未偿贷款	36.9	34.3	82.9	32.8
衍生品市场价值	4.6	4.3	37.8	14.9
证券市场总额	69.4	64.7	156.5	61.9
商业银行资产	37.9	35.3	96.4	38.1
金融市场总额(保险业除外)	107.3	100.0	252.9	100.0

资料来源:证券业与金融市场协会:《资料手册 2009》,证券业与金融市场协会,纽约。

如果金融衍生品市场价值按照衍生品名义价值估算的话,该市场价值约为 649.8万亿美元,是其 2008 年末总市场价值的 17 倍,不论是计算绝对还是相对价值,都比股票市场资产总额还大(Securities Industry and financial Markets Association,2009)。

发达市场在金融资产上扮演的主导角色部分地反映在它们的财富和老年人口数量,以及由此导致的退休金和退休基金增加上面。例如,2008 年末,美国家庭退休总资产达 13.9 万亿美元,大约占 GDP 的 100%。而交给基金管理的全球退休总基金为21.6 万亿美元(McKinsey Global Institute,2010)。

因为亚洲地区的人口和长期经济前景的变化,该地区基金管理产业的长期前景是光明的。亚洲的腾飞和中产阶级的增长意味着高净产值个体数量在快速增加。

过去三十年中,亚洲得益于不断增加的、年轻的和流动的劳动力即人口红利。1970年,40% 的亚洲人口低于 15 岁,但是到 2007 年这一水平已经降到了 24%,这意味着更大比例的年轻人已经成为劳动力。从 1970 年到 2007 年间,65 岁及以上的人口比例仅仅从 4.1% 增长到了 6.6%(United Nations,2005)。家庭赡养人口比例仍然很小,但是随着北亚地区老年人口的增多和中国的独生子女政策,人口增长将会减缓,同时人口红利会快速地转化为负担,这和发达国家情况类似。比如,据估计,到 2050 年巴基斯坦劳动人口将会增加 99%,而日本则会减少 33%。

金融服务的需求随着人口结构的变化而快速改变,因为更加年轻的人口结构需要更好的支付服务、住房抵押贷款和教育金融服务。由于人口结构中年化并接近退休,金融需求将会转化为理财产品、退休基金、保险产品(包括健康和医疗保险)。

老龄化社会最大的教训是金融储蓄必须确保在一个人口周期所需的净价值收益率,也就是说需要有正净利润率和相对稳定的汇率。此外,类似于养老金和资产管理基金这样资产的分配政策不应该由限制它们寻求收益(而这恰和它们的人口目标一致)的方式来管理。

例如,城乡间的移民会增加社会保障网络的需求,以此为不断增加的、迫使自己在城市生活和工作的工人提供不同种类的保障网。

亚洲在长期性财富管理能力上尚显薄弱,其基金管理、保险和退休金计划缺乏制度深度,它们被一些过度保守的投资组合所限制,一些则被资本控制所束缚。必须实施资金充足的退休金计划来满足社会老龄化人口的需要。许多亚洲经济体中更强大的退休金和保险计划反过来也需要发育成熟的资本市场。否则,资本可能流出这一市场并且中间成本会上升。这些为在老龄化时代提供安全网络的以市场为基础的工具,对于亚洲人民降低储蓄率进而帮助减小全球非平衡也是必不可少的。

除了人口红利带来的高储蓄率,亚洲自身投资并不充分。对于亚洲,其中一个优先任务就是允许更多的私人参与并解除对退休基金产业的各项束缚,建立强大的资产管理和退休基金产业以扩大选择范围和吸引外国投资。

发展金融和政策性金融机构

过去三十年中市场性金融系统方向的努力初见成效,发展金融机构和政策性贷款很大程度上丧失了其在国家层面的作用。邮政储蓄银行已经商业化并逐渐私有化。一些发展银行已经步入为大量公共基础设施建设和微观金融筹资的时代。

大衰退表明商业银行能够解决所有金融需求的假定存在严重缺陷,特别是在满足中小型企业的融资需求方面存在很大的问题。在政府层面,依然存在城市化、当地基础设施建设和气候变化项目的融资缺口,商业借贷市场或者商业银行都不能填补这些缺口。

城市化融资的本质将会通过当前的途径变得不同。因为城市化是政府最基本的挑战,资源不得不被分享,依据过去的方式和集中化的财政系统分配下去。城市化的核心问题是当地政府的融资,特别是地方和国家层面的融资,不管是通过中央政府拨款、共享财政收益还是创建地方借贷市场。私人和公共部门必须开始建立合作关系并投资于技术革新的、环保和商业可行的城市基础设施建设项目。用短期银行贷款对这些长期性、高风险项目进行融资,将会使金融系统暴露在不必要的风险中。

此外,基础设施建设同时在国家和地区层面上大量增长,并促进亚洲的连通性。地区间通过亚洲高速公路网、沿海交通网、空中交通网和电讯联系在一起。大多数亚洲地区缺乏交通设施、水、电以及其他公共基础设备,这些都是达到中等发达国家所必需的。

长期基础设施建设项目被长期融资有限可能性以及政府管理能力和项目持续性融资所限制。事实是,管理机制、科技和过度储蓄在亚洲同时出现,但是金融机构和体系还没有建立,同时促使这些方面得到发展的政策也还没有制定。

因此,亚洲金融发展具有巨大的契机,共同为基础设施建设创造长期金融市场,这将成为亚洲实体部门和金融市场增长的引擎(见专栏10.1)。

另外一个挑战是调整基础金融以适应气候变化和全球变暖。这必须通过结合主要的结构性和财政性的政策来进行,从而转变动力向绿色、高能效经济体发展。

专栏 10.1 基础设施金融

亚洲开发银行预计亚洲和太平洋地区"城市基础设施赤字"为600亿美元。今后40年,包括农村和区域间的基础设施建设在内的投资需求可能是这一估计值的数倍。这在储蓄上并没有缺口,缺乏的是持续为基础设施建设提供资金的机制。在国家和地方层面来设计、融资和实施项目都存在大量的能力限制。毫无疑问,亚洲地区大量的基础设施建设项目必须要有私人部门参与和公私合作的支持。但是,实施对于完成亚洲2050目标有效的、必需的基础设施融资框架会遇到很多障碍。

基础设施私人融资的障碍

由于基础设施建设投资的回报周期较长,一般长达20余年,这就必然会出现项目完成延期、成本提高、威胁项目现金流的政策性风险,这些都增加了项目融资成本并降低了项目的可行性。

急需基本基础设施的低收入国家陷入了这样一种困境:由于承受水平很低,收益不足以抵补投资成本。因此,减少了私人可以承担的商业可行项目的数量,除非有政府合作融资或担保。这些措施需要克服谈判的困难,并且涉及错综复杂的中央和地方政府收益支出共享等问题。就如曾经所说的那样:"……核心问题不是公私对立,而是他们采用一个双方都能接受的方法共担风险和收益,以及公共部门如何驾驭由私人部门带来的效率增加。融资的来源和所有权是第二位的问题。"(ADB、World Bank 和 IBIC,2005)

同时,私人自发性应该包含公共金融市场。说到底,公共金融市场可以协助完成项目并且帮助投资者建立对新的基础设施项目的信心。

为基础设施融资、公私合作和公共金融市场创造良好的环境

重要的是利益共享者之间合理分配角色和责任。

设计框架包括:

当地政府金融和监管改革,特别是要进行更严格的金融监管;会计制度的现代化;推进项目的计划、实施工程操作;更严格的支出控制;更强的透明度和审计制度;

当地政府从银行或资本市场借贷的法律和法规框架,包含借款权力、发行规则、披露和透明度、税率、信用许可业务、记录留存、信用评级要求(如果有的话);

决定借款发生条件的明确而有力的规则,包括披露和公共发行规则;

专项基础设施建设、市场中介人和中央基金,这些都有助于地方和基础设施金融市场的发展。

伴随着气候变化的不可预知性和风险,短期利益导向的商业和投资银行不太可能涉及这些风险高、期限长但收益低的领域。发展知识密集型部门的专门技术,比如气候变化、森林重造和生态可持续项目的需求是必然的,亚洲政府应该选择性地复兴和变革政策性金融机构的角色并给它们指明新的方向。

保险业

亚洲的保险水平还很低。

保险业包含财产和人身意外事故业务、生命和健康保险以及再保险。2009 年保险业全球总收益达到 4.1 万亿美元,其中,再保险收益约为 2000 亿美元。2007 年末,保险行业总资产达到 18.5 万亿美元。

近年来,通过保险产品证券化,保险产品和资本市场产品的界限变得模糊了。这些与保险相关的证券是一个新兴的领域而且近期已经达到了约 500 亿美元的不菲数目(World Economic Forum,2008)。

保险业获得了快速的增长,但是受到了低投资收益率、大量失败案例和大衰退的影

响。伴随着一些公司的失败,保险规则变得更加国际化。

　　无论是生命还是非生命的产品,亚洲保险业突破的潜力是巨大的。2008 年,亚洲的保险总收益占其 GDP 比例为 6%,非洲为 3.6%,但美国达到了 7.3%,欧洲为 7.5%。近年来,伊斯兰(Islamic)保险业增长年均达 25%。

　　由于全球变暖带来的自然灾害影响不断增加,因此气候变化相关风险的保险和再保险存在相当大的市场潜力。例如 2008 年,世界范围内人为的和自然的灾难造成的经济总损失达 2690 亿美元。

　　保险部门主要通过提供风险保护、预防损失和改善气候变化等服务获得收益。过去二十年中,世界上与气候相关灾难的保险损失由 1970 年至 1989 年每年 51 亿美元跃升到每年 270 亿美元(Swiss reinsurance,2010)。根据气候应对经济工作小组 2009 年的估算,目前的气候风险占据了新兴市场 GDP 的 1% 至 12%。到 2030 年,更加复杂的气候变化情况会把成本提高到 GDP 的 19%。联合国估计,到 2030 年世界每年会用额外的 360 亿美元至 1350 亿美元来用于应对气候变化的影响。

　　保险形式的创新能使人们对于灾难更有承受力,迫使他们通过模型化、价格化来应对气候变化风险。比如,一个专业小组估计,在马哈拉施特拉(Maharashtra)地区——印度的干旱易发区,一个极端事件如 25 年一遇的干旱可能影响 3000 万人(或者说总人口的 30%)并导致口粮减产达 30%。

　　保险市场可能是知识密集度最高的金融部门,其基本的角色是风险转移。为了应对具体的风险,必须投资一定的保险金来获取收益,并提供一个能够满足其支出的储备金。保险行业的知识化技能,特别是风险管理和保险精算技能,目前主要存在于发达市场,这种状况需要得到改变。因此,亚洲保险业彻底的转型应该得到更多的政治优先权。

汇率和结算系统

　　股票交易所和结算处形成了最重要的股票和金融产品交易中心。近年来,股份化和市场化动向伴随着更高的资金流动和质量,导致了全球基础上的更多并购、交叉持股交易。股票交易所也加强了普通股票、认股权证、金融衍生品和商品向单一结算平台演进。新兴市场中借贷项目也在许多股票交易所进行交易。

　　金融衍生品和国外交易市场仍然很大程度上是场外交易。2008 年,所有金融衍生品名义价值达到 649.8 万亿美元,其中 91.1% 是通过场外交易而实现的,它们大多数是在发达市场中进行的(SIFMA,2009)。

　　大衰退引起了金融监管者对金融衍生品在低透明度下完全进行场外交易系统的重

新思考。现在更多人意识到一些场外交易活动属于欺诈和操纵市场,因此金融衍生品交易需要转向交易所和集中化的结算中心(在可以实现的地区)进行,从而使市场更加透明化。

亚洲的竞争和合作正在创造并购以及交易和结算业务的升级。最新的案例是新加坡交易中心接管美国股票交易中心的尝试。科技手段和交易程序的联营将会促进亚洲金融市场的流动性和透明性。

区域合作和亚洲的全球金融领导力

如果亚洲想在全球金融系统中扮演领头羊角色的话,金融部门需要实质性的变革。一般而言,这样的变革都是国家性的,许多也需要依靠地区间的合作和非亚洲的参与者。

特别地,亚洲金融系统缺乏大量核心的研究、经验和成为金融领域领导者的技能。但是,国界不再约束知识和人才。为了赢得规则制定权和领导地位,亚洲必须处理地区间缺乏金融合作的问题,包括货币制度安排。

地区间金融服务交易被规则和制度障碍所约束。每个亚洲经济体在针对过早金融自由化冲击其金融稳定性的谨慎态度是可以理解的,但是如果独立应对的话,许多更小的市场会因为太微不足道而不能获得国际竞争力。

从宏观的角度来看,地区间金融改革的关键点包括以下内容:

◆减少全球承受水平的不平衡,允许市场力量的参与,实行更加灵活的汇率制度和资本项目分阶段开放(Phased Liberalization);

◆通过更强的市场竞争和实行国际规则标准来提高总体金融效率;

◆保证利率、汇率、税率和规则成本/政治因素不会破坏存款者和投资者的长期持续收益率(风险一致性);

◆为了银行和金融部门的长期金融稳定,加强对资本市场"大而不倒"问题的管理,包括创建拯救失败机构的机制;

◆通过对风险管理机制、风险基金结构、对冲基金结构的深化和自由化来改善长期投资者的回报;

◆针对亚洲人的更长寿命和更低的退休年龄,深化长期社会证券和退休基金的制度能力以向投资者传递在整个周期内的正向风险调整收益。

为确保政策和开放地区化和全球开放水平一致,透明度和公平性要求实施如下措施：

◆资本市场更大地向私人竞争和参与开放，特别是在地区间和国家间的开放。这会深化金融创新并提升制度能力。

◆培育金融市场基础设施的更大区域间合作，特别是着力培育亚洲地区的领导性市场建设，比如中国、印度、印度尼西亚和日本。

◆提高风险管理水平。伴随着越界操作的标准化——包括银行、金融机构、保险代理处甚至是中央银行——这些由金融障碍造成的问题应该缓减。

◆创建开放的股票、借贷、商品和衍生品市场地区网络。它们在规模、透明度、效率和稳健性都应该满足全球标准。这就表明要加快区域间股票市场、结算设施的集成，以及升级到国际级标准。

◆多管齐下实现自由化，完成结构性、制度性和管理改革。

◆对更多的私人退休金和社会保障基金管理开放财富管理容量。允许退休金、保险、长期基金投资高风险的金融产品，为长期储蓄者带来长期调整收益。

◆敦促保险公司开发农业和气候变化方面的风险管理产品。

◆通过金融稳定委员会（Financial Stability Board）下的区域组织、国际结算银行（Bank for International Settlements）下的中央银行组织以及国际证券委员会组织（International organization of Securities Commissions）来提高亚洲在国际舞台上的发言权，确保地区性建议转变成全球性政治决策，同时保障全球标准在亚洲的执行和加强。

亚洲地区间合作特别是金融安全网制度化的时机已经来临。亚洲金融危机期间，发达国家强烈反对成立亚洲货币基金组织（AMF）。但是随着欧洲金融稳定基金的建立，全球对于地区性金融安全网（能够和全球金融安全网共存，国际货币基金组织就是其顶峰）的建设不再反对了（Gros，2010）。换句话说，或许正是时候考虑将清迈倡议多边化（Chiang Mai Initiative Multilateralization）扩展成为亚洲金融安全网，和欧洲金融稳定基金、国际货币基金组织共存。倡议秘书处、东盟"10+3"宏观经济研究室（AMRO），可以作为亚洲金融合作、区域监管实施、相关论坛的合作角色的政策研究中心，例如东亚和太平洋银行执行会议（EMEAP）等。

地区间合作制度化的努力还有相当大的余地，以建立长期基础设施基金框架，和亚洲开发银行密切合作处理人口结构变化、城市化、地方融资、基础设施、产业重组和气候变化问题。

这两条轨迹上的不断进步还有余地，包括政治领导能力和技术引领者（尤其是贸易和中央银行团体）。

在政治层面上，清迈倡议多边化，东盟"10+3"宏观经济研究室和东盟债券市场的建立代表了最明显的地区推动区域金融稳定性要求的特性。其他倡议包括领导者视野中的东盟经济群体蓝图,希望东盟完成向一个有竞争性的单独市场和产品基地的转型,并到2015年充分整合成全球区域。东盟货币和金融集成路线图包括尝试加快推进区域资本市场发展、资本项目自由化、金融服务自由化和东盟货币合作。

地区中央银行取得了令人鼓舞的进步,尤其是2006年亚洲地区金融合作的EMEAP(东亚和太平洋银行执行会议)发展路线图。这一路线图最早的成果是2007年EMEAP货币和金融稳定委员会的建立。它作为该地区一个危机管理和解决的提前预警系统,包括实时分享它们自我显露的金融市场发展信息并作出适当的调整干预。它弥补了东盟和东盟"10+3"的地区监管过程中的缺陷,并作为亚洲金融稳定论坛或委员会的先行者。

虽然亚洲在加强地区金融合作上不断进步,但其步伐仍由政治意愿水平和推行的承诺决定。可以预期,十年内经历两场危机的洗礼刺激了亚洲金融体进一步强化团体合作并实现其向前发展的承诺。

总之,亚洲金融整合过程必须从根本上依赖亚洲机构深化水平,首先是国家层面,需要一个地区性或全球性的团结合作的眼光。

亚洲金融2050年优先行动计划

为使金融弥补和支持实体部门的活动,整个亚洲的金融基础设施到2050年必须集中投资在调动大量的地区资本上。目前的消费者金融需求是由私人自发发展的。但是,四个需要优先对待的区域包含中小企业融资、大规模基础设施融资、长期退休金、保险和社会保障改革。

短期来看,非亚洲全球金融机构会专注于吸收足够的短期资本来达到巴塞尔协议Ⅲ的要求,但是亚洲的成长机会则是强化亚洲金融市场的竞争。由于亚洲金融机构有合理的资本储备和外借能力,全球金融危机为亚洲创造了提前成为主要金融中心之一的契机。

亚洲资本市场的彻底转型是关键的——强大的股票交易市场会提升竞争性、增强合作管理;投资银行和风险资本会帮助巩固和重组许多产业,提高它们的容量并更新增长引擎使之满足绿色市场需求;深度流动的债券和衍生品市场会为基础设施建设融资提供通道。更加深化保险业、退休金、社会保障基金的发展,确保风险管理和退休基金得到强化。

既然规模大小和集聚对于金融事关重要,如果亚洲想要跟随欧洲和美国的步伐成为做市商的话,欧洲和美国在基础设施市场、制度发展、科技和交易实践、国际化标准、规则框架均有首创,而且这些机制都支持跨国联盟,那么亚洲必须不断深化资本市场的地区间集聚。

亚洲资本市场的发展应该从两个层面加以考虑。从国家层面来说,优先权是和当地条件相互联系的。但是改革的焦点必须集中在创造能够及时促进区域性或全球性集聚的条件。

为了发展股票市场,国内交易市场必须独立并挂牌,以便和亚洲其他主要的交易市场竞争。股票、债务、衍生品清算、结算的垂直和水平集成,是在公司化之前部分的合并程序。

监管方面,国家性资本市场改革包括对投资者的保护与国际标准接轨,特别是针对市场弊端的各种法律、规则的协调使用;企业说明书的发行;并购和接管;最终结算的安排;二级市场透明度;适当的交易和市场监管系统;发现和制止不公平交易行为的规则;金融披露标准。

规则和政策制定者应该对制度创新更加开放,允许更多的资本市场中介者进入,比如能够为行业巩固和重建带来风险资本和市场知识的私募基金。规则制定者不仅仅应该保护金融行业,而且应该允许其他部门的进入,比如电子交易平台和移动电话操作器,以此为金融服务交割和信用风险监管带来新的社会科技网络。

传统观点认为,银行更多的是依赖抵押品为基础的借贷,但是新的交易平台比如阿里巴巴、电子港湾(eBay)利用交易和现金流量信息来管理信用风险。现金流和抵押品信息对于接触者和中小企业的广泛可得性会形成一个信用文化和纪律。新型制度化改革包括交易平台对中小企业更高程度的披露,应用社会网络引擎促进低成本的登记、中小企业金融产品交易包括基金的兴起。

另外,金融监管方有必要建立更高质量和统一执行力度的市场准则和道德规则,并完成由正面监察监管制度(比如,什么是特别不被允许的,也就是禁止的)向负面监察监管制度(比如,什么是特别不被禁止的,也就是允许的)转化。这能够培育市场创新并加快市场发展。

阶段性地减少、消除资本控制或者证券投资组合限制(它们破坏岸上交易和离岸交易之间的流动性并增加了交易成本)将会成为更多跨境交易的基本要求。其他支持国内资本市场的措施在专栏 10.2 中给出。

区域性市场集聚速度取决于政治和组织层面上的协议和承诺,这些都以持续的基础设施改善为基础:

◆国家资本市场发展计划应该运用普通调控和操作标准,明确地为未来地区市场集聚做准备。

◆在正式的"整合实行"框架内,地区金融市场集聚策略应该公布,包括策略选择、实施途径、市场咨询、政策制定程序、市场安全监管和国际标准相协调以及实践和一系列一致赞同的核心原则。

◆在政治层面上磋商分阶段开放国家市场并实现地区间的自由交易。

◆挂牌交易所之间的合并和兼并。

◆地区性的或国家性的实体应该被允许在国内市场发行,以多边金融机构为首(比如,地区发展银行和基础设施金融机构)。优先权是为了向国内投资者提供一系列高质量资产;同时加强了市场监管者和中介人的信用度。

进行全球最优实践的重要性

亚洲最大的挑战不是缺乏制度,而是缺乏最适合当地条件的全球最优实践经验的实行。就像提议一套更简单的中小企业国际会计标准一样,其中一个问题是是否应该存在一个更加简单版本的核心监管标准,其中包含对新兴市场优先权的指导。

专栏 10.2　支持国内资本市场

扩大机构投资者基础可以支持国内资本市场的发展。具体措施包括:

◆为零售商提供新型可交易基金(交易所买卖基金 ETFs、不动产投资信托公司 REITs 等);

◆通过减少紧缩的个体投资者和政府的股权来提高市场的流通性和浮动性;

◆通过对私人共同基金适当的法律和规则监管和基金管理,以此开放市场准入;

◆发展私人退休金和社会保障基金;

◆保险公司和退休基金的投资选择多样化。

深化国内债券市场途径:

◆通过增强借贷工具的多样性和加大产出,在适当规范的监督下发行公司及市政债券;

◆消除税收破坏;

◆通过购回债券和流动性工具来提高流动性;

◆信息共享和国内外参与者的合作改善;

◆高质量发行的增加;

◆推进以披露为基础的规则;

◆强化和实施公司化管理标准。

其次,基础设施和执行能力需要加强,从而使系统的稳定和持续有更多的依法性和关注。亚洲需要一个在国家和地区层面上的关于金融稳定性的系统宽度的观点。国内金融稳定论坛有助于保证多变利益共享者的所有权并加强风险管理能力的实现。换句话说,强大的国际化网络必须以一个强大的有弹性的国内网络作为开端。区域性行为机构跟随着金融稳定平台、国际结算银行、国际证券委员会组织,扮演着一个为全球框架添砖加瓦的角色。具体来说,地区性安排会强化区域合作、支持金融稳定论坛在全球层面的考虑并激发培训和当地实施完成。

亚洲的地区和国际合作制度化将会充满挑战,因为它是一个地域广阔、文化多样、经济发展迥异、政治复杂的地区。尽管如此,人们越来越多地意识到许多亚洲经济体各自面临的问题不能由单独的国家行动来解决。各国之间的相互联系和相互依赖关系要求更高的对话和政策研究机制。由于金融发展水平和对该问题的理解迥异,亚洲地区积聚力量向国际标准迈进任重道远。

国际金融中亚洲的领导地位

总之,如果要实现"亚洲世纪",亚洲需要成为金融领域的全球领导者。这就要求亚洲各部门扮演好自己的货币和信贷监管的角色。

亚洲拥有独特的机会来建立一个更加精简、专注、负责、高效的金融部门服务于实体经济部门目标,而不是成为一个非稳定因素来源(像大衰退中一样)。金融部门一个重要的角色就是帮助国内经济对外部冲击更有弹性(Kohli 和 Sharma,2010),金融行业必须首先进行自我约束。

这些结果并不是必然的。只有依靠强大的价值系统、辛勤工作、政治愿望和自我约束来实现。综上所述,需要亚洲政策制定者、监管者和市场参与者之间共同协作,并与世界其他地区加强合作。

第十一章 节能和能源安全

侯赛因·拉扎维(Hossein Razavi):圣坦尼国际集团副主席、世界银行基础设施与能源局前局长

简 介

2000 年以来亚洲一直占据着世界能源消费的 20% ,2007 年这一数据上升到 27% 。据估计,2050 年的这一比重即将达到 40% 。2010 年,中国超过了美国成为世界第一大能源消费国,而根据国际能源署(International Energy Agency, IEA)的估计,2030 年以前,亚洲将超过经济合作与发展组织(以下简称经合组织 the Organization for Economic Cooperation and Development, OECD)成为第一大能源消费地区。

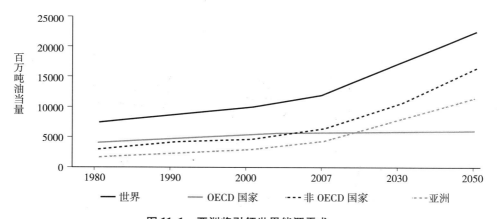

图 11.1 亚洲将引领世界能源需求

数据来源:国际能源署:《2010 年世界能源展望》,国际能源署 2010 年版。

亚洲能源消费的急速增长引起了地区乃至全球范围内的担忧,主要有以下两点:第一,这引发了日益增长的对全球能源资源配置和进口依赖性的诉求,引起了关于能源供给安全特别是石油和天然气供给的担忧;第二,这导致了碳排放量的飞速增长。国际能源署调研得出,2030 年,仅中国的碳排放量就将超过所有经合组织成员国的总和。

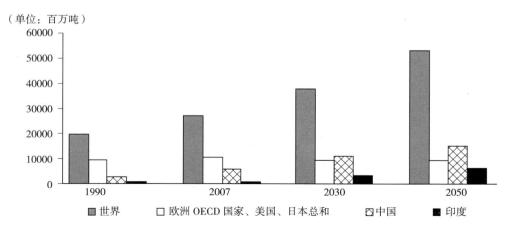

（单位：百万吨）

图 11.2　中印两国在与能源相关的碳排放量将激增

数据来源：1.国际能源协会：《2010 年世界能源展望》，2010 年版；2.圣坦尼国际集团估计值。

　　本章阐述了亚洲国家对节能和保障能源安全的需求，这包括提高能源使用效率和能源资源多样化等问题。未来的国家能源战略将首先强调提高能源使用效率，其次强调减少矿物燃料的使用。本章还勾勒了通过加强区域合作实现巩固能源安全的蓝图。区域合作的形式应该为整个区域打开双赢的局面。这将有助于帮助政府提高其能源安全战略的有效性，并使得私人部门抓住这个空前的机遇更好地响应新能源技术的巨大投资需求。

历史的角度：40 年的演变

　　概要地看过去 40 年来亚洲能源消费的总体情况，在能源使用的地域性和燃料合成物、亚洲国家面对新的挑战的方式上都有了巨大的转变（见图 11.1）。发达经济体对于解决能源安全问题的经验帮助了很多其他国家制定它们的政策。日本的能源使用在 20 世纪 70 年代就已经成熟。这引发了政策向能源使用效率和多样化的倾斜。韩国借鉴了日本的经验，使得韩国能源消费在 1970 至 1990 年的两个十年内翻了四番。韩国的经验现在已经被认为是提高能源效率和多样化的最好实践。虽然日本、韩国和其他高收入亚洲经济体仍然在能源安全问题上挣扎，但关于能源供需等方面的讨论在现在中国和印度的发展模式上都占主流地位。对于中印和大多数东盟（Association of Southeast Asian Nations, ASEAN）国家，能源安全方面的考虑在近十年逐渐显现，这主要是由未来的 40 年对于能源需求的急速增长导致的。

表 11.1　亚洲过去及未来的能源供需情况

	1971	1980	1990	2000	2007	2030	2050
亚洲能源需求（百万吨油当量）	1189	1585	2220	2910	4242	7980	11480
亚洲高收入经济体	311	421	591	674	806	901	966
中国	391	603	872	1105	1970	3637	5011
印度	156	207	318	457	622	1341	2389
东盟	86	149	243	389	513	903	1177
中亚	61	95	198	128	159	256	385
伊朗	17	38	68	120	194	373	565
亚洲能源供给结构（%）							
煤炭		36	40	42	47	48	50
石油		25	16	17	20	21	20
天然气		4	9	10	11	12	11
核能		3	6	5	4	5	7
水能		4	3	2	2	2	1
生物能		28	26	24	15	10	7
其他			0	0	1	2	4
亚洲电力消费（Twh）	765	1346	2327	3294	5511	14161	22318
亚洲高收入经济体	408	742	976	1012	1128	1411	1746
中国	127	259	586	1081	2717	7513	10630
印度	55	90	197	369	544	1966	3440
东盟	29	55	167	321	497	1383	1956
中亚	38	63	162	124	152	443	715
伊朗	8	21	53	101	145	332	544
参考能源消费（百万吨油当量）							
世界	5533	7228	8761	10018	12013	16790	22288
OECD	3357	4050	4476	5249	5496	5811	6011
美国	1587	1802	1913	2280	2337	2396	2412
非 OECD	2176	3178	4285	4769	6517	10979	16277

资料来源:1. 国际能源署:《2009 年世界能源展望》,国际能源署 2009 年版;2. 国际能源署:《2010 年世界能源展望》,国际能源署 2010 年版;3. 美国能源信息署:《世界能源展望》,美国能源信息署 2010 年版;4. 世界银行:《经济知识指数》,世界银行 2010 年版;5. 圣坦尼国际集团估计。

高收入亚洲经济体

高收入的亚洲经济体包括中国香港、日本、中国澳门、韩国和中国台湾①。日本和

---

① 新加坡和文莱在数据统计时并未加入东盟。

韩国占据了该群体90%以上的能源消费。日本本身受限于本国能源资源的匮乏,严重依赖能源进口。它是世界第三大石油进口国,仅次于美国和中国,且是世界第一大液化天然气(液态天然气)和煤炭进口国。日本关于能源安全的考虑远远大于其他国家。这也使得日本制定了一系列迫切的关于能源多样性、能源有效性和进口能源安全性的政策。这些政策也在使用多种手段加强能源安全方面做出了先锋表率作用。

日本的能源结构主要依赖石油。而石油在整个能源消费的比重上反而从1970年的约80%下降到了2007年的46%。煤炭则一直以来都占据了21%的重要地位,天然气在能源供给中占17%,核能占11%。日本是仅次于美国和法国的世界第三大核能消费国。核能的使用被看做是能源行业低碳化的重要衡量指标。然而,由2011年3月日本大地震引发的核泄漏事故对日本未来能源发展战略起了重大的影响。能源有效性的改善是日本能源战略的基石,鉴于它的能源强度和工业化程度,日本被看作是世界上能源利用效率最高的经济体。

日本的能源战略鼓励了日本公司开发能源并在全世界开发项目以保证本国石油和天然气的稳定供给。日本政府的目标是提高日资企业掌握该国原油进口比例,由现在的19%提高到2030年的40%。日本国际协力银行(The Japan Bank for International Cooperation)支持这类上升企业并对其提供优惠利率的贷款。日本海外石油项目主要集中在中东和东南亚地区。现在的石油进口80%依赖于中东(沙特阿拉伯、科威特、阿联酋、卡塔尔和伊朗)。

韩国同日本一样,由于国内缺乏能源资源而实施了相似的能源安全战略,只是在时间上、发展和收入水平上比日本落后些。它是第五大原油进口国和第二大煤炭与液化天然气进口国。在韩国的能源消费结构中,石油占45%,煤炭占27%,天然气占14%,核能占14%。石油的进口75%依赖于中东地区。为了改善该国能源安全,国有石油、天然气和电力公司积极扩张,寻求海外机遇。政府也通过税收优惠政策鼓励私人部门的扩张,韩国进出口银行(the Korea Export-Import Bank)为石油公司增加信用额度,同时也为海外的磋商提供外交援助。韩国在墨西哥湾地区、越南、加拿大、秘鲁和哈萨克斯坦等地区均有石油利益。

韩国被认为在提高能源使用效率方面有着先锋表率作用,因为它实行了激进的多元化战略,拥有世界第六大核能容量。1978年建立了第一个核能机构,近三十年来在核工业的发展上配置了大量资源。韩国现在拥有4个核电站,20个核反应堆,2022年将再增加12个反应堆。核电在整个电力系统中占的比率将有望由2007年的35%增长到2020年的50%。然后,这个目标也因受到了2011年3月日本大地震引发的核事故的影响,将被重新评估。

149

由于迫切需要成为核技术的世界领导者,韩国开辟了不同的发展路径。2009 年 12 月,韩国电力公司(Korea Electric Power Corporation)赢得了一份价值 200 亿美元的在阿联酋建设 4 个 14 亿马特核反应堆的合同,第一个核反应堆将于 2017 年投入使用。

中国

中国巨大的人口基数和飞速的经济增长成为其持续性能源需求的主要因素。能源消费的增长率从 2000 年起显著加快。能源需求的平均年增长率达到了 8.7%,而 20 世纪 90 年代,这个数字只有 2.2%。

中国的能源需求结构很特别,主要是因为工业占据着最大部分的能源消耗(60%)。2007 年,它消耗了 7.27 亿吨的油当量,使得中国成为目前为止世界上最大的工业能源使用者,紧随其后的是美国,美国 2007 年工业耗能 2.92 亿吨油当量。

中国的工业,主要是水泥、钢铁、铝业,在 2000 年至 2007 年增长非常迅速,且它们的能耗也翻了一番。交通部门的能源使用在 2007 年达到了 1.58 亿吨油当量,占总量的 11%,显著低于其他的工业化国家交通占比。这个比重应与客用交通工具增长速度一致。政府的政策主要着眼于高质量的公共交通系统和鼓励发展更有效的交通工具技术上。

从 2000 年到 2007 年,电力供应强度增长了 14%,达到 718 千兆瓦(gigawatt,GW),其中煤炭 556 千兆瓦,水利 148 千兆瓦,核能 8.8 千兆瓦,风能 4.2 千兆瓦。火力发电占供电总体的 81%,这就导致了平均每千瓦时 777 克的二氧化碳排出,而世界的平均水平只有 507 克。水电和核电分别占 15% 和 2%。2006 年,政府提出了关闭小型及耗能发电厂的政策,伴随这个政策而来的是新的发电厂必须达到 600 兆瓦的发电量,并且使用新技术。风电发电量仍然占比较小的比重,与此同时我们需要注意的是在 20 世纪 90 年代中期,中国的风力发电几乎不存在,虽然现在所占比重较小,但在世界水平上却是最高的。中国现在几乎都是用本国的技术在制造风力发电设备。

印度

印度的能源消耗从 2000 到 2007 年每年以 9% 的速度增长。家庭和服务行业占了能源需求的 50%,石油、电力和生物能源是主要的几个组成部分。2007 年,工业占整体能源消费的 38%。电力虽然仅占工业能源消费的 15%,但是却代表了整体能源消耗的 45%。交通运输行业占能源需求的较小比重,2007 年的数据显示,其仅占能源需求的 11%。

印度的能源消费计划在所有的基本能源使用上显示出了极高的增长。煤炭的比重将有望从 2007 年的 40% 增长到 2050 年的 48%。石油的比重将稳定地保持在 24% 至 25% 之间,天然气的比重将从 5% 到 7.5% 的小幅度上升。国内对矿物燃料的供给将小于相应的需求,这也就增加了对进口的依赖度——已经是一个不可小觑的问题。特别是石油的进口将从 2007 年的 230 万桶/日(million barrels per day, mb/d),到 2030 年的 600 万桶/日,直到 2050 年的 1500 万桶/日。

2008 年印度的电力供给容量为 1430 亿瓦特,由 53% 的煤炭,25% 的水力和 10% 的天然气,8% 的可再生能源,3% 的核能和 1% 的柴油组成。从 2000 年到 2007 年有了显著的增长(270 亿瓦特),但却没有跟上不断增长的需求。风力发电容量,虽然仍然相对较小,但已经有了令人惊喜的增长,这显示出该国采用新技术的很大成功。电力供应将需要继续加大以适应经济增长的需求。然而,如果该国能更依赖先进和可再生的能源,那么该国将有很大潜力降低它的能耗和碳排放强度。

东盟国家

40 年前,东盟国家是石油和天然气的主要出口国,但是现在整体而言,是石油净进口国,且在未来 30 年内极有可能变成天然气净进口国。1996 年,东盟国家的石油产量达到了顶峰,即 290 万桶/日。从那时起,产油国开始为维持输出而开展了大量的勘测和开发活动。但 2008 年的总产量仅有 270 万桶/日,其中印度尼西亚仍然是最大的产油国——100 万桶/日,紧随其后的马来西亚 80 万桶/日,越南 40 万桶/日,泰国 30 万桶/日,文莱 10 万桶/日。东盟总进口量为 90 万桶/日,主要来自中东地区。

石油的进口需求将在 2030 年达到 390 万桶/日,2050 年这个数字将上升到 540 万桶/日,相对应的石油进口依赖度也将从 2008 年的 25% 上升至 2030 年的 73%,2050 年的 88%。届时,除了文莱,所有的东盟成员国都是石油净进口国。

从历史的角度来看,东盟国家拥有世界液态天然气出口的主要资源。该地区的天然气产量在过去的二十年来每年增长 7% 左右,在 2008 年达到 2000 亿立方米。天然气资源和产量主要来自印度尼西亚、马来西亚和文莱,它们也是主要的液态天然气出口国。然而,印度尼西亚和马来西亚都将由于本国日益增长的天然气需求而重新评估他们的出口量。

东盟国家的电力需求在过去的 30 年内以 8% 的年率增长。2007 年,电力供应量达到 1380 亿瓦特,总量达到 568 亿千瓦时,还是主要依赖矿物燃料(46% 的天然气、27% 的煤炭和 11% 的石油)。水电占 12%,主要集中在老挝、缅甸和越南。电力供应量的年增长率将从 2007 到 2030 年的 4.5% 降低到 2030 年到 2050 年的 3.5%。矿物燃料所占比重将保持在 84% 左右。天然气的比重将会从 46% 下降到 43%,而煤炭将从 27% 上升到 38%。

该地区将有望与世界热力能源使用效率提升相比较,特别是火力发电厂,其效率将由 2007 年的 35% 提升到 2030 年的 42%,2050 年的 48%。东盟国家没有核电站,也并没有计划开展核电建设。但马来西亚、菲律宾、泰国和越南有开发核电的潜力。

中亚

中亚的能源需求在 20 世纪 90 年代上半叶减少了,主要是由于苏联解体的影响。在后半叶就有了缓慢增长。能源消费的增长率从 2000 年到 2007 年不断提升,从 1.28 亿吨油当量到 1.59 亿吨油当量。现在的项目表明能源消费增长率将从 2007 年到 2030 年的 61% 变为 2030 年到 2050 年的 50%。

能源产量在 2007 年到达 3.2 亿吨油当量,其中 1.59 亿吨油当量是消费量(剩余的则出口)。主要的能源生产国是哈萨克斯坦、土库曼斯坦、乌兹别克斯坦和阿塞拜疆。哈萨克斯坦是目前最大的石油生产国,2010 年的产量为 160 万桶/日,阿塞拜疆为 100 万桶/日。这四国的总产量为 270 万桶/日,2030 年将有望达到 540 万桶/日。增长的主要推手是哈萨克斯坦,该国的石油产量将从 2010 年的 160 万桶/日,达到 2030 年的 420 万桶/日。虽然这四国也生产和出口天然气,但只有土库曼斯坦有足够的天然气资源能保证长期可观的出口。土库曼斯坦的储量约为 2200 亿立方米,而哈萨克斯坦和乌兹别克斯坦均为 500 亿立方米,阿塞拜疆为 300 亿立方米。

伊朗

伊朗的石油和天然气资源很丰富,其中石油的储备量在 2008 年底达到 189 亿吨(占世界总量的 10.9%,仅次于沙特阿拉伯排名世界第二),天然气的储备量达到 29.6 万亿立方米(占世界总量的 16%,仅次于俄罗斯排名世界第二)。2008 年伊朗的主要能源消费为 1.94 亿吨油当量——55% 的天然气,43% 的石油和 2% 的水力。同年伊朗的电力消费达到了 153 亿千瓦时,这是以 8% 的年增长率的峰值,从 2008 年到 2020 年将以 5% 的速度逐渐减少。

伊朗与阿富汗、亚美尼亚、阿塞拜疆、伊拉克、巴基斯坦、土耳其和土库曼斯坦等国的电力系统相互连接。还有一些新的连接正在建设中或在计划和磋商中。与俄罗斯的连接(通过阿塞拜疆),是通过阿富汗与塔吉克斯坦的连接和通往阿联酋的海底高压电缆而实现的。还有一条与土耳其连接的高压直流电缆在研究和讨论中。

天然气产量每年以 8.6% 的速度迅速增长,在 2008 年达到 1310 亿立方米。伊朗已经建设了一套广泛的国内天然气供应系统。更值得一提的是,所产生的气体中有相当大比例用于回灌油田提高原油采收率。据悉,2008 年有约 30 亿立方米的天然气重新注入到油井。在下一个十年内,将有可能达到 1000 亿立方米的峰值。伊朗有很长一串对于现有和未来的天然气贸易方案。现有的方案只涉及相当少的天然气储备量。未来的方案将主要目标定位于出口大量的天然气,现在来看这些方案几乎没有进展。目前,伊朗从土库曼斯坦进口天然气以适应本国北方地区的用气需要并出口给土耳其。

对能源安全的启示

能源安全计划注重点因时间和国家的不同而有所不同,关键的因素有单国能源需求的多样化程度、进口依赖度、进口资源集中度和政策稳定性。

更重要的关注则在石油的资源供给方面,特别是未来石油出口国的减少和地域集中程度的加大(主要集中在波斯湾地区)。关于天然气供给也有类似的担忧。直到几年以前,对于天然气的进口依赖度被认为比对石油的进口依赖度风险更小。这个程度正在由于天然气出口的减少而发生改变。从亚洲的潜在天然气出口国的角度看,已经从十多个国家减少到为数不多的几个国家。

未来的几十年,对亚洲石油安全的忧虑正在不断加深。主要有以下三个方面的原因:第一是运输行业对石油消耗的集中度增加,但是燃料转换的可能性较低(根据现有的技术);第二是不断增加的进口依赖度,这也将导致到 2050 年亚洲对石油的进口依赖度将达到 90%;第三是进口资源集中度增加,局限在少数国家。亚洲对石油的进口依赖度将由 2008 年的 55% 提高到 2030 年的 72%,2050 年将最终达到 85%(见表 11.2)。中国从 20 世纪 90 年代末才开始进口石油,2008 年进口石油占到石油总消耗量的一半以上。尽管能源越来越多样化,但是这个趋势仍将会持续。中国的进口依赖度将达到 2030 年的 80% 和 2050 年的 87%。印度的进口依赖度已经达到 75%,并将于 2030 年达到 95%,2050 年几乎 100%。

表 11.2　当前及未来的石油需求和进口依赖度(百万桶／日)

	1980	2000	2008	2030	2050
亚洲石油消费	10.2	17.9	21.9	36.8	55.1
高收入的亚洲经济体	5.8	6.3	5.7	5.8	6.1
中国	1.9	4.6	7.7	16.3	22.6
印度	0.7	2.3	3	6.9	14.7

	1980	2000	2008	2030	2050
东盟	1.1	3	3.5	5.3	6.8
中亚及高加索地区	0.5	1.1	1.3	2.8	3.2
亚洲石油进口	4.6	9.4	12.1	26.4	46.7
高收入的亚洲经济体	5.7	6.2	5.6	5.9	6.1
中国	-0.2	1.4	3.9	12.1	19.8
印度	-0.4	1.5	2.2	6.3	14.1
东盟	-0.7	0.6	1.3	2.8	5.4
中亚	0.1	-0.7	-1.2	-2.6	-1.9

数据来源:1. 石油输出国组织 OPEC:《2009 年世界石油展望》,石油输出国组织 2009 年版;2. 国际能源署 IEA:《2010 年世界能源展望》,国际能源署 2010 年版;3. 英国石油公司 BP:《世界能源数据综述》,英国石油公司 2010 年版;4. 作者估计。

  天然气在亚洲能源安全的重要性在近几年来变得越来越不确定。从历史来看,亚洲国家将天然气看做一个增强能源安全的重要选项。他们作出了一个彻底的转变,从石油转向天然气,认为天然气更加便宜且储备更充裕。这推动了 20 世纪 90 年代开发国内天然气资源,并开始了通过跨国界的管道以液态天然气的形式进口天然气。

  由于大量的国家依赖进口天然气,而越来越少的国家可以提供有效的出口潜力,天然气供应的安全现在更具有不确定性。亚洲天然气的进口增长由于中国和印度的需求增长速度很快。中国的天然气进口依赖度将从 2007 年的 1% 增长到 2030 年的 48% 和 2050 年的 53%。印度的进口依赖度则将从 2007 年的 25% 增长到 2030 年的 39% 和 2050 年的 78%(见表 11.3)。

表 11.3 天然气需求和进口依赖度   (单位:百万桶/日)

	1980	2000	2007	2030	2050
亚洲天然气消费	118		475	965	1228
高收入的亚洲经济体	27	112.3	152	181	212
中国	14		73	242	327
印度	1		39	132	180
东盟	32	96	140	240	320
中亚	41	66	93	190	275
亚洲天然气进口					
高收入的亚洲经济体	23	104	142	175	199
中国	0		4	117	174
印度	0		10	82	140

	1980	2000	2007	2030	2050
东盟	12		-60	-40	40
中亚	-55		-103	-113	-120

数据来源:1. 石油输出国组织 OPEC:《2009 年世界石油展望》,石油输出国组织 2009 年版;2. 国际能源署 IEA:《2010 年世界能源展望》,国际能源署 2010 年版;3. 英国石油公司 BP:《世界能源数据综述》,英国石油公司 2010 年版;4. 作者估计。

亚洲天然气安全的前景将被欧盟的进口需求所左右。由于英国和荷兰天然气产量的下降,欧盟被视为是最大的进口需求创造者。天然气进口依赖度将有望从 2007 年的约 60%,增长到 2030 年的 80% 多,2050 年的 90% 多。用体积单位衡量,欧盟的天然气进口从 2007 年的 2500 亿立方米增长到 2030 年的 4290 亿立方米。现在,欧盟 55% 的天然气都进口于俄罗斯。然而,欧盟正在考虑地区进口战略的转移,目标是减少天然气供应的风险。这个战略要求增强进口地区的多样性,即转变为从中东地区和黑海区域获得天然气。这些都将对亚洲国家的进口努力构成直接竞争。

可能的天然气出口国数量将减少,仅存的拥有足够大量长期出口天然气资源储备的国家是俄罗斯、卡塔尔和伊朗。其他中东和黑海地区的国家被认为有很大的天然气储备,但仅限于未来的二十年。而土库曼斯坦有长期天然气出口的可能性。

长期可持续性很重要但也很复杂,可以借鉴的例子是印度尼西亚。20 世纪 80 年代,印度尼西亚是世界上最大的液态天然气出口国。那个时候,它也被认为有可靠的、长期的天然气供给,但现在却艰难地履行着对日本、韩国和其他国家的旧的出口合同。

就像印度尼西亚的例子一样,由于日益增长的国内需求,现在的几个液态天然气出口国天然气的供给可能会变得非常紧张。这样的担忧甚至对伊朗这样的国家也同样存在(伊朗拥有世界排名第二的天然气储备量)。伊朗的国内天然气消费在过去的 20 年内翻了四番,并于 2009 年达到 1310 亿立方米。伊朗由此变为了仅次于美国和俄罗斯之后的世界第三大天然气消费国。伊朗国内用气需求的迅速增长与为加强石油恢复对更大数量的天然气的灌入油井内的需求并存。这些需求的共存导致了最近严重的天然气短缺。因此,正如前文所提到的,尽管以液态天然气和管道气形式的天然气资源储备的规模可能达到持续性出口的要求,评估天然气出口的可行性仍然是一个很复杂的过程。

对气候变化的影响

亚洲能源趋势的一个重要的方面是它对于环境和气候变化(Masud 等,2007)的影响。

世界范围内,与能源相关的二氧化碳排放量在 2009 年达到了 300 亿吨。现有的研究显示,这些排放量将急速增长,2030 年达到 410 亿吨,2050 年 570 亿吨。这样的水平可能导致温室气体排放在大气中的集中,并将使全球气温上升,比工业化前水平高 6℃,由此引起全球气候不可逆转的剧变。为了控制全球气温的平均升高幅度不超过 2℃,且为了保证其将来的稳定性,大气中的温室气体的集中排放必须得到控制。这就要求与能源相关的二氧化碳的排放量在 2050 年减少 80%。

这一有雄心的逆转目标被国际能源署(International Energy Agency, IEA)设计成能源供给和使用的"全球变革"的新的路线图,它也要求更高的能源使用效率、大幅度的使用可再生能源和核能以及对碳获取和存储技术的部署(Energy Technology Perspectives, 2010)。国际能源署的分析给了我们两个不同的蓝图。在基本情景所描绘的能源世界里,能源效率和多样性大幅提高,这是目前各种利益相关者所希望看到的。能源发展受资源的限制,但仍然由于对碳排放量水平的认可度低而被认为是不可持续的。

因此,国际能源署(International Energy Agency, IEA)开发出了另一个叫做"脱碳(decarbonization)"的方案,即用一系列新技术大量减少碳排放量。脱碳方案导致了能源供给水平和排列的剧变。正如所预料的,煤炭的使用将受到严重的影响,2050 年的煤炭消费将比 2007 年下降 36%。这个效应在石油需求上也很显著,在基本情景方案中,石油的需求量从 2007 年的 8500 万桶/日上升到 2050 年的 12200 万桶/日,然而在脱碳方案中,石油的需求则将在 2050 年下降 23%,只有 6600 万桶/日。气候变化日程表的变化也将成为除了能源安全得到保障之外的另一个巨大好处。

国际能源署的脱碳方案是全球视野的,而不是局限在某个国家的框架中的,但仍然对亚洲未来的能源需求在以下两个方面起到很重要的影响。首先,与亚洲能源相关的碳排放量显著高于被允许的范围。在"一切正常(Business-as-usual, BAU)"方案的视角下,中国一个国家的碳排放量(2050 年约为 150 亿吨)就超过了被允许的全球目标(2050 年不超过 140 亿吨)。其次,国际能源署脱碳方案对未来技术,包括生活方式和消费行为的改变的隐含假设对设计亚洲能源供需方案提供了一个框架(见表 11.4)。

通过有效性和多样性来提高能源安全

亚洲的政策制定者逐渐相信在能源安全和气候变化日程表二者中有着协同作用。

亚洲国家必须加强能源有效性和多样性(EED)来提高能源安全。联系到这些努力对气候变化的作用将会推动亚洲国家使用最先进的新兴技术来提高 EED 的效率。气候变暖和它所带来的路线图给出了实施 EED 最实际有效的框架。

现有的能源需求方案,可以被冠以"一切正常"方案(BAU)的标签,为打造 EED 设计了雄心勃勃的各项措施。然而,这给了我们另一个可以选择的方案,并列出了对 EED 更加严格的实施措施和更美好的关于可再生能源和核能发展的蓝图,这点在国际能源署的技术蓝图中有所呈现(IEA,2010a)。

表11.4 概要地阐述了一个关于 BAU 和 EED 方案亚洲能源供需的比较。它显示出亚洲如果采用更加严格的关于能源有效性提升的措施,亚洲可以在能源消费方面每年减少14%。然而,EED 方案的一个重要方面是从根本改变了能源的配比,即用可再生能源和核能代替矿物燃料。

表11.4 亚洲的供需框架

	历史方案		BAU 方案		EED 方案	
年份	1990	2007	2030	2050	2030	2050
总能量(Mtoe)	2220	4242	7980	11480	4242	9947
能源结构(%)						
煤炭	40	46	48	50	42—46	35—39
石油	16	20	21	20	19	12
天然气	9	11	12	11	11	10
核能和可再生能源	35	24	19	19	24—28	39—43
电力消费(TWh)	2327	5511	14161	22318	15726—19649	38775—45583
总体结构(%)						
煤炭	52	56	64	63	53—57	37—41
石油	13	5	1	1	1	1
天然气	5	11	12	12	11	11
核能和可再生能源	30	28	23	24	31—35	47—51

数据来源:国际能源署 IEA:《2010 年世界能源展望》,国际能源署 2010 年版。

电力部门的发电结构有最引人注目的变化,其中可再生能源和核能的选择显示了它们的影响力。在 EED 方案下,可再生能源和核能的集体份额可能超过40%,BAU 方案只有19%。可再生能源和核能之间的分工有相当大的不确定性。然而,可再生能源应该优先于核能,开发到最大的程度。

但可再生能源的增长是从非常薄弱的基础开始发展的,因此很难预见到2050年可再生能源能大幅度取代化石燃料。基于目前的技术发展状态,只有核能可以提供大规

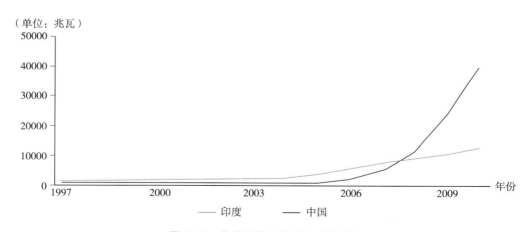

模对化石燃料的替代,国家将因此在使用化石燃料与核能之间面临两难境地。

我们同样清楚地知道,对核电当前和长远的计划都应在日本核事故复查后进行。这次事故的主要教训如下:一、需要更加谨慎选择厂区;二、要有更好的厂房及设备的设计;三、要有更高的安全性措施;四、要有不断寻找更先进技术的动力。但是,这些措施的确切性质和成本仍然是未知的,这也增加了未来建设和运作核电的不确定性。舆论对核电的反对也可能增加建立新核电厂的难度,尤其是在民主国家。因此,现在仍然不可能预见核电在亚洲经济体未来能源结构中的作用。对亚洲有根本影响的是,各国必须更加强调能源效率的提高和可再生能源的使用。

可再生能源可能有比目前的设想更大的潜力。在全球范围内,可再生能源产业的地理版图正在发生巨大的改变。例如,在20世纪90年代只是极少数国家有可再生能源发电厂,现在已有超过82个国家正在经营或建造这样的电厂,包括中国和印度。事实上,这两个国家已经在不到十年间成为风电行业的世界领军国家。

图 11.3 印度和中国的风力发电能力

数据来源:国际能源署:《2010年世界能源展望》,国际能源署 2010 年版。

类似的模式也应在太阳能产业的发展方面有所推进,因为亚洲可能将严重依赖太阳能发电。亚洲潜在的太阳能资源是非常大的,但大多数亚洲国家都还处在使用太阳能的早期阶段。而在世界范围内,印度似乎要采取最雄心勃勃的措施发展太阳能产业。它已经宣布要实现印度在太阳能制造方面处于全球领先地位的目标,即到 2022 年建设 200 亿瓦的太阳能发电容量。伴随着这一目标的实现,太阳能在亚洲的燃料结构中的作用将被不断扩大。

更加关注能源效率

能源效率为提高能源安全和减少大多数亚洲经济体碳排放量提供了最大和最经济

的潜能。尽管一些亚洲国家已经采取了许多措施,他们仍有相当大的节能空间。其中,电力、工业和运输行业,普遍有大规模的效率提升的潜力。

中国在节能方面已取得了很大进展。能源政策往往着重于如何制定和实施明确与具体的目标。2006—2010 年发展规划已经设置了一个明确的目标,即节能 20%。目前的估计表明,中国已经实现了这个目标。快速实现它的主要途径是迅速关闭旧的和小的发电厂和工业设施,而另一个重要举措是集中执行自上而下的从省到县一级地方政府的节能性指标。

中国能源效率的成功已在国际上被众多专家研究过(例如 Levine 等人,2010;Taylor,2008),他们把中国在电器、照明设备、建筑物、车辆和工业设备等方面提高能源效率的经验看作最佳实践的效率。

紧接着,也是非常雄心勃勃的未来发展计划(2011—2015 年)旨在减少该国的碳排放量,在 2020 年达到比 2005 年下降 40%—45% 左右。减碳策略的主要组成部分已经公布,包括在 2020 年安装 800 亿瓦核电、1000 亿瓦的风力发电、3000 亿瓦的水电、18 亿瓦的太阳能发电厂。这些目标的实施在 10 年前的中国是不可想象的。

印度如果采取相同的激进的策略,也可能取得极大的效率。其中电力部门是一个重要的例子。印度的电力传输和分配损失是中国的 6.7%—25%。印度将需要使用最好的技术,并借鉴其他国家的经验。

印度各类行业都有广泛的提高效率的空间。钢铁行业预计将继续快速扩张提供钢材以满足需求激增的国内市场。水泥行业也有望应对基础设施和建筑行业的急速扩张。这些行业将成为焦煤的主要用户。

印度混合的能源结构将继续以依靠煤为基础。然而,在 EED 方案下,结合节约能源和可再生能源和核能将比基准方案少使用 50% 的煤基发电,2050 年的总能源供应也将比参考方案低 30% 左右。这主要源于在电力、工业、运输行业效率的提高。2050 年煤炭和石油占比将分别为 21% 和 20%。由此,核能、生物能源、可再生能源将大幅增加以弥补煤炭和石油所占的比重下降。

在东盟国家,相比基准方案中的每年降低 2.5%,EED 方案降低了 2.1% 的能源需求增长,主要是因为在工业和交通运输业能源强度的下降。EED 方案也引发了燃料结构在电力部门的变化,其中因为在可再生能源和核能的份额增加,煤炭占比下降。此方案也会导致对石油需求的下降。石油消费量在 2030 年只有 440 万桶/日,基准方案中这一数据为 530 万桶/日。

中亚在提高能源消费和生产的效率方面也有潜力。过去,这些国家对此兴趣不大,但是,他们可能会接受来自其他亚洲国家的经验,尤其是向中国学习。凭借其在中亚的石油和天然气部门的合作,中国还可以帮助其减少在基础设施建设中废气的燃烧,并以此来收集和销售天然气。

最大限度地减少突发性供应中断的损害

如前所述,能源安全政策试图通过降低能源强度和能源结构的多样化来管理供应风险。为此,有两个额外的工具——战略石油储备(strategic petroleum stockpiling)、电力和天然气的互联(electricity and gas interconnections)——通常用来减少供应突然中断的损害。

战略石油储备

自 20 世纪 70 年代以来,石油作为政府战略和强制性的储备已经为主要消费国所采用,它们认识到石油供应中断可能带来的经济损失和政府干预以保证其稳定的必要性。政府的介入可能会发生在以下一个或几种形式的组合:建立战略石油储备;对私营石油公司实行强制性的最低库存水平;为国有机构的形成提供资助和应急储备方案的管理。

亚洲国家对此关注程度不同,因为能源安全取决于其国内的能源资源禀赋。日本和韩国,共同的特点是国内能源资源有限,它们长期以来一直关注能源安全,并因此采取了各种紧急措施,如储存。日本还率先在区域层面,而不仅仅是国家层面上提出保证能源安全的想法。

东盟国家作为一个群体已经意识到其经济的脆弱性可能出现的石油供应中断。因此,他们系统地审查各种应急响应方案,但他们对是否承诺持有战略储备还没有达成共识。相反,多数东盟国家在私人炼油厂和经销商上施加一些强制性。这样的安排是不足以应付潜在的供应中断危机的。因此,继续讨论协调应急响应时间的有关手段,可以减轻突然中断对东盟国家的影响。同样清楚的是,这一举措必须与这一区域的其他主要国家联合,跟国际社会联合。目前审议涉及东盟“10 +3”(中国、日本、韩国)和国际能源署。

地区能源一体化

区域内的天然气和电力网络互联可以为各参与国提供经济和安全的共享利益。除了加强能源进口、网络互联。尤其是电网传播外,其他好处还有:共享高峰,提高系统的可靠性;减少备用,支持无功功率和经济的能源交流、每日和季节性需求的多样性和发电容量调度管理。尽管有这些好处,跨境项目仍面临着许多技术、体制和实施的挑战。一个突出的特点是长期的区域一体化项目准备时间要求很长。大部分的这类项目多年(甚至数十年)前已开始实施,每个项目都已经重组多次。最初的提法的不足之处已经进行了进一步的修订。另一个因素是跨国界工作的难度问题,需要各参与国协调才能达成解决方案。

南亚、中亚和东盟国家已多次试图整合能源系统(Bhattacharyay,2010;能源部门管理援助 ESMAP,2008)。然而,对能源的整合蓝图正在发生变化,这主要是由于中国在大多数亚洲国家能源影响的作用越来越大。这种新的情况仍需要进行分析和预测以得出能源一体化的最佳模式。

在整合电力和天然气电网上最系统的努力要数东盟国家。在 20 世纪 80 年代,这些国家就已经决定建立全区域的能源市场,这就形成了东盟电力网(ASEAN Power Grid)和跨东盟天然气管道(Trans-ASEAN Gas Pipeline)框架。它强调了建立一个区域性市场是一个分步进行的过程。应该用不断深化的改革来打开能源部门的开放竞争。更具体地说,国家监管机构应和传输系统运营商合作,采用模型能量池,这将使参与国设计出最佳的能源电网。

在其他区域,中国已经确定了其在中亚的石油和天然气领域的强势地位。中国于1997 年进入哈萨克斯坦的石油行业,中国石油天然气集团公司(CNPC)购买了阿克托贝(Aktobe Munaigaz)60% 的股份(后来提高到85%)。建设有全长 2900 公里的从阿特劳(Atyrau)到哈萨克斯坦和中国边界的阿拉山口的管道。该项目已完成了此类项目建设速度最快的世界纪录,并进一步坚定了业内分析人士与中国建立伙伴关系可能会带来异常迅速的跨国管道建设的信心。

之后,中国认识到土库曼斯坦的天然气资源的重要意义,于是中国于 2006 年签署了一个框架协议,其中包括上游油气资源的开发和一条新管道的建设,该管道容量 300亿立方米,将横跨乌兹别克斯坦和哈萨克斯坦直通中国。在 2010 年年中包括乌兹别克斯坦和哈萨克斯坦的部分的第一阶段管道系统已完成,整个管线将于 2012 年投产。由于其令人印象深刻的执行能力和丰富的融资能力,中国似乎已经确立在土库曼斯坦的天然气部门的有利地位,可以与西方和俄罗斯的石油公司相抗衡。当该气体管道全面运作时,中国在此地区的地位有望变得更加强大。

其他天然气管道正在考虑采取从中亚取道到俄罗斯、欧洲和南亚。其中,最引人关注的项目方案有以下几个:一、黑海的高达每年 200 亿立方米的天然气管道,它将并行运行现有的管道系统,通过哈萨克斯坦输送来自土库曼斯坦的天然气去往俄罗斯;二、伊朗—巴基斯坦—印度管道,220 亿立方米的项目,后一阶段有望达到 550 亿立方米,耗资 75 亿美元,这一想法形成于 1989 年,已经过许多轮谈判磋商;三、土库曼斯坦—阿富汗—巴基斯坦—印度管道,在过去的十余年间,一直在做检测和准备工作。

最后而言,当伊朗试图真正将已提出的关于跨境能源贸易的很多想法中彻底分离的时候,其能源出口就变得复杂了。伊朗庞大的天然气储量,在电力和天然气出口方面对土耳其和可能通过土耳其的整个欧洲系统而言,都有良好的竞争优势。伊朗也将是从土库曼斯坦到土耳其及其他各国电力出口的一个关键的过境国。在短期内,伊朗和阿联酋之间 180 公里的海底高压直流输电线路项目迫在眉睫。该链接的传输容量为 1500 兆瓦,将伊朗与海湾合作委员会电网(the Gulf Cooperation Council Grid)连接。

国内行动的优先事项

能源效率和多样化

气候变化问题对大多数亚洲国家的政策思维定式产生了影响,引起了更加广泛地对于缓解气候变化议程和能源安全的显著协同作用的认可。这种转变是格外引人注目的,主要体现在以下方面:采用先进的方法提高能源利用效率;推动可再生能源的发展;由于认识到不能单独通过提高能源效率的方法达到能源安全和气候变化议程的目标[1],我们必须开放性地对待其他方法。

实现能源安全还需要一套新的政策措施,它们要明确鼓励创造新节能途径、私人投资和运用先进技术。

对于大多数亚洲国家而言,能源定价是一个重要的但又有些敏感的问题,部分原因是现行的能源补贴和改革定价制度的需要。例如,提高能源利用效率,将需要一个激进的定价方案。同时,鼓励可再生能源的发展将需要各种补贴,这种补贴必须保持透明、针对性强且只限于有限的时间内的特点。可取的补贴包括研发支持、支持关税、税收优惠,并保证资金来源渠道的畅通。这其中主要工具是支持关税——价格定为有义务购买可再生能源产生的电力的效用。这可以增加在新的可再生能源技术方面的投资,特别是在发达经济体中更为适用。这种类型的关税应被视为一个有效措施且必须针对每个使用可再生能源的国家。

---

① 评估 2011 年 3 月在日本的核事故将如何影响未来核能的前景还为时尚早。

新兴能源技术

技术转让一直是能源领域发展的嵌入式特性。然而，目前由于该技术正在快速发展和迅速扩散，情况有了很大的不同。这个强劲的发展势头背后的"能源技术革命"使得来自欧盟和其他工业化国家集团制定了严格的目标以减少它们的碳排放量。新的有针对性的技术大多只是证明有效但尚未完全商品化。其中最值得注意的是以下几种：可再生能源，特别是风能和太阳能技术；碳捕获和储存技术（Carbon Capture and Storage，CCS）；运输技术，如电力和插入式混合动力汽车；以及先进的生物燃料。

风力发电技术已大大改善且现在在世界各地普遍使用。虽然风力发电的成本取决于场地的特点，其平均成本已经从 20 世纪 90 年代初的超过 20 美分每千瓦时，到现在的 6 到 7 美分每千瓦时。在丹麦决定开发具有竞争力的风力发电技术以形成在该行业的优势后，风力发电首先在丹麦发展起来。自那时以来，该行业已蔓延到许多其他工业国家包括德国、西班牙、美国，以及中国、印度和韩国。

太阳能技术现在仍处在其早期发展阶段，但几项新技术预计将会出现。现在生产的大部分太阳能建立在薄膜技术的基础上，而光伏电池的出现将有望改进该项技术。这将减少太阳能光伏发电系统的成本，到 2050 年成本将下降到每千瓦时约 5 至 7 美分。一个带来新希望的技术将振兴太阳能发电，它将加大阳光的直射率以达到更高的能量密度和较高的温度。它有望在电力部门的脱碳中发挥重要作用，到 2050 年将占到全球电力供应的 10% 以上。亚洲国家，如印度，预计将成为生产国，大规模的发展可能需要至少连续 20 年的大量财政支持。

碳捕获和储存技术将在脱碳中发挥关键作用，因为它将成为后备技术以减少碳排放到可接受的水平。平均而言，他们预计将在一个新的燃煤工厂增加每千瓦时 3 至 4 美分的成本。在世界范围内，他们的作用预计到 2030 年以后出现，到 2050 年达到每年 50 亿吨的总容量。

核电的扩张面临着严峻的挑战。虽然技术已通过实践检验，但仍有需要证明该行业在指定的时间表和预算下建厂的能力。如前所述，日本 2011 年 3 月的核事故可能会促使其重新评估核能。

交通运输部门是新技术的一个焦点，因为它身系气候变化的重要性和能源安全双重责任。作为化石燃料的替代品，最有前途的选择是用电动车替代能源发电。改善交通技术需要公共和私营部门之间的有效合作。国际能源署估计，随着这种有力的合作关系的发展，电动车的销量可能在 2050 年达到 1 亿辆，且占有大约一半的新轻型车市场。总体目标应该是以"避免—转移—提高"为基础的发展可持续交通战略（亚洲开发银行可持续交通倡议,ADB Sustainable Transport Initiative,2009)。在亚洲,中国和日本有可能是开拓者。

这些新技术为亚洲提供了主要的市场机会。全球低碳技术市场在 2050 年估计将达到 3 万亿美元左右。几个亚洲国家,尤其是中国和印度,能够很好地牢牢获得这个市场份额。

公共和私营部门的作用

可持续能源部门要依靠私人投资者建立新的供应能力并管理各项设施的运作,而政府将负责开发能源多元化战略并制定奖励,以鼓励参与者服务和提高能源安全的总体目标。能源安全和低碳能源选择之间有强大的协同作用。一些新技术,如风力和核能,在适当的碳价格的基础上从经济角度看是可行的。其他的技术则需要政府支持使其发展成大规模生产以降低供应的平均成本。

在任何情况下,新技术的广泛传播都需要政府的推动、市场的拉动,配合以公共和私营部门密切合作。这样的合作将要求技术更有效地转移,而用于提供国际支持。

最后,监管机构的重要作用是确保能源部门运作正常。独立和专门的监管机构都需要鼓励市场竞争力行为。监管机构需要有财政自主权和明确的设置关税的权力。但是规则是有限的,并且需要最大限度地细化到各个领域(如自然垄断)。

区域合作的优先事项

通过区域合作,亚洲的能源安全议程可以大大加快,特别是表现在以下三个方面:

◆亚洲的区域合作议程应解决能源传输和共享的几个重要技术,包括:可再生能源,如风力和太阳能;碳捕获和储存技术;运输技术,特别是电动和插电式混合动力车车辆。在该地区的许多国家正在计划对这些技术资源投入大量努力,而区域合作将使这些努力成效最大化。这些国家还可以从以下国家的经验中获益:日本——在开发新能源技术方面处于世界领先地位;韩国——处在进一步发展阶段;中国和印度——着重在研发和技术使用上的经验显著。

◆一些亚洲国家已经考虑建立联合石油库存,但还没有达成可行的协议。今天,几乎每一个亚洲国家都在检讨自身的应急机制,东盟"10 +3"已经开始讨论了。我们应当发起一项倡议,支持和扩大审议发展一个全亚洲的能源应急系统,它应具有以下特点:基于长远眼光的;从目前的状态过渡到最终模型;目前可行的协调一致的反应机制;

可能有助于实施短期机制和走向长远的体制安排。

◆电力和天然气网络的集成是众多在亚洲采取的行动的目的,随着亚洲成为世界最大的能源消费地区,区域能源市场将越来越有吸引力。东盟的做法是逐步整合以提供一个良好的开端。尽管能源市场的全面整合只能算是一个长期的目标,它仍是可行的中期计划,即通过设计创造次区域的能源池,达到区域和谐。这个过程可能包括三个阶段:一、扩大双边贸易(额外的贸易额,额外的国家);二、多边贸易合作转型;三、向力量化组织靠拢。

在这些领域的区域合作将解决亚洲的两个不同的能源安全风险:能源的流动和长期能源资源的可用性突然中断风险。建立战略石油储备,并建立天然气和电力集成网络是有效的防止能源突然中断风险的处理手段。上述建议旨在通过降低能源强度和多元化化石燃料,解决长期的能源问题。

第十二章 从亚洲自身利益出发应对气候变化

卡梅隆·赫本(Cameron Hepburn):英国伦敦政治经济学院高级研究员
约翰·沃德(John Ward):OEBR 咨询公司高级经济学家

本章主要论述了新兴市场正逐渐成为全球碳排放的主力军,评估分析了气候变化对新兴市场经济体所带来的经济和社会影响,并为亚洲政策制定者提供一个全新的视角①。

具体来讲,本章主要分析了在三种情景下的新兴市场经济体的自身利益:第一种就是什么都不做的情景——也被称为保持现状的策略,在这种情况下,对未来 40 年的气候变化不采取任何措施;第二种情景就是京都议定书附录 1 中所列的发达国家采取措施,使得到 2050 年,其碳排放量在 1995 年②的水平上减少 80%;最后是由中国政府在哥本哈根全球气候会议上提出的第三种情景,即亚洲主要新兴市场经济体(加上巴西和墨西哥)同时采取行动将其 2050 年的碳排放量限制在与 2005 年相同的水平上。

本章概述了上文所提到的三种情景下到 2100 年全球气温可能上升的情况③。接着评估了每种情景对亚洲新兴市场经济体所产生的经济层面的影响,这其中也包括对农业生产方面的影响,更进一步具体分析了对该地区两个最大的发展中国家——中国和印度所带来的影响。同时,也阐述了亚洲发展中的大经济体,特别是中国、印度和印度尼西亚尽早采取行动,并辅以日本、韩国和世界上其他发达国家的努力参与,以减轻全球变暖和气候变化所带来的威胁是非常必要的。最后,本章总结说明了与亚洲各国自身利益紧密联系的适应性和风险管理。

---

① 本章基于"生动经济学"为圣坦尼国际集团(Centennial Group International)即将出版的一份详细研究而写作完成。

② 在所有的政府间气候变化和全球气候变化的讨论小组的工作会议上,2005 年均被作为基本参考年。

③ 本书采用 2100 年作为比较点是与联合国提出的将 2100 年作为基准来估计全球平均气温的变化相一致的。

新兴经济体对全球温室气体排放量的"贡献"

九大新兴经济体都是 20 国集团(G20)的成员,包括阿根廷、巴西、中国、印度、印度尼西亚、韩国、墨西哥、南非和土耳其,然而其温室气体排放量却几乎占到全球的一半,并且这些排放量的 90% 都来自于亚洲经济体。与其正在崛起的经济地位相符,它们正在成为排放大户。这些发展中经济体的温室气体排放量比发达国家(如美国、日本、德国、法国、英国、加拿大、意大利和澳大利亚)都高(见图 12.1)。特别是,中国已经超越美国成为全球二氧化碳排放量最大的国家和最大的能源消费国(International Energy Agency,2010)。

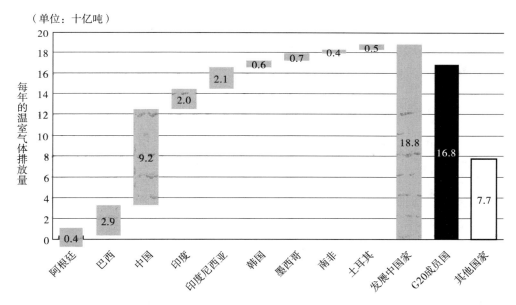

图 12.1　与附件 1 所列的 G20 国家相比,发展中国家目前占了很大的排放比例

数据来源:世界银行:《2010 年世界发展报告:发展与气候变化》,世界银行 2010 年版。

考虑到它们近期的经济高速增长,九大新兴市场国家近些年来已经相应地占了全球范围内二氧化碳(CO_2)排放增量的大部分就不足为奇了。近四分之三的与化石燃料相关的全球 CO_2 排放增长量是由这些国家产生的,而其中仅中国就"贡献"了一半以上(见图 12.2)。更多的最新数据有望进一步确认这种趋势。超过一半的中国碳排放增长要归咎于电力部门,同时工业排放也占据了一个很大的比例,尽管这些部门制造的很多产品都出口到了发达国家。

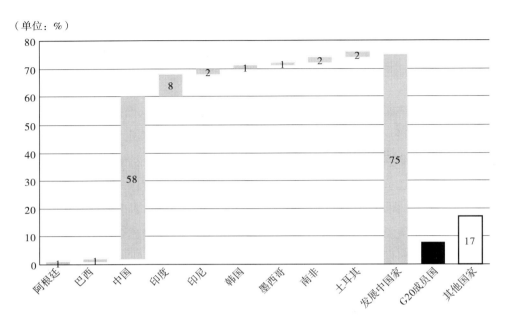

（单位：%）

图 12.2　2002 到 2007 年间与燃烧有关的碳排放增长量有 3/4 来自于发展中国家

数据来源：二氧化碳信息分析中心。

气候变化的影响："保持现状"情景

　　"保持现状"情景的假设是基于国内生产总值（GDP）和每个国家在 1995 年到 2005 年间的碳排放量的历史关系，并且考虑到在此期间这个比例值有所改善。我们使用这个模型来预测在高速增长的"亚洲世纪"背景下，到 2050 年的经济增长情况。在这种情景下，到 2100 年，全球将变得比今天更热，其平均温度将比 1990 年高 4.4 摄氏度，比工业化前水平高 4.8 摄氏度。温度的升高也意味着二氧化碳的大气浓度已经超过 900PPM。

对自然的影响（物理影响）

　　平均温度升高 5 摄氏度预示着危险的气候变化。尽管温度升高 5 摄氏度对自然和社会影响的确切性质尚不清楚，但是上一次全球气温达到如此高温度还要追溯到 3500 万年—5000 万年前沼泽森林等覆盖全世界大部分范围和鳄鱼生活在北极附近的时期（Stern，2007）。

　　在这样一个即将到来的世界里，全球水循环将显著改变，同时数十亿人的水供应也将发生显著的变化(Warren,2006)。同时,为大约占世界总人口一半的亚洲多数国家提供水资源的喜马拉雅山的河流将会受到影响(亚洲开发银行,ADB,2009a)。此外,海洋酸度将严重破坏海洋生态系统和全球商业性渔业(Royal Society,2005)。

海平面上升

到 2100 年,全球平均气温升高 4.4 摄氏度,将导致海平面上升 46 厘米。这将严重威胁到诸多亚洲城市。伴随着海平面的上升,以人口规模来衡量,在 20 个最有可能沉没的城市中,有 15 个(前十名城市中的 9 个)是来自亚洲的城市(见表 12.1)。到 2070 年,有可能沉没的亚洲城市的总人口预计将达到 9500 万。若考虑到随着海平面的上升,所带来的资产损失,在 20 个最可能受损的城市中有 13 个(前十名中的 8 个)来自亚洲,预计其总资产损失值将多达 17.4 万亿美元。

表 12.1 海平面上升 0.5 米后最有可能沉没的城市中,G20 中的新兴市场国家特征最为显著

城市	受影响的人口 (2070)(千人)	城市	受影响的资产(2070) (十亿美元,2001)
加尔各答	14014	迈阿密	3513
孟买	11418	广州	3357
达卡	11135	纽约—纽瓦克市	2147
广州	10333	加尔各答	1961
胡志明市	9216	上海	1771
上海	5451	孟买	1698
曼谷	5138	天津	1231
仰光	4965	东京	1207
迈阿密	4795	香港	1163
海防	4711	曼谷	1117
亚历山大	4375	宁波	1073
天津	3790	新奥尔良	1013
库尔纳	3641	大阪—神户	968
宁波	3305	阿姆斯特丹	843
拉哥斯	3229	鹿特丹港市	825
阿比让	3110	胡志明市	652
纽约—纽瓦克市	2931	名古屋	623
吉大港	2866	青岛	602
东京	2521	维珍尼亚滩	582
雅加达	2248	亚历山大	562

数据来源:尼克劳斯等:《极易暴露在极端气候事件中的港口城市的脆弱性排名》,经合组织 2007 年 1 号工作稿。

最后,在"保持现状"情景之下,气候变化将使得孟加拉国、印度和中国等地沿海城市中可能遭受洪灾袭击的人数增加约 3000 万。

对经济的影响

从全球来看,亚洲发展中经济体将受到明显的影响。在这种情景下,到 2100 年,气候变化对亚洲地区 GDP 年增长率的影响将在 3.1% 到 10.6% 之间。

在大多数亚洲国家,农业一直都是重要的产业部门,而且也将是未来受气候影响最大的部门。目前,农业产值占这些地区 GDP 的比例几乎达到 10% 的水平。可预见到的是,在"保持现状"情景下,大多数国家的农作物产量将显著减少。来自亚洲开发银行(2009b)、世界银行以及穆勒(2009)(Müller)等的分析认为,在大部分发展中国家,危险的气候变化将导致农业产量下降。其中,在印度、印度尼西亚和韩国,其产量下降的比例将介于14% 到 20% 之间。而另一方面,得益于更有利的气候条件,中国的农产量预计将有所提高。

对健康的影响

在此情景下,亚洲人的健康状况将遭受这种戏剧性的温度升高所带来的重大影响。尽管针对特定的亚洲发展中国家而开展的预估健康状况变化趋势的研究比较少,但是确实有相关研究是针对非洲发展中国家的,例如由 Tanser 等人(Tanser 等,2003)所做的关于预计到 2100 年非洲疟疾感染的研究。结果表明,在"保持现状"情景下,到 2100年,部分非洲地区疟疾感染者将增加五倍之多。诸如此类的研究,应被视为给亚洲政策制定者敲响了警钟。

总而言之,气候变化和全球变暖将会对亚洲的经济和整个社会产生非常不利的影响。地球是我们全人类共同的资源,将亚洲从整个星球上隔离出来是不可能的。任何质量恶化将影响到所有人,尽管影响的程度会有所不同。目前亚洲人口已超过世界的一半,并且到 2050 年,其 GDP 也将超过世界一半的水平,因此对于亚洲,保持地球健康且充满活力是十分必要的。以上的分析总结表明这个地区作为一个整体将不同程度地受到全球变暖所带来的损害。因此,亚洲加入减缓和适应气候变化的全球行动是关乎其自身长远利益的。

气候变化的影响:仅发达国家采取措施缓解气候变化的情景

如果只有发达国家采取行动,则全球变暖仍将是不可避免的。如果京都议定书附件 1 中所列的国家到 2050 年将其碳排放量减少 80%，则在 2100 年，全球平均气温仍将比 1990 年的水平高出 3.9 摄氏度（比工业化前高 4.3 摄氏度）。与之相伴的是二氧化碳大气浓度将达到 780PPM。平均温度在 2100 年升高 3.9 摄氏度，仍然意味着对整个地球物理和经济地理的极端破坏。据估计，在南非和南美洲，每年径流将减少 40%—45%，而在南亚将增加 20%（Arnell，2006）。世界上受影响最严重的地区将变得过于干燥和炎热而不适宜作物种植。同时，与没有气候变化的情况相比，预估将有 15 亿人更易患上登革热病（Hales，2002）。因此，毋庸置疑的是，亚洲经济将遭遇大幅重创。亚洲各国年度经济损失的总和占其 2100 年 GDP 的比例将在 2.6% 到 8.1% 之间不等。

当然，从数据上看，这些损失低于"保持现状"情景下的数值，但是仍然很惊人。完全依靠发达国家的行动，将使得亚洲经济每年遭受 20% 的损失。

伴随着全球平均温度的大幅升高，许多亚洲国家农业产量的潜在损失也将是巨大的。具体来看，印度的农业产量将下降 10% 以上，而印度尼西亚和韩国将超过 15%。海平面也将大幅上升 41 厘米，而在最坏的情况下，将上升 46 厘米，并且将威胁到亚洲许多沿海城市。

总之，即使如在哥本哈根和坎昆会议上提出的那样，发达国家承诺承担起缓解气候变化的职责，气候变化仍将对亚洲经济产生显著的不利影响。如果没有采取一个积极的应对方法，亚洲大多数国家将遭受重大的负面影响。因此，亚洲并不能在全球气候变化中独善其身，必须积极参与到缓解气候变化的全球行动中来。

气候变化的影响：亚洲发展中国家
采取平行互补的缓解措施的情景

只有亚洲大经济体（包括巴西和墨西哥）与签署京都议定书的发达国家合作起来，一起努力，才有可能实质性地减缓气候变化。此外，亚洲经济体将有更大的动力来采取行动缓解气候变化，因为在其他两种情景下，亚洲遭受的损害都是所有地区中最大的（见图 12.3）。

与其高增长的排放水平相一致，亚洲大经济体在减缓全球气温升高方面也将起到决定性的作用。某种程度上，如果京都议定书附录 1 所列的发达国家采取措施，使得到 2050 年，其碳排放量在 1995 年的水平下减少了 80%，与之相匹配的是，亚洲发展中国家确保其到 2050 年时的排放量不高于 2005 年的水平（从陆地使用排放变化情况上看，到 2050 年比 2005 年降低 50% 的水平），目前预估的气温升高将被大大降低。

（单位：百万吨）

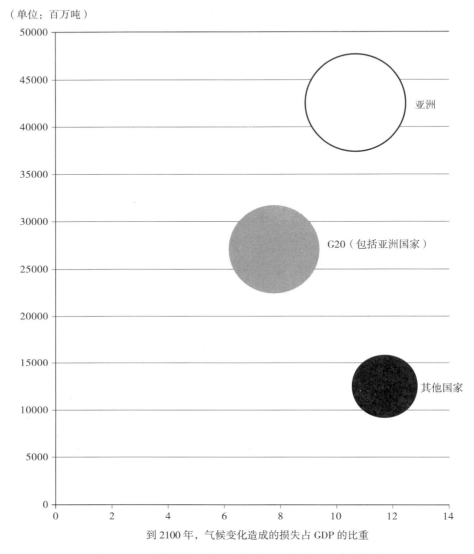

到 2100 年，气候变化造成的损失占 GDP 的比重

图 12.3　亚洲有更大的动力和能力来解决气候变化问题。

数据来源：生动经济咨询公司 2010 年估算值。

　　在"保持现状"情景下，全球平均气温在 1990 到 2050 年间将升高 4.4 摄氏度；在第二种情景即只有发达国家采取行动的情况下，全球平均气温将升高 3.9 摄氏度；如果出现第三种情景，也就是在大家都采取行动的情景下，全球平均气温将只升高 2.7 摄氏度。由此可见，在第三种情景下，尽管损失值仍然不可忽视，但气温升高对亚洲发展中国家所造成的经济损失相对而言是比较低的。到 2100 年，每年造成的经济损失占 GDP 的比重在 1.7% 到 3.6% 之间。从最高损失数值上看，与附件 1 所列的仅仅只有发达国家采取行动相比，互补平行行动情景下的损失值比其减少了一半之多。图 12.4 比

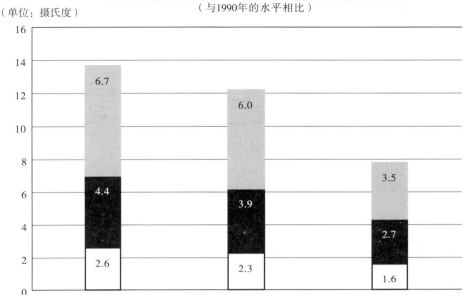

采取不同措施的情形下全球平均气温到2100年的升高情况对比
（与1990年的水平相比）
（单位：摄氏度）

■ 一成不变　　■ 发展中国家采取互补行动　　□ 发达国家采取行动

图 12.4　亚洲国家采取的行动可以显著减缓气候变化造成的损害

数据来源：圣坦尼国际集团统计值，2011 年。

较了采取不同措施下的全球平均气温的升高情况。它们也同时说明了亚洲采取行动以减少其潜在巨大的经济损失的重要性。亚洲采取互补行动可能对大多数亚洲经济体的农业生产带来有益的影响。具体而言，在印度、印度尼西亚和韩国，潜在农业损失将大大降低，尤其在后两个国家，损失减少比例将超过 5 个百分点。

在这种情景下，海平面上升幅度也会低很多。与在"保持现状"情景下海平面上升46 厘米和在仅仅发达国家采取行动下海平面上升 41 厘米相比，当亚洲国家也采取相一致的行动时，海平面仅仅上升了 32 厘米。因此，当只有发达国家单独采取行动时仅仅使得海平面上升幅度减少 10% ，而当加上亚洲发展中国家采取互补行动时，将该比例提升到 30% 也是有可能的（见图 12.5）。

总而言之，减轻气候变化带来的负面影响——包括经济损失和社会动荡——的主动权完全掌握在亚洲人自己手中。亚洲各经济体应采取积极的措施来减缓气候变化，不仅仅是国际社会要求他们这样做，更重要的是，这关乎亚洲自身的利益。

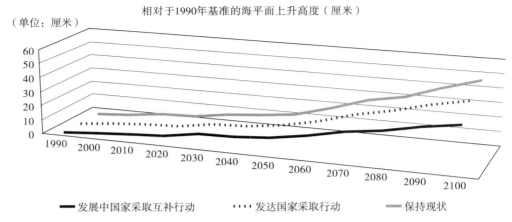

相对于1990年基准的海平面上升高度（厘米）

（单位：厘米）

发展中国家采取互补行动　　发达国家采取行动　　保持现状

图 12.5　新兴市场国家采取的行动可以显著降低海平面上升幅度

数据来源：圣坦尼国际集团预测值。

向低碳经济过渡

通过逐步向低碳经济过渡，亚洲能够开启一个全新的技术发展模式。这种转变将带来更大的能源安全性、更高效的农业生产以及更有效率和竞争力的产业，并将使得我们的社会公民变得更健康和更富创造性，以及使得我们所生活的城市变得更加干净和适宜居住。总体而言，这将使得亚洲经济在全球更具有竞争力并且维持其经济长期的高增长率。

幸运的是，亚洲较大的经济体，包括日本和韩国，以及最近的中国和印度，已经开始推行必要的技术开发和技术创新来促进绿色经济发展。在过去的 2—3 年中，亚洲主要经济体纷纷加快了其应对气候变化和推动清洁能源的行动步伐。具体来说，比如中国现在是一个在太阳能、风能、电动车，甚至高速铁路技术方面在全球占据领导地位的国家。同时中国也是太阳能光伏电池的主要生产国，并且已经从美国手中取得市场份额。

在最近的全球金融和经济危机中，一些亚洲发展中国家的经济刺激计划中的绿色经济措施的比重在世界处于领先地位。韩国和中国将各自经济刺激计划总额的 80%和 38%投资于稳定和削减温室气体排放，这个比重远远高于美国和欧洲各国的水平（汇丰银行，2009）。

2009 年 11 月，韩国承诺到 2020 年将其排放量减少 10%直至低于 2005 年的水平。据报道，2010 年 7 月，中国政府将在"十二五"规划（2011—2015 年）中逐步开启国内的碳交易计划,以达到在 2020 年将其碳排放量降低 40%—45% 的目标。此外,在同月,印度以对煤炭生产商收费的形式在国内开征煤炭税,预计每年将征收 5.35 亿美元(彭博商业周刊,2010)。尽管它们对在哥本哈根和坎昆全球气候会议上提出的具有约束力的条约持保留态度,但是亚洲主要经济体,特别是中国、印度、日本和韩国正在努力向前走并逐步提高自己的竞争力。

对亚洲自身来讲,它具有强烈的内在动力来加快推进低碳全球经济的步伐,因为缓慢的过渡步伐将使得亚洲损失惨重,而快速过渡将使得亚洲收获良多。旁观等待然后采取行动只会增加亚洲的损失成本,尤其是如果目前的资本投资与低碳世界的要求不一致的话。为了达到同样的目标,延迟行动将会使得每年的碳排放减少量越往后变得越高。举例来说,如果亚洲发展中经济体在 2012 年才开始采取行动将其到 2050 年的碳排放量降低到 2005 年的水平,那么它们必须使得每年的碳排放量至少降低 0.4%。如果等到 2030 年,亚洲发展中经济体才开始采取行动使得到 2070 年达到同样的目标的话,那么它们平均每年要减少 1.5% 的碳排放量。并且,每年超过 1.0% 的碳排放减少量往往预示着经济的持续衰退。

亚洲和其他地区的发展中经济体正日益成为低碳创新的聚集地。自 2000 年以来,低碳节能专利活动在发展中国家快速发展起来(见图 12.6)。

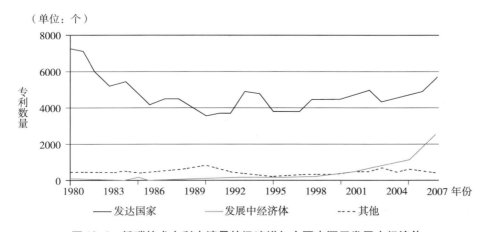

（单位：个）

图 12.6　低碳技术专利申请量的迅速增加主要来源于发展中经济体

数据来源:1. 格兰尚等:《减缓气候变化技术的发明与转移的全球分析》,《环境经济学与政策评论》即将出版;2. 生动经济咨询公司 2011 年计算值。

加快行动可能会引发低碳竞赛,而最后亚洲应该是最大的赢家

在欧盟,各个国家和企业正在寻求在低碳世界的"竞争性比赛"中的领导地位。2010 年 7 月,欧洲大型企业的首席执行官联名写信给英国、德国和法国的部长,要求国

家将碳排放量到 2030 年减少 30%。他们认为,如果没有这样一个目标,欧洲可能会在低碳世界的竞争比赛中输给中国、美国和日本等国。

美国总统已经发表声明强调美国必须赢得"清洁能源"这场比赛的胜利,并且领导清洁能源经济的国家必将会领导全球经济,而美国必须成为这样的国家(白宫,2010年)。然而令许多人失望的是,美国目前还没有通过一项有关清洁能源的立法。可能带来的大量潜在工作机会也因此而化为泡影。据估计,仅在美国,用 800 亿美元投资于清洁能源就能产生超过 80 万个就业岗位。

在减少因气候变化可能带来的损失方面,亚洲发展中国家采取协调一致的行动可能促使附件 1 所列的发达国家提升它们的碳排放降低幅度,并为亚洲的低碳产品带来更大的市场。例如,最近汇丰银行的报告预测如果政府部门的行动超出了它们在哥本哈根会议上的承诺,则到 2020 年,低碳市场的价值可能高达 2.7 万亿美元。市场价值将比政府仅仅遵照哥本哈根会议达成的承诺下高出 30%,是"保持现状"情景下的一倍之多(汇丰银行,2010)。在过去,核心产业技术的迅速发展,如能源发电,往往带动了国家的相对经济排名的重大变化。例如,18 世纪,英国一举超越荷兰成为经济强国,主要是由于其是工业革命的先行者。而在 19 世纪末期,美国则通过采用大规模市场生产技术取代英国的地位。亚洲主要经济体已经有了一个坚实的基础,凭此可以紧紧抓住清洁能源这个机会。因此,我们对于美国和欧盟企业越来越担心他们的亚洲同行会赢得这场"清洁能源"比赛的胜利并不感到奇怪。

延迟行动将增加成本

一个最近针对从范围广泛的各种综合评估模型来预估成本的文献研究调查结果表明,要使得 1990—2100 年间全球平均气温只上升 2.2 摄氏度(与 4.4 摄氏度相比),花费的成本可能占每年全球 GDP 的比例在 1%—5% 之间(Bowen,Ranger,2009)。而很少有研究是针对亚洲经济体具体成本而进行的。使全球气温仅仅增加 2 摄氏度看起来比这一章里描绘的任何一种情景下的目标都显得更具野心,这也预示着要实现本书讨论过的与利益相关联的成本最低都要占到全球 GDP 的 1%—5% 的份额。而在如此高昂的成本背景下,我们应该看到的是有很大的可能性使得气候变化带来的损害比大多数评估模型预测的还要严重许多。有鉴于此,成本花费可以被看作是对更加严重的灾难性的损害的一种保险政策。

不能加快向低碳技术创新的转变也将减缓绿色科技技术进步的速度,并加大最终向这些技术转变的成本(Acemoglu,2010)。最近的两项研究表明,如果政府今天开始采取合理的措施逐步转向低碳经济,那么最终将节省大约 25% 到 33% 的过渡成本(Bosetti,2009；Blanford,2009）。最后,如上所述,为了达到同样的目标,延迟行动将使得每年的减少量越往后越变得艰难和更具潜在的破坏性。

更高的能源安全性

目前许多亚洲经济体都依赖于大量的化石燃料进口来满足其对能源的需求。世界上九大发展中国家中有六个①都进口超过满足其能源总需求量的 20%,且对能源的进口量大于其出口量。对能源进口的依赖将引起对能源供应和能源价格可能受不可控事件或能源出口国政治压力的影响（或者二者）而变得更加脆弱的高度关注。对低碳能源的利用将为减少对进口能源的依赖提供机会。化石燃料资源的地理分布不均给许多相对较小的国家提供了对世界上大量能源供应的控制权。相比之下,各种低碳能源技术,如太阳能、风能、水能、核能、生物能、地热能,则可以为国内能源供应提供更大的范围,当然,这取决于每个国家不同的国情。

更健康、更有生产效率、更高效的社会

实现低碳转型所需要的投资将有助于使亚洲社会变得更清洁、更健康和更富有成效。

改善空气质量。和二氧化碳一样,燃烧化石燃料将会释放大气污染物,如颗粒物、二氧化硫、二氧化氮,这些都对人体健康产生不利影响。这些污染物将导致心血管和呼吸系统疾病,包括肺癌、支气管炎和哮喘。其中特别是可吸入颗粒物,小的颗粒物能够渗透进人体的肺部深处。

世界上 10 个大气污染最严重的城市中有 9 个在亚洲（见表 12.2）。这些亚洲城市,拥有着超过 5000 万的总人口,其 PM_{10}②的平均浓度是世界卫生组织规定的标准水平即每立方米 20 微克的五到八倍。

表 12.2　10 个大气污染最严重的城市中有 9 个在亚洲

城市	PM_{10}浓度（微克每立方米）	人口（千人）
开罗（埃及）	169	7764000
德里（印度）	150	12100000
加尔各答（印度）	128	5100000
天津（中国）	125	7500000

---

① 这 6 个国家分别是阿根廷、巴西、中国、印度、韩国和土耳其。
② PM_{10}指直径在 10 微米以下的颗粒物。

城市	PM$_{10}$浓度（微克每立方米）	人口（千人）
重庆（中国）	123	5087000
坎普尔（印度）	109	3100000
勒克瑙（印度）	109	2342000
雅加达（印度尼西亚）	104	10100000
沈阳（中国）	101	5090000
郑州（中国）	97	2600000

数据来源：世界银行：《中国污染花费：有形损坏经济评估》，世界银行 2007 年版。

在中国，有超过一半的城市人口生活在 PM$_{10}$浓度超过标准水平 5 倍的城市中。根据世界银行 2007 年的估计显示，PM$_{10}$和其他污染物每年在中国大概导致 27 万人患上支气管炎和 40 万人因患心血管疾病或呼吸道疾病而住院，并使得 13% 的城镇人口过早死亡。在中国，空气污染所带来的总成本大约占其 GDP 的 1.2% 到 3.8%[①]。

减少温室气体排放对健康的好处是相当可观的，这大大抵消了减排的成本花费。许多减排项目的成本—收益分析表明，即使在污染最严重的地区，污染减少带来的健康益处也会使得减排成本变得十分有益。奥康纳（O'Connor）等学者 2003 年针对中国所作的研究预测表明，当减少 15% 的碳排放量时所产生的税收带来的健康好处的总价值约占 GDP 的 0.14%，这抵消了由征税引起的大约三分之二的消费损失[②]。如果结合提高农业生产率而带来的进一步的益处，将有可能完全抵消掉减排所带来的消费损失。

提高农业生产力。化石燃料的燃烧将导致大气底层臭氧的形成，这将不利于农作物光合作用的生成与农作物生长，从而降低农产品产量。基于目前的空气质量和大气污染趋势，可以估计到 2030 年，在印度和中国每年将造成额外的 60 亿到 100 亿美元的农作物产量损失（Van Dingenen 等，2009），而我们可以通过减缓行动来避免这些损失。

据估计，在中国，二氧化碳排放量减少 15% 将会使得全国水稻产出增加 0.29 个百分点，小麦产量增加 0.68 个百分点（O'Connor 等，2003）。用货币计量，增加的作物产量带来的总收益大约占 GDP 的 0.1%。与上文提到的健康益处结合起来，这将远远抵消征税引起的消费损失。此外，这些分析中均不包括酸雨对作物造成的明显损害。世界银行 2003 年做出的估计指出，中国由于酸雨造成的作物产量减少而产生的经济成本每年达到 36 亿美元（按 2003 年的价格计算）。

提高效率。减缓气候变化的行动可以提高整体的经济效率，并且随着时间的推移，

① 取决于衡量标准是采取最小损害措施带来的机会成本还是为了避免最大损害而采取的支付意愿。
② 假设税收收入被循环利用。

可以节省成本花费,拉动 GDP 的上升。有效率的能源可以提高国家竞争力,并且利用废弃的甲烷生产电力还可以降低成本。然而,由于市场失灵的缘故,这样的机会总是被白白浪费。

通过这种低成本的缓解措施,到 2030 年每年可以节省超过 1000 亿美元(以 2008 年的价格指数计算)。表 12.3 显示了对中国和印度尼西亚的潜在节约估值情况。

表 12.3　实质性地大幅降低成本是很可行的

国家	度量标准	节约成本的估值 (10 亿美元)	占当前 GDP 的比重
中国	到 2030 年的年收益	53.5	1.2
印度尼西亚	到 2030 年的年收益	1.9	0.4

数据来源:中国的数据来自麦肯锡公司(2009);印度尼西亚的数据来自亚洲开发银行(2009)。所有的数据都以 2008 年的价格计算。
　　1. 麦肯锡咨询公司:《中国的绿色革命:采取优先技术以实现能源和环境的可持续发展》,麦肯锡报告 2009 年版;2. 亚洲开发银行:《以区域视角来看东南亚气候变化经济学》,亚洲开发银行 2009 年版。所有的数据都以 2008 年的价格计算。

尽管这些机遇本身并不能完全抵消实行低碳经济转型的总成本,但是它们确实带来了另外一种有益的"副作用",并说明了在向低碳经济转型过程中收获短期利益的明智政策的价值。

适应性与风险管理

除了缓解气候变化的措施,亚洲经济体也必须采取紧急行动来适应气候变化,并有效地进行风险管理。我们希望这些缓解气候变化的措施能够阻止全球平均气温上升带来的危险,但是由于受过去积累的碳排放和拟采取的措施需要一段时间来产生效果的影响,气温升高仍然是不可避免的。同时,正确应对气候变化的政策必须考虑将缓解和适应措施作为补充。在可能的范围内,他们应该寻求建立二者之间的协同作用(亚洲开发银行,2009a 和 2010a)。

对降低脆弱性的适应。许多亚洲国家特别容易受到气象灾害的袭击,多年来遭受了全球洪水造成的不同比例的高伤亡人数和巨额经济损失。南亚、东南亚、东亚和太平洋等地区的大部分人口都生活在江河三角洲、漫滩和沿海低洼地区。这些地区特别容易出现频繁和严重的洪涝灾害。未来气候变化将导致更强烈的台风、洪灾、干旱、热浪、沙漠风暴(尘埃)和山体滑坡,增大地质灾害的危险性,如火山爆发、地震、火灾、山体滑坡和海啸。因此,各国必须设法降低人们生命财产受此类灾害风险影响的可能性。

对发展规划的适应。政策制定者需要大幅提高自身努力,来调整自己的发展战略和计划,使其适应气候变化带来的影响。他们应当应用预防原则并且投资于适应气候变化的基础设施。政策制定者还应该考虑引入节约成本和适应气候的措施,以尽量减少对人类和经济资产的不利影响。

同时,应高度重视对以下适应性措施的投资,例如持续的水土资源管理、降低土地退化的风险、改善基础设施,以防止愈加严重的洪水、干旱和沙尘暴等造成的损害(见表 12.4)。

表 12.4 不同类型的部门适应气候变化的实例

部门	适应气候变化的方法和策略	可以采取的适应性措施
农业	共担损失	农业保险
	防止损失(结构和技术方面)	投资新资本
	防止损失(市场方面)	消除市场的不正常因素(例如不正常的定价)、自由化的农业贸易区域化以减少亏损
	改变使用方式	改进作物品种,促进作物多样化
	研究	开发抗旱抗涝作物
沿海地区	防止损失(结构性和技术性方面)	沿海防御和修筑海墙 升级排水系统 构建抵御咸水入侵的屏障
	防止损失(现场操作方面)	沉淀物管理 栖息地保护(如湿地和红树林)
	防止损失(体制和行政方面)	土地利用规划
水资源	防止损失(结构性和技术性方面)	减少损失(泄漏、控制、保护、水管) 容量的增加(新水库、海水淡化设施)
	防止损失(体制和行政方面)	水资源分配(市政与农业部门) 处理降雨量变化的风险管理
	防止损失(市场方面)	取水许可 水资源定价
健康	行为教育	合理用水 雨水收集
	防止损失(结构性和技术性方面)	温度控制 构建标准
	防止损失(体制和行政方面)	改善公共卫生 疾病根除方案
	研究	在疫苗、疾病根除等方面的研究与发展

数据来源:经济合作与发展组织(Organization for Economic Co-operation and Development, OECD, 简称经合组织)(2009 年)。

灾害性风险的降低和管理。国家可以发展和定期更新系统的风险管理计划,以尽量减少气候变化造成的脆弱性和对经济的不利影响。并且,减少灾害风险和管理方案应在所有国家适应气候变化的计划中占据最高的优先级。

增强部门发展战略中的抗灾规划。其中,最易受气候变化影响的部门包括,农业和自然资源、城市发展、水资源供应和卫生设施、交通运输(特别是沿海公路、跨岛渡轮、港口)和能源部门(包括水电)。部门计划、重点项目以及其他特定的国家活动,必须仔细审查和调整,以方便进行气候变化的灾害风险评估和管理。

农业对气候变化的适应力。气候变化将对许多亚洲国家的作物生产和土地管理技术以及用水需求产生巨大影响。目前迫切需要制定关于气候变化与水资源的供应和管理、对作物产量的影响以及土地干旱之间联系的国家级和区域级别的共识。许多国家都需要努力寻找更适应气候变化的种子和新的种植模式。农业的研究成果需要通过有效的推广服务和知识教育等手段,迅速传授给农民(特别是小农户)。

灾害风险融资。国家可以通过开发系统的灾害风险管理计划并纳入创新的风险融资工具和技术来减少与气候变化相关的灾害风险。发达国家的经验表明,灾害风险融资在制定积极的风险管理能力以减少对经济的影响和脆弱性等与气候有关的灾害中,能起到举足轻重的作用。融资工具可以增强抵御灾害风险的能力,并提供应急信贷或清算和接触外部风险转移市场的渠道,包括再保险。

分担全球责任

亚洲主要国家也可以通过采取积极行动以减轻气候变化的影响来证明它们愿意并且能够在处理这一紧迫的全球共同挑战中发挥建设性的作用,即使一些新兴市场国家的舆论界认为在短期内它们的经济增长可能受到影响。与此同时,发达经济体应当在未来减少由它们自身产生的碳排放量并参与公平的全球责任分摊,且向发展中国家提供技术和资金援助。

第十三章　治理与体制转型

胜茂夫(Shigeo Katsu):哈萨克斯坦纳扎尔巴耶夫大学校长、
新兴市场论坛资深研究员、世界银行前副行长

这一章主要讨论亚洲在努力实现"亚洲世纪"的过程中所面临的巨大挑战:治理与体制的转型①。它比较了亚洲国家和其他新兴市场国家的多种治理指标并概述了变革的主要动力(与人口、城市化以及与通讯革命一起日益扩张的中产阶级)。最后通过确定体制变革的关键行动,论述整个亚洲治理转型所需的原则以及当务之急,并最终得出结论。

分析框架

亚洲国家将重点放在改善治理和体制转型,以应对未来几十年的挑战是至关重要的。对发展和治理的研究清晰表明:不良的治理对穷人的负面影响非常大,而体制主要影响增长和减贫(见专栏13.1)。

最近,很多亚洲国家国内政治和经济制度本身及信用都在恶化,这是值得关注的,并且可以解释为什么亚洲的崛起不应该看作是注定的。

透明度、可预见性和问责机制,是建立国内当局当政长期合法性的必要因素。它们使治理和体制在40年(甚至超过40年)的时间内成为探讨亚洲大方向的良好基础。广泛的问题及其众多层面要求发掘各种各样的衡量治理的指标——即使40年间会出现明显的不确定性。而概念的复杂性则要求用不同的指标来衡量体制的转变。

---

① 在本书中,治理被定义为对一国经济和社会资源管理行使权力。这种权力行使反映在激励结构,法律及监管框架、政策、政治及体制框架、制度能力、透明度和问责制中。治理嵌入在政治文化和公民集体观念中。体制被定义为一系列"游戏规则"(法律,正式程序,制度),也包括行使这些规则的轨迹。法规,反过来,被定义为那些旨在指导实施当局意图之正式程序("规则")的表述。虽然法规可以很快改变(例如,1到3年),但体制变革和发展需要至少超过10到15年的时间。治理是在一个较长的时间跨度(几十年)内逐渐发展的,除非出现突发性和根本性的破坏(如革命或武装冲突)。

专栏 13.1 治理影响发展成果的证据

促进发展的治理往往呈现出复杂的情况。同时,治理的改革并非总能带来发展成果的增加和贫困的减缓。人们往往认为,这是因为成功的治理改革取决于政治因素。从研究中可以得到的另一个明确的信息是:不良治理对穷人产生不利影响,而体制对增长和减贫有影响(Earle 和 Scott,2010 年)。

民主化:在经济表现和减少贫困方面,民主的国家表现既非最好也非最差。有证据表明,民主制度能够防止发生最严重的人道主义危机。从长期看,稳固的民主制度往往享有更高质量的治理水平,能够促进更高水平的经济增长,并制定帮助穷人的社会政策。

司法与法治:学术界普遍承认,薄弱的法治对穷人有负面影响,尤以不合理的产权和争议解决机制为甚。一些尝试改善穷人获得司法支持的正面案例表明这种方法可以成为减少贫困的一个手段。

腐败:迄今为止,很少有实证经验表明一般情况下反腐败对减贫或发展有积极作用。理论界主要关注腐败与经济增长之间的联系,但其对贫困减少的影响不明显或者说是间接的。

分权:有很多材料都声称分权能够通过改善政府效率、代表性、责任感和增加公众话语权来对发展产生积极影响。然而,没有强有力的实证研究支持这些主张,而且许多学术研究也认为权力下放的整体发展影响是负面的。

公共管理改革:学术界普遍的共识是,效率的提高、公共机构问责制和发展成果间有紧密联系。然而,由于一些环境因素和设计不良的干预机制使得改革的潜力还一直没有实现。

公共财政管理:如果各国要达到其发展目标,改进公共财政管理是非常重要的。然而,公共财政管理对贫困的影响最终取决于政府目标的质量、重点以及政策本身。因此公共财政管理和发展之间的联系往往是直观假定而非基于实证经验之上。

表 13.1 提供了一个框架来识别激励治理和体制转变及所需相关原则的切入点。这个框架结合了治理转变的动力(如下)和在未来几十年亚洲的可能发展方向。然而,亚洲的政策制定者不能只依靠"国际上的最佳实践",而是要寻求"最适合"于具体国情的政策。他们必须最终选择一个在本身特殊国情下最可能带来进步的制度变革模式或几个模式的结合体。

表 13.1　治理和体制的分析框架

问题	参与者及工具	好的准则	坏的准则
谁来主导公共部门？	政府通过经济和社会政策	·增长导向的 ·包容性的 ·可持续发展的 ·负责任的	·方向不清晰的 ·排外的 ·寻租性的 ·不负责任的
政策如何适用？	通过一个清晰的法律、制度、管理框架和相关机构	·基于规则的 ·公平的（法律面前人人平等） ·负责任的	·临时起意的 ·选择性的或政府俘获的 ·不负责任的
政策如何实施？	通过行政部门和其他职能部门	·有能力的 ·以绩效为基础、竞争性的 ·有效率的 ·负责任的	·无能力的 ·任人唯亲的 ·无效率的 ·不负责任的
资源如何分配？	通过预算程序	·透明的 ·竞争的 ·负责任的	·不透明的 ·专制的或以利益集团为导向的 ·不负责任的 ·政府俘获的
公众监督如何实现？	通过多种方式： ·议会 ·媒体 ·民间团体 ·非政府组织	·负责任的 ·有公众问责需要的 ·信息可得的	·无效率的 ·充满利益冲突的 ·政府俘获的
是否有纠正机制？	通过各种上诉和冲突解决机制（例如申诉专员）	有	无

过去 40 年

在过去的 40 年中，亚洲在国际化发展中引起了广泛的关注。

20 世纪 60 年代到 80 年代，日本在追求繁荣的道路上一直引领着亚洲，直到它在 20 世纪 90 年代资产泡沫破裂时遭到重大打击。此后日本增长为世界第二大经济体，并保持到 2011 年初。日本在其制度建设方面相当明智。它的蓝图被新兴工业化经济体（NIE）的中国香港、中国大陆、韩国、新加坡和中国台湾调整后采用。而日本进行的一些更重要的体制改革则是从不惜一切代价的增长转变为关注可持续增长。主要表现为：在几起引人关注的重要工业污染事件后开始关注环境；着力于产业创新并建立明晰的知识产权制度；贸易部门确立更严格的竞争政策；金融部门全力支持出口导向型制造业,给能源和原材料进口融资,并加强基础设施建设。这些措施在开发阶段非常有效,但在一个迅速成熟的经济中,金融业结构调整的滞后则导致了资产泡沫的积累。20 世纪 90 年代公司治理方面有了巨大的变化——"关联公司"(企业集团)被分拆。日本政府巧妙地运用外部压力(主要来自美国)促进国内需要改革领域的改革。此外,日本还实施了一种结构化的官方发展援助方式,并在 20 世纪 90 年代成为世界最大的捐助国。20 世纪 90 年代后泡沫时期和 21 世纪第一个十年,日本努力摆脱通货紧缩的噩梦,并试图改善公共部门体制改革和政治停滞的局面。

新兴工业化经济体紧跟日本脚步:开发技术,发展知识型经济,并持续进行广泛的体制改革以避免国家陷入中等收入陷阱。值得注意的体制改革有以下几点:

◆中国香港:20 世纪 80 年代首个坚定的反腐败行动成功地打压了警察和其他公务员的腐败行为。这有助于巩固其作为亚洲首选外商投资目的地的地位,并确立了其亚洲最自由经济体的基础;

◆韩国:永不停止追赶日本的努力帮助其建立了在汽车制造、电子和工程方面的世界级品牌。同时,它还有一个非常强的民主传统,创造了世界上最"奇怪"的社会;

◆新加坡:独特的以任人唯贤为基础的公共和经济管理结构及开放型经济的立场,加上有远见、有纪律的决策和政治集权,使该国能充分利用其地理位置;

◆中国台湾:创业精神和创新能力促使该经济体转变成为一个以科技见长的经济体。

大约 40 年前,东盟(ASEAN)由五个国家组成。如今它已成长为包括 10 个国家在内的组织。出于经济发展和在动荡环境中寻求和平稳定的共同愿望,其成员国创造了被人们广泛称道的"东盟模式"。它的特点是无干扰、非正式、以协商促进共识、最小制度化、不使用武力和对抗原则。这些原则在 20 世纪 90 年代建立东盟自由贸易区和下一步建立东盟经济共同体方面发挥了重要作用。然而,在与"加三"国家(中国、日本和韩国)建立经济、金融和政治联系中,这些原则将受到诸多考验,许多正式安排需要实施。为避免陷入中等收入陷阱,非常重要的一点是防止实施共同点很少的安排。东盟五个创始成员中的两个,印度尼西亚和马来西亚,已经很大程度上实现了现代化的经济治理和体制,并克服了 20 世纪 90 年代末的危机。

20 年前,苏联解体,中亚开始重返世界。新独立的国家选择了不同的经济体制。它们中早期的改革者选择以市场为导向的经济体制——例如哈萨克斯坦、吉尔吉斯斯坦,以及蒙古国(虽然它并非前苏联的一部分)。而后期改革者如土库曼斯坦和乌兹别克斯坦,在 20 世纪 90 年代拒绝根本性的改革,从而在很大程度上避免了所谓的过渡经济衰退,但它们仍然表现出典型的指令经济的特点。大多数中亚经济体的共同特点是资源驱动,这个特点为经济多样化和均衡发展带来了额外的治理和体制上的挑战。所以一般对治理的研究常常把它们列入亚洲最差的行列。

相比之下,亚洲部分地区在向繁荣、和平、稳定的反方向发展:一些陷入了脆弱或冲突国家(或两者兼具)的类别。尽管情况有所不同,大多数脆弱国家都经历了长期内战或冲突。阿富汗可能是最典型的例子。缅甸和朝鲜也是。事实上,一个"不稳定之弧"从西开始延伸,包括了中亚、南亚和东南亚部分地区。

近几十年来最引人注目的发展一直是两个亚洲巨人的崛起——中国和印度。从1978 年推出农村改革计划以来,中国保持平均 10% 的年增长率超过 30 年,并将绝对贫困(采用每天 1 美元的临界值)从 20 世纪 70 年代的 75% 降低到 15%。中国的渐进式建设"有中国特色的社会主义市场经济"的实践,以实验、学习、推广和避免过于冒险的举措为中心,而且一旦做出决策就迅速执行。总之,中国的领导层不惧承诺,并认识到发展是一个动态的连续变化的长期过程。今天,中国已成为世界最大的工业生产国和世界第二大经济体。一路走来,它逐步发展和完善其经济和社会体制,培育了一个迅速扩大的中产阶层——他们具有更多个人自由方面的诉求,并且要求更多政府与民众间的信任。这一新兴力量的决策将主导未来该国的发展方向。在国际上,以中国为主导的新兴经济体将拉动未来全球经济,它也将逐渐从价格接受者转变为价格制定者。

在 20 世纪 90 年代初,印度就开始全面经济改革。印度已实行了几十年的进口替代战略,它的特点是经济增长与发展委员会(Commission on Growth and Development)所称的"用资本主义社会的现有体制服务于计划经济的目标"(EL-Arian 和 Spence,2008年)。从那时起印度就以超过 7% 的年均增长率增长,而且似乎将重走中国的增长之路,只不过滞后约 10 年时间。印度的人口、语言、民族的多样性和其作为一个民主国家的复杂性,要求采用不同的方法来促进社会共识的达成,以及制定切实可行的政策,但其核心方面还是与中国相似的。①

总之,将这两个亚洲巨人崛起的最显著的经验总结如下,即增长和发展的模式适合自身国情;在不确定中不断实践,并从实践结果和其他实验中吸取经验——要"最适合"而非"最佳"的方法;至关重要的是有远见且坚定的领导。

正如我们已经看到的,亚洲的多样性是惊人的。这种多样性也在过去十年的年度"透明国际化"(Transparency International)统计调查中得以体现。在 2010 年清廉指数(Corruption Perceptions Index)中,亚洲有 3 个国家或地区排名在前 20 位,另有 4 个排在所有被调查国家(共 178 个国家)的前 25%,8 个在前 25% 到 50%,13 个在前 50% 至

---

① 更多关于中印增长表现的内容请参见 M. A. EL-Arian 和 M. Spence,2008。

75% 之间,还有 13 个在最后四分之一中。如果清廉度能看作是治理良好或治理不力的派生指标的话,大多数在前 50% 的经济体都出现了中产阶级迅速扩张的现象(本章稍后将讨论)。

当今亚洲面临的治理挑战

目前还没有一个公认的追踪国家治理和体制演变的指标。尽管调查方法、数据来源和数据范围不同,但大体指向是相同的。2009 年由世界银行研究院发表的全球治理指标(Worldwide Governance Indicators)包含 6 个核心方面:公众话语权和政府问责制、政治稳定性或社会和平度、政府有效性、监管质量、法治情况和腐败控制制度。仅是简单的对亚洲经济打分并不能揭示 1998—2009 年间每一个重大变化。在此期间,公众话语权和问责机制略有下降,但在政治稳定性方面则略有提高。而对每个国家按照国内生产总值加权后则显示了一个完全不同的情景:整体表现显著提高,特别是在政府有效性、监管质量和法治方面,但是同时也伴随着公众话语权和问责制的减少以及政治稳定性的下降(见图 13.1)。

2009 年亚洲 7 国(Asia-7)和亚洲其他地区(按国内生产总值加权)的治理比较显示,亚洲 7 国再次超越了亚洲其他国家,其中政府有效性程度最高,其次是监管质量和法治情况。即使相比人口指标而言(见图 13.2 和图 13.3),亚洲 7 国的分数仍然很高。同时,亚洲发达经济体(指具有较高的 GDP 和较少的人口)和两个新兴巨头间仍然存在差距。

然而,随着时间的推移,同样的亚洲 7 国情况有喜有忧:政府有效性和监管质量都大大提高,其他方面则没有什么进展。令人失望的是亚洲 7 国与世界上其他国家相比也没有任何改善(见图 13.4)。其余经济体——主要是那些分散的低收入和中低收入国家——情况比亚洲 7 国和其他发展中国家更差。换言之,本书在讨论经济表现时将国家的治理绩效分为三个层次。

特别在治理腐败方面,亚洲的区域差异是相当大的,尤其是按国内生产总值加权时就更是如此。经济发展和对腐败的控制之间的关系是非常清晰的(Kaufman,2006 年)①。当按国内生产总值加权时,亚洲和亚洲 7 国与世界其他地区相比,尽管差距正在慢慢缩小但仍然严重落后(见图 13.5 和图 13.6)。

---

① 他声称,"研究表明,腐败程度每增加一标准差会降低 3% 的投资率和 1% 的年均增长率"。

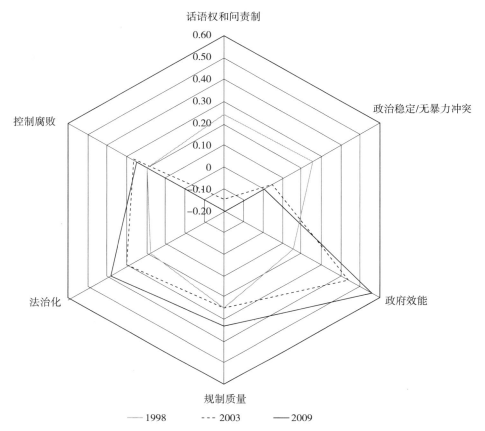

图 13.1　亚洲治理指标(按国内生产总值加权):亚洲公众话语权和问责权在缩减,政治稳定性也在下降,但在其他方面有所提高

数据来源:世界银行:全球治理指标数据库,2010 年。

　　有关治理对经济增长影响(包括腐败和体制好坏)的理论和实证研究浩如烟海(Zhuang 等,2010 年;亚洲开发银行,2010 年;Acemoglu 等,2001 年)①。治理与体制的关系和增长与收入的相互关系已经得到证实,但证据表明前者对后者的影响要强于后者对前者的影响(Zhuang 等,2010 年)。

腐败问题

　　虽然对腐败下一个能被普遍接受的定义很困难,但腐败的基本特征和形式已经为

<hr />

　　①　Acemoglu 等人得出的结论是,如果尼日利亚能够改善其治理使其达到智利的水平,则其人均收入能够增长到现在的 7 倍。

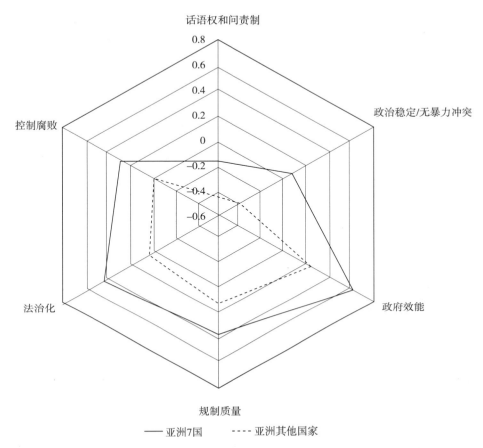

图 13.2 治理指标（按 GDP 加权）：亚洲 7 国在治理上超越亚洲其他国家

数据来源：世界银行：全球治理指标数据库，2010 年。

人们所广泛接受（见专栏 13.2）。

低级腐败

在亚洲或其他地方都能遇到所谓的低级腐败。它主要是指那些行政腐败，表现是通过行贿来获得"方便"的登记和注册许可证。尽管在定义腐败行为时需要注意不同的文化和非正式的社会规范，但有证据表明，收入的增加倾向于导致低级腐败。低级腐败主要集中在特定领域，如执法和税收征管部门。有证据表明，加强公务员招考和录用竞争、提供更具吸引力的公共部门的薪酬、建设任人唯贤的文化、减少官僚武断以及实施更严厉的惩罚是减少低级腐败的有效的措施。可以肯定的是，如果继续容忍低级腐败可能会导致高级腐败。

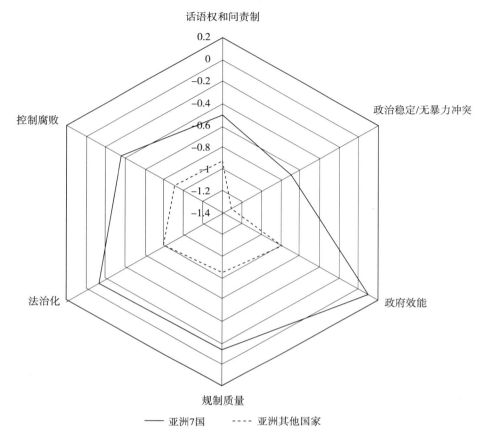

图 13. 3　治理指标（按人口加权）：亚洲 7 国在治理上超越亚洲其他国家

数据来源：世界银行：全球治理指标数据库，2010 年。

专栏 13.2　什么是腐败?

"腐败是滥用公权力谋取个人利益或挪用公有资产的违法行为。某些腐败现象甚至是出现在法律框架内的合法行为。行政程序的正确性并不能排除腐败的可能性。同样,仅仅是程序缺陷或手续的不足也不能推断为腐败行为。腐败,甚至出现于那些旨在满足某些利益集团利益但并不违反任何规则或法规的政策制定中。"(K. Rajasekharan,2011 年)

高级腐败

利害关系更为显著的是通常被称为"高级腐败"的行为,它要求交易价值更高,租金更多并且有预先安排的贪污行为。传统上,高级腐败普遍形式是影响那些有关大笔

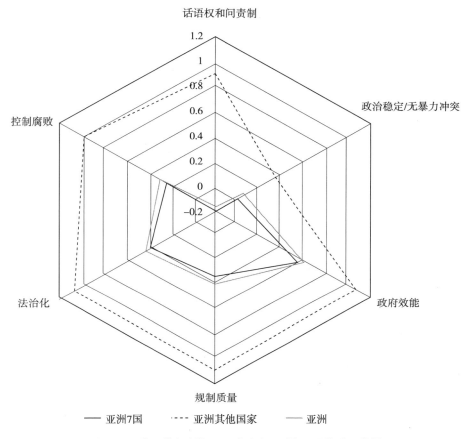

图 13.4 治理指标（按 GDP 加权）：亚洲 7 国落后于世界

数据来源：世界银行：全球治理指标数据库，2010 年。

采购或工业法规的政府政策和决定。① 典型的缓解措施包括官僚问责制和提高透明度（例如，公布采购决策）、能预见且强制性的监管和避免利益冲突。

政府俘获

近几十年来，人们开始更多地关注一种特殊形式的高级腐败，即政府俘获。这个词在转型经济改革的背景下相当流行。它是指寡头利益集团出于自己巨大但狭隘的利益而操纵政策制定，例如企业通过贿赂公职人员来制定有利于自身的法律、政策和规章。这种形式的腐败，不仅牵涉到寻求非法利益的公司，而且还牵涉政客官僚。最近的调

---

① 并非所有的腐败都是非法的，但是它们可能反映了长久的"做生意的方式"。通常这种"做生意的方式"直至危机爆发才会受到质疑。一个典型例子是监督机构和其监管企业通过互换高层官员而相互勾结。

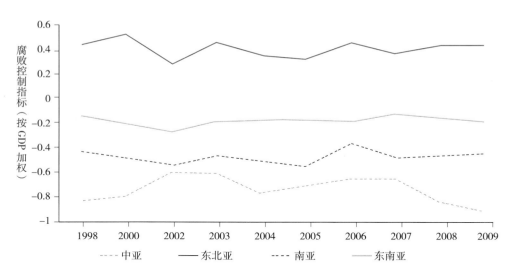

图 13.5　东北亚控制腐败表现优于其他亚洲地区

数据来源:世界银行:全球治理指标数据库,2010 年。

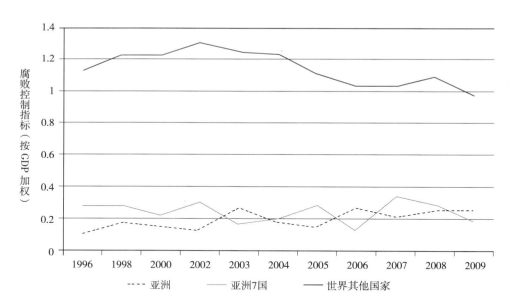

图 13.6　亚洲(含亚洲 7 国)在控制腐败方面表现差于世界其他国家

数据来源:世界银行:全球治理指标数据库,2010 年。

查,例如亚洲指标调查数据库(Asia Barometer)的调查显示,在大多数国家,政治和政党都被视为最腐败的一群人。

　　政府俘获导致部分改革停滞,因为后续的改革努力被反竞争势力相互勾结而阻止。这种寻租活动通过奖励巴结关系而非竞争和创新来诱惑人才去从事政府俘获活动。政府俘获不仅是一个国家弱小的表现,也是治理不善的根源(Hellman 和 Kaufman,2001 年)。①

抵抗政府俘获可能相当艰难,因为政客和企业的腐败联盟是变革的强大阻力。一般的缓解方法是众所周知的,但必须根据具体国情决定如何推动改革,例如通过与那些目前被拒之门外但试图进入的利益相关者结盟,给予被剥夺权利的贫困民众和民间社会组织发言权,利用国际压力(见专栏 13.3)等。日益扩大的中产阶级及其增长的需求是改革的强有力因素。

专栏 13.3　腐败对穷人的影响

实证研究表明,腐败影响最深的人群是最贫穷的人群,这是因为他们相对要付出的更多,且无法承担购买法律保护的费用。他们往往无力负担教育和医疗服务,因为他们不能承受额外的支付要求。他们被剥夺了政治审议过程中的公民权。第 7 章曾经警告过亚洲存在着日益加剧的不平等,缺乏包容性的增长战略和持久的贫困。现在再加上治理不善和体制薄弱,亚洲决策者渴望带领他们的国家走向繁荣的愿望可能面临更为艰难的挑战。

全球治理指标和类似调查提供了以下观察结果:

◆亚洲作为一个整体来看,1998 到 2009 年治理指标的进展令人失望。除了政府效率有所提高,监管质量和法治水平小幅增长之外,发言权和问责制以及政治稳定都有明显后退。

◆亚洲 7 国表现稍好,但即使如此,它们还是在许多方面都落后于世界上其他国家。除非这些缺陷得到解决,否则亚洲很难领先世界。

◆特别在治理腐败方面,情况更令人担忧,加上在法治和公众话语权及问责制方面的不足,这个关键体制的不足可能会使许多亚洲国家陷入中等收入陷阱。

◆然而,在今天的亚洲,几乎所有的政府都承认腐败是社会的毒瘤,将严重制约体制层次的提高。这是认识上的进步,因为解决腐败的第一步是与相关利害方讨论并承认它的存在。

以上的讨论说明体制的好坏决定高速增长国家能否避免陷入中等收入陷阱,同时也决定低增长国家能否实现持续快速增长、社会包容、千年发展目标以及政治上的成熟。

应对亚洲共同的挑战,无论是快速城市化,建立一个从根本上健全的金融部门,还

---

① 作者提供了一个简单明确的政府俘获分析。

是培养创业精神和创新能力,都需要有效的治理。

治理和体制转变的驱动力

和其他地方一样,亚洲转变治理和体制的压力来自于国内而非国外。三大驱动力——人口、城市化以及与日益壮大的中产阶级所产生的需求相结合的通信革命——无疑将决定未来 40 年的游戏发展方向。

人口

变革的第一推动力来自该地区的人口前景(见附录 1)。从广义上讲,亚洲的国家和地区可以分为三类:

◆人口迅速老龄化的社会:主要分布于东北亚地区,指那些人口机遇期已经过去或即将过去的国家或地区,如日本、韩国、中国大陆(略有滞后)、中国台湾、新加坡和泰国。到 2050 年,超过 40% 的日本人和韩国人将超过 65 岁——目前日本已经有 20% 的人口超过 60 岁,而中国有 12%,韩国有 15% 的人口超过 60 岁。到 2050 年,日本的人口将萎缩 30%;韩国的人口预计将下降近 9%,工作年龄人口可能下降 36%,因为 60 岁以上的人口将增长 150%。自 2015 年起,中国的工作年龄人口也将开始下降,人口数量大概会尾随日本人口下降 20 年。

◆在老年、少年和工作年龄人口间保持平衡的社会:只有几个东盟国家,这些国家仍然可以受益于人口机遇 10 或 20 年。

◆具有高比例青年人的国家:其人口机遇期将继续延续几十年。这一组包括一些最贫穷和最脆弱的国家,其中多数分布在南亚和中亚地区。

表 13.2 提供了对这些人口趋势的一个概述,它采用工作年龄人口作为人口机遇期和潜在人口红利的重要指标。问题的关键是这些反差在未来几十年将如何体现。

表 13.2　亚洲各类型国家工作年龄人口比例 （%）

	2010	2020	2030	2040	2050
亚洲老龄化国家	64	63	60	57	55
亚洲稳健增长国家	58	60	60	59	58
亚洲年轻国家	54	57	60	62	61

数据来源:联合国:《世界人口展望:2010 年修订版》,联合国 2011 年。

老龄化社会

人口老龄化的国家将有越来越多的人对进行大的政治和经济改革持保守态度,他们强烈要求在医疗保健和养老金方面增加福利。[①]

这些人口趋势不仅会转化成更新的经济现实,也会形成不同的代际期望和关系。老年人更为保守,抗拒改变,他们喜欢稳定的生活。这些因素反过来又会影响到治理的各个方面,需要广泛的制度调整。但老龄化人口的需求要提高财政的可承受能力和可持续性,因此,他们的要求并不一定自然就能得到满足。

老龄化社会必须调整经济结构、体制和政策来照顾越来越多的老人。劳动密集型产业将随着劳动力减少而消失。

技术和创新将要依赖越来越多的替代劳动力(制造业以及服务业)。医疗保健(包括长期护理)及相关法规需要得到调整以适应老年人的特殊需要。渐渐显现的医护人员短缺需要开放的劳动力市场(日本是一个值得注意的例子)。养老金和社会保障金将越来越多地排挤财政空间。地方政府需要发展面向"老人"的服务,并采取更积极的人口政策。

一个特殊的挑战是在东北亚地区(中国、日本和韩国),老龄化国家是没有先例的。这种共同的挑战可能给国家间互相学习或向欧洲的老龄化社会学习提供了机会。

"年轻和强壮的"社会

"年轻"的国家,在积极的情况下,会增加它们的经济规模大小,而且随着时间的变化改善公共服务,方式类似于今天的经合组织国家和亚洲其他发达经济体。在治理方面的压力主要是当局要促进经济增长,提高人民生活水平,创造就业机会,并确保公众对法治的要求。

这些压力在不同国家间表现是不同的:

◆对于快速增长的经济体(如印度和许多东盟国家),这意味着确保中产阶级的顺利扩张,保持竞争力和升级技术创新水平,并且以提高生产力为重点以避免陷入中等收入陷阱。通过提升教育层次来提高人的素质将发挥重要作用。

◆对于脆弱的国家(特别是阿富汗,以及一些中亚和太平洋岛国),这意味着重建国家权威,应对宗教极端主义威胁和青年人的激进主义,管理社会动荡的风险。此外,这些国家也正在经历快速城市化(在低收入水平之上的),这说明还需应对城市管理的额外挑战。

---

① 当前和即将步入老龄化的一代为日本在二战的废墟上重建自己的国家做出过巨大贡献。在韩国、新加坡、中国台湾,同样的一代人实施了"亚洲四小龙"的转型。而在中国,同样年龄的人群见证了国家从一个落后的农业国实现历史上最为宏大的转型,并一跃成为世界第二大经济体的历程。

经济发展与经济结构、体制和政策的关系是众所周知的。它们代表更传统的发展挑战，与改善投资环境和竞争政策、创造就业机会、提供教育和技术培训、创新升级价值链、基础设施建设、城市重新规划服务相关，与水、能源、农业和环境相关，同时也与公民的话语权和参与有关。年轻的国家可能比老龄化国家更需要改革。

城市化

第二个驱动力是不可阻止的城市化趋势。如今中国的人口约40%在城市，到2050年，城镇居民将占70%以上；而印度将从目前的大约30%增长到2050年的超过50%（见第九章）。

具有良好条件（教育、卫生、金融、基础设施、空气质量、娱乐设施等）且运行顺利的城市，将比其他运行不良的城市群更具决定性的优势。城市能容纳知识工作者作为创新的地点并建立有利的体制。公民需要有能力的市长和城市管理者，并将更频繁地求助于当地政府领导。反过来，强大的市长将能对国家政治发挥越来越大的影响。公民将需要更可预测，透明和负责任的治理，可能的方式是通过记分卡或类似文书的管理。

在联邦结构下推动权力下放是不可避免的。主要城市的市长将有更广泛的对国家政治自由抉择的空间，但这也可能会导致国家和地方政府之间的紧张关系。权力下放的设计与真正实施间会有一个巨大的差异。世界上其他国家的经验其实一直都很明确地指出了平衡中央与地方的关系很困难，而制度建设非常重要。

而挑战在于确定适合亚洲的治理形式和体制①。这会对国家与其公民间的关系和距离以及地方一级的竞争政策形式产生重大影响。它强调禁止政府俘获和腐败的需要，特别的是，土地登记和管理将构成治理问题的核心。

亚洲不断扩大的中产阶级和通讯革命

Easterly(2001)和其他几位学者已经提出了一种"中产阶层的共识"的说法。中产阶级无论是对人力资本还是储蓄积累都是很重要的，而且由于其增加的购买力及对更高质量产品的主观支付，它是现代企业乐于投资和升级产业价值链的主要动力。

在整个亚洲地区，日益壮大的中产阶级——社会经济快速增长的理想产物本身——也将需要更多的话语权、更高的参与度、更透明的（预算）资源分配，更加强化的

---

① 亚洲新兴市场的"本国"反应与那些已经进行了这种转变的社会没有根本上区别，因此，总体而言，其发展的路径——在体制建设、法律法规、国家与地方财政关系和分权方面——将大致与经合组织国家相似。

结果问责制和更多的个人空间以及法治下的公平。①

虽然是艰巨的挑战,但打击腐败对于国家保持基本的社会和政治稳定以及政府的合法性十分关键。在此,统治者和被统治者之间的沟通质量至关重要,这在中东和北非最近发生的事件中有充分的体现。

如前所述,随着收入的增加和中产阶级的扩张,对更好的服务和生活质量的要求将成为体制变革的强大驱动力。中产阶级资产的积累将创造对更高效的金融中介、机构和工具的需求(见第十章)。随着时间的推移,大量的财富将从国家转移至其公民手中。这种转变将推动进一步的创新(比如在金融业),但同时也会对国家与地方财政关系和公共财政管理(包括现在越来越多的债务管理)产生影响,并进一步激发对收入差距的关注。

居民手中财富的增加,加上主要亚洲国家的人口状况,将有利于经济从外向型增长模式转变到国内需求主导模式。这对投资、消费和储蓄都有影响。幸运的是,整个亚洲能够以一种渐进谨慎的态度解决这个新挑战,而大多数其他地区都还没有办法做到。

然而,出现新兴阶层不应该等同于过渡到西方的民主模式。治理的基本因素不会改变很快。国家与其公民之间的关系、距离和社会契约以及公民参与国家决策的形式,大多还是不同于西方的议会民主模式。这并不是接受过于简单的"亚洲价值观",而是认识到治理需要有"亚洲特色"。在亚洲社会中,传统的等级关系不可能在如此短的时间内被取代。

然而,一个不确定因素是未来通信。这虽然不是推测未来的技术方案,但是出现迄今无法想象的新通信技术和工具却是可能的。它们要么推动更多的公民参与和话语权,要么更为强化政府统治。中东最近发生的事件再次说明这种技术的力量。

这些国内动力所带来的压力、所需行动以及相关的风险总结如表13.3。下文进一步阐述相关原则和当务之急。

表13.3　国内治理和体制转型的压力

	发展	行动	风险
人口	东北亚呈现老龄化特征,南亚和东南亚则比较年轻	·老龄化国家需要转变体制 ·年轻国家需要改善公共服务	·应对老龄化的体制改革在亚洲没有先例 ·不提供公共服务可能带来动荡

---

① 这并不是说,法律和法律制度在亚洲(特别是亚洲7国)经济发展中并没有发挥作用。详情参见Pistor Wellons,1999。

续表

	发展	行动	风险
城市化	到 2050 年,城市人口扩张将会非常显著	·治理和体制改革需要考虑城市人口扩张 ·分权政策	·城市扩大会带来中央与地方政府间的紧张关系 ·城市—乡村收入差距可能会扩大
扩张的中产阶级	扩张的中产阶级要求更高的生活品质	·政府必须满足他们对于治理和体制改革的期望和要求	·可能导致对更多发言权的需求 ·国家与公民间的距离会受到影响

体制变革的关键因素

亚洲各国政府是实现"亚洲世纪"的主要参与者,但它们无法单独做到这一点。各国政府必须制定和实施良好的增长导向和包容性的经济和社会政策,这在本书中已经讨论过了。必须制订有利的、以规则为基础的体制和监管框架,让公众可预见、对公众负责任且公平。各国政府必须对腐败和任人唯亲保持警惕,同时还必须拥有一支精干的公务员队伍和忠诚的司法机构,以确保预期政策的实施以及国家权力的行使。但是,这些都需要时间。明智的政府将能充分利用在这本书中列举的主要动力的优势——尤其是本章阐述的三个动力(人口、城市化和不断扩大的中产阶级)——来加速体制变革。

随着经济和契约关系逐渐变得复杂(这也反映了亚洲的经济增长表现),政府需要逐步应对这些压力,同时接受民间社会和私营部门行使更多的发言权,发挥更重要的作用。当局要通过接受立法减少国家的自由裁量权,为个人和社会创造更多的空间而确保合法性。政治会越来越有争议,正式政治制度以外的民间社团和媒体会要求更多的问责制并监督政府表现(无论是在国家还是地方层面),来行使公众监督权。亚洲最终的挑战将是能否几代人都保持这种体制变革的积极势头。如果做不到的话,"亚洲世纪"梦想的实现会受到阻碍。

原则和优先事项

转型的动力分析,治理和体制变革的切入点以及如"全球治理指标"调查的结果都为亚洲各国政府提供了考虑的方向和实现稳定与繁荣的道路。本章认为,上文提到的三个因素可能给政府改革施压,而且在一定程度上会超过外界压力:当转折点(即改革失败的内部代价超过外部压力)到来时政府才会实施应对压力的措施。对政府的合法性以及稳定性的担忧将推动中央决策者的决定,但这个过程是绝不能操之过急的。

如何能加快转折点的到来呢?一种方法是强调通过改革提高中产阶级的福利。三个国内改革的动力不是孤立的,恰恰相反的是,它们是相互加强的,从而加速推进改革。然而,同样重要的是明白治理的成果不可能完全遵循西方民主的道路(Chu、Huang,2007 年;Nathan,2007 年)。

以下八项原则和当务之急值得特别注意:

1. 重点放在建立强有力的透明的体制上——它们决定成功与否。决定亚洲国家能否避免陷入中等收入陷阱,或成功从一个冲突后的贫穷国家向快速增长的经济体转变,以及发达经济体能否成功应对老龄化的严峻挑战的最重要因素是体制好坏。体制是无形的治理转变为有形的结构和形式的方法。它认可代际交流和社会学习。概括而言,体制建设的重点应该是:

◆对于快速增长的经济体:培养世界一流的技术和创新体系,吸引知识工人以避免中等收入陷阱。

◆对于脆弱国家:建立或重建国家的基本制度。有很多国际经验可供借鉴,但必须有自己的政治意愿,而且必须建立对变革的社会共识。

◆对于老龄化社会:因为人口结构变化必须调整体制,制定透明且接受移民的法律和制度以吸引外国技术和劳动力;确保财政上可持续的养老金和社会保障体系的运行。

◆对于亚洲的新兴经济体:通过建设世界一流机制机构(包括明确且具有强制力的财产权的法律体系,教育和医疗体系,公务员体系和金融体系)来避免自身陷入中等收入陷阱,并创造机会及公民投资的激励机制。特别是法治和技术发展创业精神和科学技能,都应该是最先考虑发展的。

对体制和人类发展的重视是新加坡避免落入中等收入陷阱的主要成功经验:近年来,新加坡在按购买力平价计人均收入上位列世界第三。这正是亚洲新兴市场最需要努力的方面。尽管许多国家已经明白这一点,但还没有哪一个做到与新加坡相同程度。新加坡与诸如马来西亚和巴西(人均购买力平价分别排名在50多位和70多位)的对比并非因为它有什么秘诀,而是因为它彻底而毫不留情的方式。而且,即便新加坡如此重视体制和人类发展,它仍然用了几十年才取得了今天的成就。亚洲新兴市场必须高瞻远瞩,而且现在就要开始行动。

2. 对腐败不能听之任之;否则,它将最终毁灭法制体系。2010 年全球腐败晴雨表,反映了一个全球性的趋势。报告称几乎所有的亚洲国家公民，无论其收入水平如何，在过去三年中，都感觉腐败愈加恶化。格鲁吉亚是一个值得注意的例外。

腐败集中体现在最近印度几件大的丑闻上。人们担忧这些丑闻会对外商投资产生负面影响。在中国，中央政府一直担心腐败会腐蚀制度的合理性。

持续扩张的中产阶级将会要求更高的透明度和更强的问责制。在处理腐败和其他治理问题上的成功与否将长期决定亚洲国家在通往 2050 年繁荣道路上的方位。

3. 制定参与决策的方法，并建立问责机制。对新形式问责制的需求在上升。在初期，公众的需求主要集中于增长；接下来，增长的需求——主要来自于城市和中产阶级——与一些非经济因素如生活质量和政治参与有关。人们开始讨论国家的作用。国家和公民间的关系将产生意义深远的变化，这些变化与公民行动主义有关，例如绿色行动、纳税人协会，以及涉及这类事情的文化，遗产和慈善事业。公民要求获得更高的透明度和更多对腐败的惩治。各国政府在管理越来越有发言权的公民预期时将面临复杂的挑战。

4. 制定政策仅仅是一个开始，实施才是最重要的步骤。投资或商业环境——相关的调查包括世界经济论坛（达沃斯论坛）的排名和世界银行的经营环境调查——对亚洲国家的监管质量有积极影响，这主要是通过刺激那些渴望吸引国内外投资的国家间的竞争来起作用的。同样，国家也开始习惯地受到各种治理方面的监督（如世界银行研究院的"全球治理指标"或透明国际的"清廉指数"），并根据结果调整政策。但是从非政府部门如私营部门或民间社团组织获得的反馈却经常不同。这表明政策改革往往停留在纸面上。然而毕竟纸面规划和现实之间的差距还是很大的，二者的不匹配最终会危及政府的公信力。因此政府必须积极寻求与商界合作，确保决策真正实施，而且必须发现问题在哪里。非政府参与者——监督执行情况并提供反馈和公众监督——应积极帮助解决问题，而不是容忍问题的存在。

5. 确保在法治面前人人平等。如果近期在北非和中东以及其他地区的动荡有什么警示作用的话，那就是法治的选择性适用导致民怨横生，因为在法治面前的不平等体现了国家的随意性和公民人身安全的缺失。在日益增长的中产阶级对于公共和私人空间的需求越来越多的背景之下，建设一支诚信、公平和正义的立法和执法队伍必须得到足够的重视。纵览整个亚洲新兴市场，经济增长的成果已经向藏富于民转化，最常用的即土地和房屋的形式。然而，当越来越多重要位置的稀有土地变成经济租金的来源时，摩擦就会越来越多。这会造成公民与地方当局的对立，或公民与和权贵关系密切的私人土地开发商的对立。同样，在许多国家，权贵往往藐视法律，私相授受，无视普通人越来越多的愤怒。所以，只有权贵明白法治适用于每个人，只有公众深信以往的靠关系办事的方式已经改变时,才能确保长期稳定。

6.建立择优选拔的公务员体系。公务员执行政府政策,所以它的质量对政府决策的实施效果具有非常重要的作用。然而,在大多数亚洲国家,公务员素质不高,甚至是经济发展的桎梏。发达经济体有一个共同特征就是公务员队伍被认为是一支诚信并存在高度竞争的队伍。他们能够吸引最优秀和最聪明的人才,并建立英才管理的制度。新加坡建设任人唯贤的公务员系统和绩效为先的公共部门的政治承诺已经转化为其竞争优势。但是,新加坡的公务员系统也非一朝一夕建立起来的。千里之行,始于足下,期望到2050年实现"亚洲世纪"的国家必须从现在开始做起。

7.信任才能建立政府与公民之间的良好关系。信任是建立在一致、透明、负责任、可核查的结果以及内置的追索机制之上的。政府与民众间关系越平等、稳定就越有可能实现。这要求政府承认公民才是国家的真正主人,并实施有效的监督和问责机制。

8.按照"最好"的做法去做是不够的,各国必须找到"最适合"本国国情的做法。有些国家为了实现这些原则及其他相关治理目标,往往把重点放在制度的形式而非制度的功能上。相当多的国家都是依据当前发展状况,仿照经合组织国家建立正式的、以规则为基础的体制,但是在大多数情况下,这些改革不能产生预期的效果。其原因在于没有足够重视特定的非正式制度、关系和正式安排背后的利益。展望未来,各国必须选择在自己国情下能有更好表现的模式,寻求最适合自己情况的治理方式。认识到这一点虽然重要,但并不能让亚洲新兴经济体的选择更为容易。这意味着,必须建立新的国家共识,而不能选择套用现成的模式(很多国家把自身的失败归咎于这些模式)。它必须基于严谨的分析、自省,以确定最适合自己的治理模式。在一些国家,这意味着尽管真相不尽如人意,但它却是发展一个适合自己且成绩卓著的体制的一项基本要求。

第十四章 区域合作与一体化

约翰内斯·林恩(Johannes F. Linn):新兴市场论坛资深研究员、
世界银行前副行长

亚洲正在崛起。它正经历意义非凡的伟大复兴,回到如几百年前在世界经济中有相对地位和影响的时代。随着亚洲的互联性越来越大,它现在是全球经济和政治的一部分,并且是一个迅速发展的全球治理系统。作为单个国家和经济的结合体,亚洲越来越多地由内部和外部的市场力量联系起来,但却缺乏强有力的地区组织,这就出现一个关键的问题,即亚洲能否和如何继续保持快速增长? 或者说亚洲开发区域机构的解决方案能否帮助和支持亚洲市场主导的一体化进程、通过跨国界的积极合作加强增长势头、建立邻国之间的信任和防止地区冲突、并使它成为一个反映主要内部或外部冲击的区域实体从而使它在全球事务中拥有强有力的声音?

本章的目的是对亚洲区域经济一体化和机构合作近代历史和重要意义的进一步认识[1],并探讨在未来 40 年[2]亚洲扩大和深化区域一体化和合作的机遇和挑战。它借鉴了大量的研究[3],目的是呈现未来的主要趋势和问题,以及今后的机遇和挑战。

本章讨论了亚洲未来增长和区域合作重要性日益增加的五个原因;提出了国家间从冲突到合作的认识框架;以 1970 年确定的基准条件评估了当前区域一体化和合作的

---

[1] 在这一章中,"区域经济一体化"是指在一个特定的地理区域不同国家的经济主体之间通过贸易、运输与通讯、资金流动和迁移形成的经济联系。"区域机构合作"是指各国政府努力协调提供必要的公共基础设施、支持区域经济一体化和消除由国家政策制度可能产生的障碍。

[2] 本章补充了这本书的其他章节,其中包括一些区域一体化和合作的具体方面,包括金融发展和一体化,还有能源。

[3] 其中最重大的是亚洲开发银行对亚洲地域研究的三部曲(亚洲开发银行(ADB),2008a)、亚洲地区的基础设施(亚洲开发银行(ADB),2009)和亚洲区域机构(亚洲开发银行(ABD),2010a)。还有圣坦尼国际集团(2006 年)研究欧洲和拉丁美洲一体化和合作的经验教训与泛亚一体化直接相关。在东亚,Gill 和 Kharas(2007)、Nehru(2010)、Pomfret(2010)提供了宝贵的见解,还有 Ahmed 等(2010)、Baru(2010)、Chandra 和 Kumar(2008)、Das 等对南亚的研究。联合国开发计划署(2005)对中亚区域一体化和合作提供了一个全面的评估。更学术的版本,详见于 Linn(2011)。

进展情况；确定了今后区域合作的优先事项；最后讨论了区域合作机构。

亚洲未来区域合作的重要性

加强亚洲区域合作和一体化对该地区的整体发展越来越重要，原因有很多：

第一，为了维持区域范围的经济增长，亚洲国家将需要越来越多地依赖于内部需求（国内和区域），并确保对周边国家和世界其他国家开放市场，就像二战后美国和欧洲市场对亚洲开放一样。至少这将需要创造商品、服务和金融一体化的市场，并允许整个地区贸易和投资的自由流动，同时降低世界其他国家的进入门槛。

第二，加强区域合作，将有助于更好地应对全球性挑战，并产生显著的协同作用和积极的外溢效应，如技术的发展、能源安全以及灾害预防等许多领域。正如 Gill 和 Kharas（2007）在分析东亚经济增长经验中强调，获得规模经济是持续增长的关键。区域一体化和合作可以创造更大的市场，生产专业化、跨国投资、公共基础设施服务的规模经济，通过跨国界知识和经验的分享来复制成功的发明和发展规划。反过来，也会使企业和政府的效率更高。

第三，几个公共区域的技术和联合管理对亚洲的长期稳定和繁荣越来越重要。公共区域管理包括扩散和减轻与毒品和恐怖主义相关的内部政治和社会风险问题；避免特大经济体和核武器国家之间的冲突，并维护本地区的社会和政治稳定，特别是支持脆弱国家的经济和安全。

第四，区域合作可能是一个较穷的国家进入价值链，并最大限度地发挥其增长潜力的踏脚石。

第五，区域合作的潜力是个别亚洲国家和世界其他国家相互交流的重要桥梁。为了在以经济实力说话的国际事务处理中拥有发言权和影响力，亚洲需要在一系列的全球性问题上确立统一的地缘政治地位。这只能通过地区对话与合作获得。

合作而不是冲突

合作不只是邻国之间的互利互动。他们也可能竞争或冲突。事实上，区域合作、竞争和冲突是邻国之间保持关系的一部分。冲突包括用敌对和相互破坏的手段解决邻里之间的利益分歧；竞争是国家间追求资源和利益的排他性，但通过和平手段、国际法律、政府间协定或约定俗成的法规;合作意味着可以一起作为合作伙伴最大化共同或共享效益。当然,周边国家最好是减少或消除冲突,因为冲突能引起巨大的人力和经济损失。

根据具体情况,竞争可能会通过领头羊的作用提供激励机制(例如,通过全面改善商业环境与外国直接投资(FDI)竞争);或者可能涉及昂贵的重复投资和资源的浪费,导致"竞相杀价"(例如,对外国投资者的选择性和不合理的税收优惠政策的竞争方式)。只要它获得的利益不是以第三方的损失为代价,合作通常是最可取的办法。

图14.1显示了国家之间在区域意义的领域,从竞争冲突到合作典型的关系范围。例如,对贫困国家的发展援助是一个明确的合作领域。传统的贸易政策包括在竞争状态下通过贸易保护获得国家利益的措施,也可以通过基于协调减少保护和改善边境和运输管理的合作解决方案达到目的。然而,如果这些消除壁垒的措施仅仅适用于区域协定的参与者而不包括其他国家,将可能产生贸易转移的实际成本。

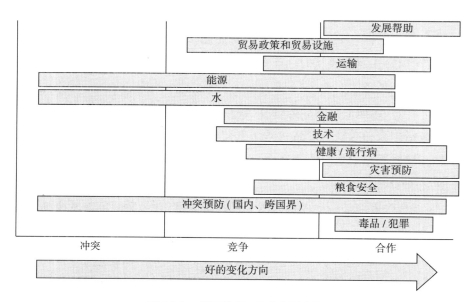

图14.1 相互信任:从冲突到合作

来源:圣坦尼国际集团。

其他例子还有许多:在交通运输方面,涉及区域合作的如跨国界的国家交通运输,特别是协定的区域运输通道的部分。但是,国家还可以通过交通投资的方式竞争,如发展竞争的港口或扩大机场容量,或建立竞争区域的道路或铁路线。在水资源领域(以及海洋资源),洲际的关系可以从冲突到竞争到合作方向转变。对于灾害预防,没有冲突和竞争的明显空间,但有很多合作的机会。预防冲突是原则上的合作活动,但在实践中却被洲际和地缘政治的冲突和竞争所掩盖,正如当前朝鲜半岛的局势一样。当然,痛苦和流血冲突的历史,也可以是合作的驱动器,如建立欧盟就是一个很好的例子(见专栏 14.1)。

专栏 14.1　学习历史的经验教训

在过去的一体化和合作倡议成功的基础上,是有机会建立亚洲区域合作关系的;实际上亚洲可以从历史中吸取经验教训。也许最重要的教训是要避免欧洲在 20 世纪前半叶犯的错误。在经历了 19 世纪下半叶快速的工业化、经济增长和一体化的黄金时期后,欧洲对 20 世纪持续增长和繁荣寄予了厚望。但是,欧洲却重复几个世纪以前的错误,并陷入到 30 年两次世界大战的激烈冲突中,造成了不可估量的人员损失和经济混乱。鉴于这次教训,欧洲在 20 世纪下半叶创建了区域合作机构,避免有害冲突和非生产性竞争的历史,并争取实现和平。亚洲既能借鉴欧洲历史,也能借鉴自身经验成功地从冲突向合作转变。比如东南亚国家联盟(东盟 ASEAN)组织和大湄公河次区域(GMS)计划。亚洲现在有增进互信、加强区域性机构建议的机遇和可能,这将使该地区避免冲突的破坏,并继续其高增长的表现。

从地区冲突到建设性的竞争与合作,一个关键因素是邻国之间建立信任。在整个合作竞争冲突的变化范围中,全方位的区域一体化和合作努力的好处之一是它可以更好地确定重点、利弊和风险。例如,在发生冲突和竞争可能性比较小的地区重点建立区域关系,邻里之间可以建立信任;另一方面,忽视容易发生冲突的地区,因为一旦冲突爆发,就将影响与其他地区的合作。

合作的成果一旦实现,要实现持续发展,就需要保持运行。除非不断努力保持合作的势头向前发展,否则国家间就有回到竞争甚至冲突的风险状态。

40 年前的国家情形:1970 年处于混乱状态的亚洲

1970 年,作为一个无望的乐观主义者,预言随后亚洲的经济财富会取得大幅上涨的人可能都已经被解雇了。中国刚刚与世界其他很多国家建立经济和政治上的外交。长期的战争在越南肆虐,大量外溢效应影响着邻国。印度尼西亚仍然贫困,但已经在苏加诺(Sukarno)到苏哈托(Suharto)政权过渡后的新秩序下开始复苏。印度和巴基斯坦还处于继 1965 年和 1971 年印巴战争动乱休战的阴霾中。印度的经济政策是内向型并侧重进口替代。最后,中亚苏联共和国很大程度被亚洲其他地区从经济和政治上封锁,而只能致力建设与莫斯科的基础设施和经济关系。

20 世纪 60 年代,中国、东盟五国(印度尼西亚、菲律宾、马来西亚、泰国和越南)和南亚的增长率徘徊在每年约 2%—3%。在这种令人沮丧的情形中唯一的例外是日本,在 1958 年和 1970 年之间经历了以平均年增长率超过 9% 的大幅战后回升;东亚新兴工业化经济体(NIES)(中国香港、韩国、新加坡、中国台湾),在同一时期平均增长率为 5%(见图 14.2)。

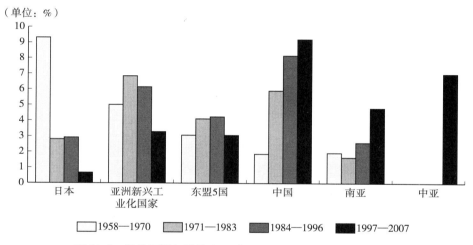

图 14.2 部分亚洲经济体和区域平均 GDP 增长,1958—2007 年

注:亚洲新兴工业化国家包括中国香港、韩国、新加坡、中国台湾;东盟 5 国包括印度尼西亚、菲律宾、马来西亚、泰国、越南。

数据来源:亚洲开发银行:《重点行动:在亚洲和太平洋地区应对气候变化的优先事项》,亚洲开发银行,Manila 2010 年版。

20 世纪 60 年代亚洲的区域一体化,虽然按区域间贸易在贸易总额中所占的份额计算,增长相当迅速,但在 1970 年仍远低于欧洲和北美的水平(见图 14.3a)。区域内贸易大部分集中在东亚,这种模式一直持续到 20 世纪 80 年代初(见图 14.3b),而亚洲区域性组织在 1970 年几乎是空白。东盟是目前亚洲区域组织的旗舰,但仍处于起步阶段,于 1967 年由印度尼西亚、马来西亚、菲律宾、新加坡和泰国组建。

区域经济一体化进展的 40 年:1970 年至 2010 年

20 世纪 70 年代一些标志着亚洲地区未来活力的模式已经兴起,包括日本二战后

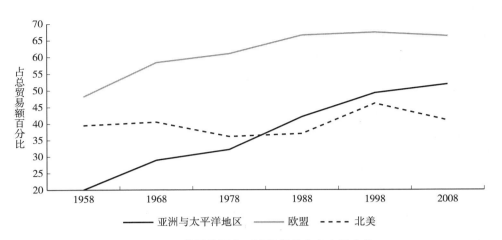

图 14. 3a　世界范围中区域间贸易占有率的变化

数据来源:亚洲开发银行:《重点行动:在亚洲和太平洋地区应对气候变化的优先事项》,亚洲开发银行,Manila 2010 年版。

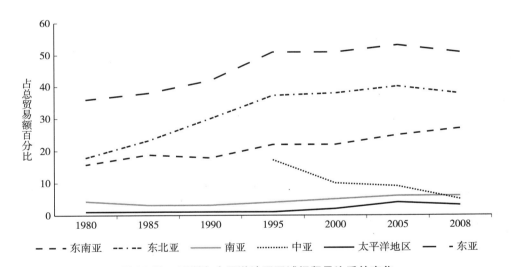

图 14. 3b　亚洲和太平洋地区区域间贸易比重的变化

数据来源:亚洲开发银行:《重点行动:在亚洲和太平洋地区应对气候变化的优先事项》,亚洲开发银行,Manila 2010 年版。

的经济奇迹以及新兴工业化经济体(NIEs)基于出口导向、迅速工业化和外国直接投资(FDI)所带来的持续经济增长。1970 年以后,中国、东盟五国、印度甚至中亚的前苏联共和国在政治和经济格局的重大转变带来了经济增长的巨大变化①。解释亚洲发展中国家高速和持续增长的关键因素包括:20 世纪 70 年代末的中国改革开放;20 世纪 80

_____

　① 日本经济的增长和衰退是亚洲其他国家的映照,反之亦然。

年代到90年代,新兴工业化经济体和东盟五国与东亚和泛太平洋地区之间的贸易快速扩张,部分也是因为东盟拥护开放的区域主义政策(见专栏14.2);20世纪90年代初印度开始实施自由化的内部和外部经济政策;中亚经济在苏联解体后复苏。

因此,亚洲作为一个整体已日益开放。其贸易占国内生产总值(GDP)的比重2008年已达到62%,仅低于欧盟3个百分点,但比拉美或非洲都高得多。尽管历史上亚洲主要依赖于跨太平洋的贸易,自苏联解体后,其与欧洲的贸易和非贸易经济联系已迅速扩大,为欧亚大陆的跨大陆一体化提供了新的机遇(Linn和Tiomkin,2007)。

专栏14.2　东盟:建设性区域合作的一个例子

东南亚国家联盟(简称东盟ASEAN)是亚洲最具雄心同时也是最重要的区域性组织,于1967年由印度尼西亚、马来西亚、菲律宾、新加坡和泰国组建,目前已扩展到包括文莱、柬埔寨、老挝、越南在内的数个国家。

东盟成立的第一个十年,其在区域合作倡议方面的影响还不大。然而自1976年开始,东盟以商品贸易为起点,20世纪90年代又在服务、投资和劳动力方面致力于日渐壮大的经济一体化而努力。20世纪80年代和90年代,东盟还增加了其会员国数量。在区域贸易合作方面,最重要的方法之一就是贸易自由化,而在区域谈判和协议中,在保证没有歧视的前提下这些举措也普遍适用于对其他非东盟的贸易伙伴。

亚洲金融危机期间,东盟帮助其成员国免受危机影响的局限性凸现出来。所以东盟拟设定一个到2015年建立东盟经济共同体并且和包括中国在内的一些国家达成自由贸易协定的目标,以此来加强区域经济合作的实现。东盟成员国还一致同意具有法律约束力的东盟宪章(ASEAN Charter);聘任东盟财政部长,在能源、生物多样性、环境和人权等方面采取功能性措施,并且支持次区域的增长领域。"东盟宪章"(ASEAN Charter)规定了解决争端的框架,但至今尚未起到作用。也许最重要的是东盟已经成为许多区域倡议的平台,特别是东盟10+3国(中国、日本和韩国)等东盟区域论坛(the ASEAN Regional Forum)和东亚峰会(the East Asia Summit)。

东盟是一个存在已久的区域组织,但在组织结构和影响力方面作用依然有限。东盟有一个有限能力和权力的小型秘书处,通过协商一致的方式作出决策,它的经济来源受到一定限制,因为其财政预算来自成员国平等的捐款。

尽管有这些限制,东盟的最大成就之一也许就是将不同类别的国家团结起来的能力,这些国家包括一些曾经长期存在冲突或一些难以从共产主义的计划经济过渡到市场经济的国家。东盟的优势之一是在邻国间建立互信和倡导和平合作精神方面的能力。

专栏来源：亚洲开发银行（ADB，2010a）；Hill 和 Menon（2011a）。

关于区域间贸易，图 14.3a 显示了亚洲的一体化远远超过过去四十年，其区域内的贸易份额从 1970 年的约 30% 上升到 2008 年的 50% 以上。主要受市场力量和国家政策补充的驱动，东亚和东南亚的经济相互依存性近几十年来迅速成长。如电子产品和汽车等行业已经建立了复杂的区域生产网络和供应链。在这个过程中，导致了生产的分散——产品不同的零件来自不同的经济体，它们作为发展国际生产链和深化贸易中介物的一部分，从而带动了区域和全球经济一体化的进程。外国直接投资在这个过程中发挥了重要作用，并增加了亚洲国家之间的相互依赖性，这反过来也有助于吸引更多的外国投资。这种良性循环为规模经济和技术创造了很大空间，增强了该地区的增长能力。外国直接投资越来越多地被中国吸收引入，特别是 1997—1998 年亚洲金融危机后，中国成为亚洲地区的主要加工厂，并日渐成为其他东亚和东南亚经济体的一个重要的出口市场，以及作为最终产品生产的基地出口到世界各地。

这个一体化进程的结果是，现在亚洲的贸易一体化已达到 50% 以上，超过北美地区（约 40% 左右），但远落后于欧盟（约 65% 左右）。然而，图 14.3b 表明，不同的亚洲次区域的一体化程度仍然差别很大，东亚是迄今为止一体化程度最高的地区，而南亚、中亚和太平洋地区仍然滞后。

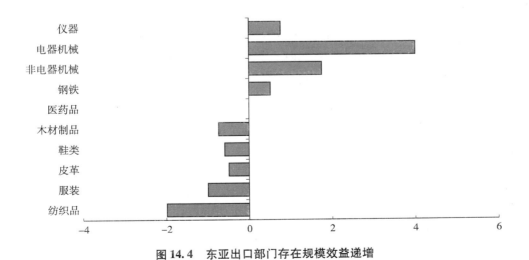

图 14.4　东亚出口部门存在规模效益递增

数据来源：Gill 和 Kharas：《东亚复兴：经济增长的想法》，世界银行 2007 年版，第 20 页。

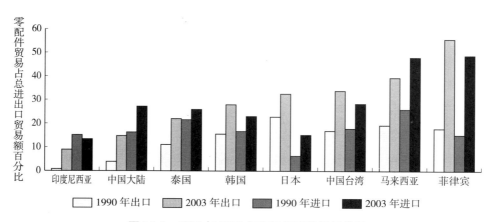

图 14.5　1990 与 2003 年东亚零配件贸易状况

数据来源：Gill 和 Kharas：《东亚复兴：经济增长的想法》，世界银行 2007 年版。

　　至于在次区域上，东亚引导了开放的道路。东亚一体化的案例已经有了详细的研究（Gill 和 Kharas，2007 年；亚洲开发银行，2008b；亚洲开发银行，2010b），与通过增长为主导强调国内外一体化型的政策实现良性循环创造规模经济的高速增长密切相关，东亚地区在制造业方面大约占世界贸易的三分之一，中间产品贸易占东亚区域内贸易的一半以上（亚洲开发银行 ADB，2010a）。LED 最初是由日本发明，后来又在新兴工业化经济体和现在的中国发展，亚洲的情形之一是规模报酬递增（见图 14.4）和扩大中间产品贸易（见图 14.5）。较低的贸易壁垒、开放的资本市场和高水平的基础设施投资环境有助于支持东亚地区的一体化进程（Gill 和 Kharas，2007 年；亚洲开发银行 2010a；Pomfret，2010）。南亚地区远远落后于东亚的区域一体化。它的贸易开放程度和区域内贸易的份额较低（见表 14.1）。其不仅在世界制造业贸易中所占的份额很小，区域内零部件的贸易份额也很低（亚洲开发银行，2010a）。高贸易壁垒（尤其是与邻国的）、资本市场的进入限制和薄弱的基础设施和服务都阻碍了南亚的区域一体化进程（Chandra 和 Kumar，2008）。事实上，许多南亚的重要土地边界有效地阻止了贸易，如印度和巴基斯坦之间，虽然最近有些已经有所改善，如孟加拉国现在允许港口发展原产于印度东北部的货物运输业务（Baru，2009）。一般来说，走向更大的贸易开放和一体化的趋势，往往起点较低，在南亚这一现象也很明显，作为主要的国家，特别是印度，已经采取经济体制自由化和减少贸易壁垒的措施。而在贸易方面，南亚经济中的份额在 1990 年至 2008 年间增加了一倍以上，并且南亚与世界其他国家零部件生产的联系也快速增加（见图 14.6）。

　　表 14.1 着眼于当前除了贸易外的其他各方面的一体化程度，包括生产、最终产品、服务、劳动、货币和金融的一体化情况。它表明，大多数地区和大部分的次区域一体化

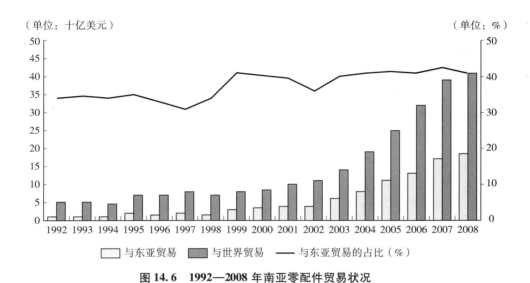

（单位：十亿美元）　　　　　　　　　　　　　　　　　　　　（单位：%）

□ 与东亚贸易　　■ 与世界贸易　　—— 与东亚贸易的占比（%）

图 14.6　1992—2008 年南亚零配件贸易状况

数据来源：亚洲开发银行：《重点行动：在亚洲和太平洋地区应对气候变化的优先事项》，亚洲开发银行，Manila 2010 年版。

程度仍然很低。因此，虽然东亚的生产一体化与最终产品和服务的一体化的程度都较高，但南亚现在有潜力迎头赶上，因此整个亚洲甚至东亚经济空间不断融合的机会仍然很大。

表 14.1　目前亚洲和太平洋地区区域一体化的不平衡

	生产一体化	最终产品一体化	服务一体化	劳动力一体化	货币和财政一体化
东亚	高	中等	中等	低	低
中亚	低	低	低	中等	低
南亚	低	低	低	低	低
太平洋地区	低	低	低	低	低

经济一体化的驱动力

区域经济一体化的主要驱动力和障碍涉及基础设施、交易成本、机构的竞争力和质量，在某些情况下还包括冲突因素。对这些因素的分析可以得出以下结论：

◆ 最近几年，尤其东亚在一体化和经济增长的驱动力方面有很多改进。这些改进对该地区的高增长作出了重大贡献。

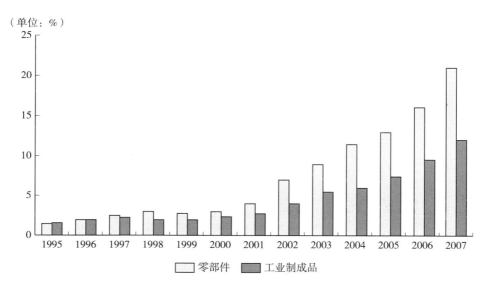

（单位：%）

零部件　　工业制成品

图 14.7　1995—2007 年印度工业制成品与零部件进口中中国所占份额

数据来源：亚洲开发银行：《重点行动：在亚洲和太平洋地区应对气候变化的优先事项》，亚洲开发银行，Manila 2010
　　　　年版。

◆然而，亚洲在关键领域的成就仍普遍落后于欧盟和北美，包括交易成本、运输和
物流、基础设施的质量和数量、竞争力和机构的质量（见图 14.8）。

◆贸易关税一般已不再是一个显著的障碍了，但其他的如数量限制、边境管理以及
边境外限制包括物流、运输、基础设施问题，还有薄弱的机构仍然在明显地阻碍着一体
化进程及其发展（见图 14.9）。

◆在多数驱动力上，东亚比南亚和中亚好很多。东盟在有关整体交易成本方面表
现得尤其好。

◆近年来，南亚国家已经普遍提高了它们的经济成就，印度是其中的佼佼者，而且
在许多领域都有快速的提高。

◆在各个次区域，国家间的表现有巨大的不同。在中亚，东北亚和南亚的一些地
方，国家内部和国家间政治上的紧张局势和冲突仍然是影响这些地区一体化的严重
阻碍。

进一步经济一体化的前景

如果亚洲到 2050 年想要继续实现快速的一体化和增长，它必须做到：

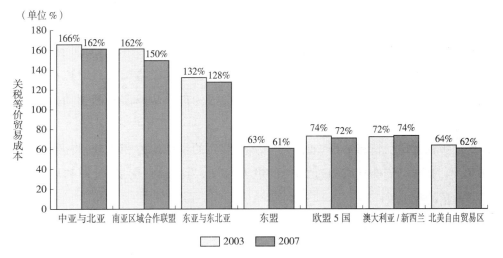

图 14.8 亚洲及其他地区次区域内的贸易成本

注：此项研究中，"中亚与北亚"包含了俄罗斯联邦。贸易成本的估计涉及大量技术困难，并曾引起诸多学术讨论。
　　庞弗莱特（Pomfret）于2010年曾综述各种估计贸易成本的方法及各自的局限性。他针对东盟国家作出了自己
　　的估计，发现1990年后从价税贸易成本不断下降，逐渐接近新加坡的低水平。
数据来源：Duval 和 Utoktham：《亚洲区域内贸易成本初级读本 A》，联合国亚太经济与社会理事会110工作论文，第
10页。

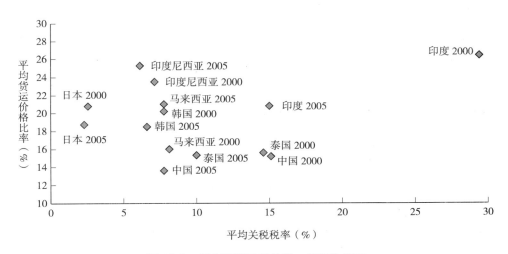

图 14.9 部分亚洲国家关税—货运价格图

数据来源：De：《加强亚洲贸易：交通成本问题，出口竞争力贸易便利化的影响：一个区域的视角》，联合国亚太经济
　　与社会整理会，Bangkok，贸易和投资的研究第66号，第19—70页。

　　◆提高一体化驱动力的效率，至少达到或者超过欧盟和北美的水平；

　　◆确保那些落后的次区域和次区域内的国家最后可以赶上亚洲的其他地方；

　　◆除了降低和协调关税贸易壁垒，要将重点放在没有关税的贸易便利化措施上，在
边境上和边境外都应如此；

◆改善基础设施的数量和质量、物流和机构的质量，还有所有经济体的竞争力以解决边境外的问题；

◆减少或消除阻止一体化的障碍，包括国家内和国家间的不信任和冲突。

如果有适当的政策支持，亚洲可以深化一体化的范围。持续的高增长和投资将会是进一步一体化的结果。反过来，一体化也将会成为进一步高增长的驱动力。许多因素支撑这一论断。

◆像所有的增长情形一样，亚洲的经济与世界的其他地方相比较，将会继续增长。到2050年，亚洲可能会拥有超过50%的世界GDP，为区域间贸易、投资和规模经济提供不可估量的机遇。

◆亚洲的一些国家将自己的经济从向世界其他国家出口尤其是美国重新平衡到以自己国内和区域内贸易的方向上来，为亚洲进一步的经济一体化提供了一个强大的动力。

◆最近亚洲一体化驱动力的趋势表明，影响一体化的障碍在东亚和南亚都已经减少。印度已成功地促进了它与周边小邻居和中国的双边贸易。迄今为止中亚取得的进展最小。鉴于亚洲经济决策务实的态度，我们有充分的理由相信，亚洲日益一体化的趋势将会继续。

◆亚洲一体化（特别是中亚与东亚和南亚的联系）的驱动力之一是跨欧亚大陆的一体化进程。这一过程将闭关锁国的国家和中亚（包括阿富汗和中国西部）放在了联系东亚和南亚增长以及欧洲和俄罗斯联邦经济体增长中心的枢纽上（见专栏14.3）。

两种可能会破坏这种持续一体化进程的显著风险：

◆亚洲经济体不再努力去消除实现一体化的障碍，一是未能建立必要的跨境基础设施；二是没有改善边境外的条件来支持国内经济增长和跨国界一体化。

◆国际冲突、失败的政体和内部动乱影响持续的一体化进程。

这些风险要求亚洲国家之间的合作和区域对话，并与国际组织一道确保区域内和区域外经济一体化的必要条件能体现出来。政策制定者需要做的是避免冲突破坏一体化进程，并支持亚洲经济持续快速的增长。

专栏14.3　中亚的三重整合机会

中亚国家无论从内部还是从外部看都像孤立的经济体，封闭和远离世界市场。这在过去是真实的，现在中亚地区正面临着靠近亚洲蓬勃的市场、处在迅速一体化的欧亚大陆的经济空间枢纽的位置以及区域内一体化快速推进过程三重巨大的潜在机遇。

要充分利用这三重机遇,中亚国家可以建立相对发达的基础设施和人力资本,并且事实上,他们有相对开放的贸易体制。然而,他们还需要克服强加给自己的脆弱的政策制度和不能相互配合的严重阻碍。中亚的基础设施由于缺乏有效的管理和维护迅速恶化,接受优质教育和医疗服务自苏联时代以来就一直受到破坏,他们的边界已成为次区域内过境和贸易的严重阻碍,其背后的跨国经营条件扼杀了私人的投资和贸易,区域内水域和能源资源管理合作的失败导致了严重的经济、社会和环境损失,并使国家间严重冲突的风险增加。

中亚国家还需要克服积极改善国内商业环境与社会和物理基础设施等的障碍,并加强边境管理。如果次区域各国尽快加入世界贸易组织,中亚一体化也将得到有力的推动。估计数字表明,通过适当的贸易便利化措施将减少一半的贸易成本。与一个潜在的有利地区进行跨范围的合作,中亚的国内生产总值可能会翻一番(联合国开发计划署 UNDP,2005)。总之,从这些机遇中获益的关键是东亚和南亚建立更强的经济联系,以补充中亚地区现有的与前苏联的经济纽带。

中亚区域经济合作(CAREC)是一个区域性经济论坛,在第一个 10 年里,其对改善各邻国之间的信任、区域交通运输投资、能源基础设施和区域贸易便利化都做出了很大的贡献。而由亚洲开发银行领导、10 个成员国家参与、并有来自六个多边机构的支持,中亚区域经济合作增强它支持区域内和区域外一体化的能力是显著的。但是,它要求所有成员国在最高级别并且自愿参与,这样才能克服困难障碍,减少冲突的风险性。

未来的合作和一体化的框架

区域合作和一体化在亚洲走向繁荣的过程中发挥着重要作用。亚洲需要发展自己独特的模式,这一模式建立在东亚发展、合作和一体化的成功经验上:即以市场为导向、自下而上的;改革影响区域贸易设施、服务和投资流动以及整个地区的劳动力流动程度的制度性框架。欧洲和东亚的经验表明,商品和服务的自由流动对生产网络有很大的促进作用,既能帮助低工资的经济体,又带来新的投资和技术知识,对于较高工资收入的经济体,能使它们在维护自己核心制造能力的情况下将较低的增值活动外包到低工资地区。

这种自下而上的、以市场为导向的模式,可以初步使用东盟 10+3 国的起始构建模块,并逐渐增加更多的经济体,最终发展成一个区域范围的市场,不仅能使贸易和投资顺畅,还能增加劳动力流动。在这个过程中,亚洲国家将加强互信以便日后更多连续的、志向高远的举措,如建立一个真正的单一市场,这需要超国家主权的机构。越早创建这样一个泛亚洲的共同经济空间,所有国家就越早可以分享亚洲经济增长和一体化的好处。这种做法需要强大但不一定是新的区域机构。

不幸的是,区域合作对经济增长的影响难以准确量化,因为评估很多潜在的合作领域和间接(动态)的好处比评估直接(静态)的福利要难得多。如评估在自由贸易协定中减少贸易关税的合作的利益,评估结果普遍认为很一般(藤 Ando,2009 年;Hertel 等,2004)。据估计,基础设施投资和质量改进对年增长率的贡献约为 1—2 个百分点,换算为国内生产总值(GDP)则在过去 10 年的时间里增长 10%—20% 左右(Fay 等人,2011)。

通过区域互动的全方位区域合作估计有更大的潜在效益。例如,在马格里布(Maghreb,北非西部),与欧盟建立一个贸易集团,使服务自由化,改善投资环境,情况显示,在超过 10 年的时间里,其对国内生产总值的贡献约为 40%—60%(世界银行,2010g)。把贸易和投资便利化,投资环境、交通、能源以及减轻灾害和冲突的合作加在一起产生的利益,将使 GDP 在 10 年间增长 100% 或更大(联合国开发计划署 UNDP,2005)。

而对规划区域合作的成本和效益的定量证据有限,可用的方法是混合型的(Barro 和 Lee,2011)。虽然有一些证据表明,贫困地区会不成比例地受益于区域项目(Menon 和 Warr,2008;Warr 等,2010),但是好处并不在于它是不是均匀地分布于各个国家。一些国家和一些国家内部的人,可能会因为区域一体化和合作而遭受损失。当这种情况发生时,必须找到尽量减少他们的损失的方法,或给予抵消损失的福利,以争取对创建区域方案的支持和提供公平的结果。往往重复的自由贸易协定(FTAs)的扩增也会引起一碗意大利面的影响的关注效果。因此这将会威胁到成员国们累计的预期利益(Pangestu 和 Goopta,2004;Menon,2009)。

为了尽快实现利益的前景,追求共同的利益和缓解共同的威胁,区域合作的措施应超越简单的降低关税而扩大到包括在许多重要领域的合作。

促进区域合作的优先领域

区域合作可以在许多不同地区相邻的国家之间追求共同的利益。这些包括努力地实现贸易政策和便利的交通基础设施的发展、宏观经济管理的合作、自然资源例如能源、水、海洋资源的共同使用权,使贸易一体化协调发展从而使增长的潜在利益最大化。

他们还涉及面对金融危机蔓延和不稳定性、自然灾害、流行疾病、毒品和区域冲突等共同威胁的共同应对。此外,国家需要在许多存在潜在合作的领域设置优先事项。

贸易政策和自由贸易协定的作用

近些年来随着自由贸易协定(FTAs)成为亚洲地区贸易政策的主要工具,在区域合作的努力下,贸易政策已经受到了极大的重视。直到 20 世纪 90 年代中期,在亚洲尤其是东亚的一些地方的自由贸易区相对较少,那些国家大多是单方面开放其经济,或作为全球贸易协定的一部分。然而,20 世纪 90 年代中期以来,特别是在 21 世纪,双边自由贸易区成倍增加,这最有可能是受多哈回合谈判下停滞的世贸组织谈判的响应,或是对双边自由贸易协定在世界其他地方扩散的竞争性反应(亚洲开发银行 ADB,2010a)

发展中国家间最成功的自由贸易协定,都超过了东盟自由贸易协定(AFTA)。东盟自由贸易协定是在 1992 年签署的,并直接促使了 2005 年的东盟自由贸易区的建立。东盟自由贸易区作为与邻国之间的自由贸易区(东盟+1 自由贸易区)的中心枢纽,包括中国、日本和韩国。其他区域自由贸易区在别的地方也存在,最显著的是南亚区域合作联盟(SAARC)保护伞下的南亚自由贸易区(SAFTA),是在 2004 年通过的,并打算从 2006 年开始实施,2013 年在比较发达的国家完成,2016 年在最不发达的国家完成。然而,南亚自由贸易区有着显著的弱点,因为它不包括服务贸易和大宗商品贸易,并且也没有解决非关税壁垒问题(Weerakoon,2010)[1]。

运输和贸易便利化

如前所述,国内和区域交通运输系统的覆盖面和质量,是交易总成本的一个主要决定因素。因此,整个系统的改进对于有效的区域一体化是非常重要的。在亚太经合会(ESCAP)的领导下,至少从 1992 年以来就一直存在着发展一体的综合性区域交通运输网络的计划。亚洲公路网和泛亚铁路网就是由亚太经合会倡议促成的。然而,根据亚洲开发银行(2009c)的研究,“目前亚洲地区的基础设施建设合作是相对落后的。泛亚洲的各种举措,如亚洲公路网和泛亚铁路,取得的进展也是收效甚微……”前途比较光明的是两个分区域交通合作的倡议,在主持大湄公河次区域(GMS)计划和中亚区域经济合作中,这两个国家都得到了来自亚洲开发银行(ADB)的大力支持。这些方案已经设计好了每个区域运输通道,并由部长会议批准,准备实施。根据最近的评论(中亚

---

① Weerakoon(2010)也指出,因为印度作为许多南亚国家的关键市场以及和许多其较小的邻国之间的双边协定的普遍性,使得这些国家有可能几乎免费获取印度市场的权力,这就造成了南亚自由贸易区(SAFTA)正在失去市场。

区域经济合作,2010a),这些计划的硬件部分正在实施。据预计,继续实施这些计划,将会使这些关键的内陆通道沿线交通获得改善。

除了有形的基础运输设施外,贸易和运输的"软件"方面也需要加以解决,包括托运手续的各个方面;进出口手续,如签证、付款和保险方式;检查沿内陆公路的法律和法律额外的支付;物流设施和计算机跟踪货物和跨国界移民等(Bin,2009)。

贸易和运输系统的软件部分的重要性现在已经得到了公认,东盟(ASEAN)、中亚区域经济合作组织(CAREC)、大湄公河次区域(GMS)以及亚太经济合作组织(APEC),所有的这些倡议都有助于促进贸易和运输的一体化①。中亚区域经济合作组织的倡议值得注意是因为它包括一个复杂的沿中亚区域经济合作的主要通道所需花费时间和成本的监测系统。它能够评估便利化措施的影响,并确定余下的瓶颈在哪里并加以解决。中亚区域经济合作组织(CAREC)和大湄公河次区域(GMS)的进度分析表明,软件实施的改善往往落后于硬件改善(中亚区域经济合作,2010 年亚洲开发银行,2010b)。这个区域的地区初见成效需要所有有关政府持续的努力。

一体化和金融稳定的宏观合作

金融一体化通常紧紧跟随贸易一体化,贸易和金融一体化会导致宏观经济的收敛性和外部金融冲击的风险,因此会不稳定。据亚洲开发银行(2010a)的研究,金融一体化虽然仍然偏低,但在亚洲已经逐渐提升,宏观经济一体化已为"该地区经济的商业周期急剧的收窄"做出了贡献,富国和穷国的差距虽然仍然非常大,但差距下降的速度远远超过世界其他地区(亚洲开发银行,2010a)。这意味着亚洲内部和外部的经济冲击往往会快速深入地传播到整个地区。为了解决这个问题,该地区需要建立有效的协调和监管机制,以减轻区域或全球蔓延的溢出效应(Azis,2009)。

这个过程已在亚洲金融危机中得以充分显示并发挥了其自身的作用。最近的全球金融危机,对亚洲来说情况并不太严重。对于危机的较早的反应,亚洲遵循两个重要的方式:它们通过保证良好的宏观经济基本面和积累的高外汇储备水平来增加本国经济的恢复能力。并且它们已经开始在最初的东盟和东盟 10 + 3 成员国(ASEAN and ASEAN +3)中发展了区域合作机制。

区域宏观经济合作主要呈现三个步骤。首先,通过 2000 年发起的经济调整和政策对话,东盟"10+3"成员国的财政部长建立起了一个宏观经济合作机制。虽然这仍处于

---

① 亚太经合组织,见 Bin(2009);东盟,见 Alburo(2009);中亚区域经济合作(2010a)和大湄公河次区域,见亚洲开发银行(2010 b)。

起步阶段,并且大多仅限于全球、区域和国家的经济发展趋势的信息交流,但它却代表了对政策协同的第一步。

其次,东盟"10 +3"财长部长们2002年设立的亚洲债券市场的举措,作为深化国内金融市场的一种方式,创造了更大的应对经济危机的区域抵御能力并促进了对于基础设施建设的区域基金的投入。2009年,东盟10+3成员国跟进成立了亚洲开发银行信托基金—信用担保和投资基金,其目的是通过为当地货币债券提供担保来深化发展东亚的债券市场。

最后,东盟"10 +3"成员国在2000年推出清迈倡议(CMI)作为对亚洲金融危机的直接回应。最初,CMI是一个成员国之间相互支持,以满足紧急流动性需求的双边货币互换机构。最近的全球金融危机之后,韩国和新加坡开始与美国联邦储备委员会进行了双边互换安排而不是通过CMI做的安排。东盟"10 +3"财长部长于2009年把CMI转化成了现代多边化机制,称为CMIM。CMIM于2010年3月生效,基金数额现在总计为1200亿美元,涉及一个明确的成本分摊协议(日本和中国各占32%,韩国占16%,东盟国家弥补其余的20%),因此它代表了真正的多边利益。财长们还同意设立东盟10 +3宏观经济研究办公室,以提供分析和监控支持。一些观察家对于CMIM是否可以成为一个强大的区域机制仍持怀疑态度(Yuan和Murphy,2010),但是CMIM却成为了金融合作和加大货币区域多元性的关键因素。未来的一个关键问题是如何能使它得到深化并扩大到东盟"10 +3"以外的地区。

获取自然资源

对于自然资源特别是能源、水、海洋和海底资源的获取的确是亚洲潜在的冲突、竞争、合作的一个关键领域。从能源开始,亚洲需求的增加部分是靠从世界各地的进口来满足的[①]。石油大部分是从中东并通过有海盗出没的印度洋的海上通道——马六甲海峡运输的。最好能在区域范围和全球范围内找到保持这些海上通道安全的合作方案。此外,横贯大陆的石油和天然气管道正在规划中,并计划修通从中亚到东亚和南亚、从伊朗到南亚的管道。其中有许多涉及跨越第三国的领土,这就要求有关邻国之间的合作方案。同时,主要耗能国家多在欧亚大陆,如中国、印度和欧盟成员国,他们之间互相竞争,以确保能获取中亚的能源资源。然而,除了由联合国和亚洲及太平洋经济和社会委员会赞助的一个跨亚洲的能源系统的建议外,还没有建立或计划建立的整个亚洲的

---

① 有关详细信息,请参阅第十一章。

能源合作机制①。第 11 章讨论了能源,提出了很多能源安全的区域合作倡议,包括在技术的转让和部署上的区域合作、战略石油储备的管理、电力和燃气管网的一体化。

水资源的获取和对能源的需求是紧密联系在一起的,因为国家可以利用他们的河流发电。此外,水对于农业生产和人类生活都是关键的资源。亚洲有许多大江大河,但最重要的是在位于亚洲大陆空间中心的兴都库什—喜马拉雅地区(Hindu Kush-Himalaya region)的 10 个河流流域。这些河流流经多个国家和区域。这些水资源的洲际竞争,具有悠久的历史根源,无论是在印度河流域、雅鲁藏布江流域、湄公河流域、还是中亚的咸海流域,它都揭示了包括区域和双边合作、共享这些资源开发河床用于发电、灌溉和运用于快速增长的中心城市(特别是中国和印度)问题。国家对于这些稀缺的水资源的竞争,迄今能够做到如此地和平相处,是因为受到了国际公约和区域或双边协定的约束②。

虽然亚洲主要河流的水流量受到气候的影响而无法进行确定的预测,从过去的冰川损失判断长期河流流量很可能将下降(Aon 等,2010),这将会进一步加剧区域水资源的短缺和增加国家间潜在冲突的压力。因此早期就注意寻求对稀缺水资源的管理和公平分配的最佳解决方案,这将是维护世界和平并有效地适应不断变化的环境条件的一个关键因素。

东亚国家之间互相竞争,有时对中国东海和中国南海(能源情报署,2002 年)(Energy Information Administration,2002)的海上和海底资源的控制权已经到了冲突边缘(GUO,2010)。东盟 1992 年同意对中国南海的声明,并于 2002 年同意与中国在中国南海各方所形成的声明。这两个声明都显示了"和平解决争端和相互行为约束"(亚洲开发银行,2010a)。对海底资源持续的洲际间的紧张局势表明,对这些资源的竞争并不一定伴随着的是冲突,相反,优化资源开发合作才是亚洲区域合作的主要挑战之一。

应对区域共同的威胁:自然灾害、传染病、毒品交易

一些区域的威胁,原始的、自然的、还有别的人为因素造成的,都可能严重影响亚洲的长期增长和人类安全,这些可以逐渐的在一个区域或分区域的基础上反映出来。

亚洲容易遭受广泛的潜在的剧烈性的自然灾害。亚洲作为一个地区,是许多地震

---

① 在中亚区域经济合作组织(CAREC)下一个分区域能源部门的战略已经开发,这将预见到长期在中亚和南亚的电力互联互通。同样,大湄公河次区域(GMS)已经计划开发项目来支持区域互联互通。

② 但是,这些协议容易受到压力,最近中国—印度—巴基斯坦关于印度河水域使用的关系就可以证明。塔吉克斯坦计划兴建一座大型水坝并将允许它出口电力到南亚,乌兹别克斯坦从中干扰塔吉克斯坦的过境贸易(Linn,2010),塔吉克斯坦和乌兹别克斯坦就此进行了一场口舌战争。

活动的高发区,大地震很可能会经常发生。在过去的一个世纪中,大地震袭击了亚洲许多大城市和人口稠密的地区并带来了灾难性的后果①。另外,亚洲相当一部分农业用地会受到周期性旱灾的威胁,而主要江河流域和沿海地区的低洼地区则容易遭受反复的洪涝灾害。随着持续的气候变化,旱灾和洪涝灾害的风险可能会显著增加。

此外,亚洲部分地区容易遭受海啸和龙卷风的袭击。最近日本地震和海啸表明,许多这样的灾害会带来区域的影响,因此需要得到次区域、区域甚至全球的关注和配合。此外,为保险起见,区域的防备和风险界定,可能在许多情况下是最好的应对方法②。亚洲有一个区域性的防灾工作的组织,总部设在曼谷的亚洲防灾中心。然而,并非所有的亚洲国家都参与其中,对亚洲最近遭受自然灾害的国家的反应的研究表明,许多国家要实现有效的灾害预防还有很长一段路要走(Cohen,2008)。备灾和救灾应得到国家、区域和国际机构更多的关注和更多的资金投入。

在健康方面,除了中亚,亚洲整体的艾滋病毒/艾滋病患病率仍然相对较低,并且比较稳定③。然而,它的绝对数量却很大,一些国家的患病率正在迅速增加,疫情的长期扩张潜力也在增加,尤其显著的是在扩大使用药物方面(见下文)。在亚洲,国家和国际机构已在不同程度上参与到解决艾滋病毒/艾滋病问题上了。然而,区域层面的问题应该得到更多的关注。其他传染病,包括结核病、疟疾、非典、禽流感,也涉及通过移民、动物、昆虫的跨境和区域传播,这就要求做区域性的检测,信息共享,加以控制。

非法毒品生产和传播是一个特殊的疫情。亚洲是鸦片的主要来源地,鸦片是海洛因生产的主要成分。海洛因和鸦片的主要消费地在欧亚大陆。世界鸦片生产的约90%是在阿富汗,另有4%的原产地在缅甸(毒品和犯罪问题办公室,2010)。大约四分之三的所有海洛因销往欧亚大陆,约四分之一在亚洲、俄罗斯和欧洲。所有的过境路线都要经过欧亚大陆,特别是对邻近国家阿富汗的健康和政府治理带来了严重的负面影响(联合国开发计划署,2005)。

亚洲国家、欧亚邻国和阿富汗的鸦片产量缩减,截获海洛因和鸦片的跨境贸易,控制国内消费都有着紧密的利益联系。亚洲有几个分区域的举措,以控制跨国贩毒贸易(联合国开发计划署,2005)。这些举措能否使阿富汗和缅甸的生产得到控制,并充分限制毒品流入主要消费地是不确定的,实际上也是不可能确定的。为了制止和扭转这

---

① 2011年3月11日日本遭受的大地震仅是亚洲许多地区面临的大范围地震风险和大地震造成的损害的最近的一个提醒。日本应对此类事件的特别措施是该地区的其他国家需要效仿的一个例子。

② 对于一个良好备灾的区域方案,应包括对东南欧提供保险和风险池,见世界银行和国际减灾战略(2008年)。

③ 进一步信息请参阅 http://www.avert.org/aids-asia.htm。

一疫情,在国家、区域和国际的基础上还有很多工作要做。

预防冲突

前面已经说过,亚洲是一个既有活力又有潜在冲突的大陆。一些国家间冲突似乎是纯粹的政治动机,建立在几十年的不信任和对抗以及对边界划分的分歧或是对邻近国家的侵略威胁。一些国内冲突植根于意识形态、宗教或部族仇恨中。但大多数冲突有两个共同的方面:冲突的核心总是经济原因,无论是作为一个主要的原因还是作为一个促进因素(联合国开发计划署,2005);冲突的影响较大,包括重大的经济损失,特别是当它涉及到广泛和持续的暴力或战争时①。前面的分析已经指出,什么样的经济原因可能会导致亚洲国家间冲突的例子,尤其在获取能源、水、海上和海底资源时。毒品生产或过境的控制,也可能是另一个经济原因。经济混乱会造成对长期经济发展的不满,如 2010 年春天吉尔吉斯共和国增加公用事业关税就会引发国内暴动和内战。

区域合作和区域组织的建设是通过对话、建立信任、并是为各方创造经济效益来减少冲突的关键因素。幸运的是,亚洲现在有许多成功的案例。东盟和大湄公河次区域(ASEAN 和 GMS)使以前经历过惨痛战争的国家联合在了一起。上海合作组织的成立是为了巩固中亚的区域安全和成功重新以和平方式解决以前悬而未决的边界问题。南亚区域合作联盟已计划为印度和巴基斯坦领导人提供机会,以满足和建立最高级别的交流(Ahmed 和 Bhatnagar,2008)。区域组织和论坛,通过建设相互理解和信任已建立起与亚洲邻国的交流(Acharya,2005)。

区域机构能提供防止冲突更有效的方法之一是要求第三方调解,或就解决冲突的机制达成一致。在印度和巴基斯坦的案例上,世界银行行长在帮助打造一个关于共享印度河水域的长期持久协议上就扮演了这个角色(Linn 和 Pidufala,2008)。极少数的亚洲区域组织有解决冲突的机制或是会去那样做,如东盟,但从来没有使用过那些机制(亚洲开发银行,2010a)。随着时间的推移,需要建立正式的地区冲突解决机制,在此期间,亚洲将不得不依靠非正式的外交渠道,以帮助确保在某些情况下潜在的和日益增长的紧张局势不波及到武装冲突。

设置优先事项

伴随着一系列合作的机遇和挑战,亚洲的问题使区域领导人应该集中关注以下这

---

① 联合国开发计划署(UNDP)(2005 年,第 133 页)指出,通常一个内战所造成的损失约占国内生产总值的 30% 到 50%(Bosnia,Georgia,Tajikistan 等)。

些优先事项：

◆减少区域一体化的障碍；

◆增加在区域运输和基础通信设施上的投资；

◆确保地区能源安全；

◆应对适应气候变化和防灾减灾的区域挑战；

◆对那些落后的国家提供双边和多边援助以促进它们的一体化；

◆支持人才交流，比如专业的网络和跨国志愿者计划，以促进人与人之间的联系、相互理解、慈善、信任的关系；

◆创建高水平的政治论坛来帮助解决区域内任何时候存在的真实和潜在冲突（比如河流盆地的问题），希望这能在寻求区域外各方的帮助和干预之前（无论是单方面的还是相互间的）。

增加一体化很大程度上受到市场力量的推动。制度的努力应该以消除商品自由流动、金融甚至熟练劳动力自由流动的壁垒为目的。

区域合作组织

从 1970 年几乎没有任何重要的区域性组织，历经 40 多年，亚洲已经发展了众多区域性的、跨区域的、分区域的组织、论坛和项目①。然而，亚洲的区域机构体系仍然是非正式的、灵活的和基于共识的，伴随着薄弱的或并不存在的秘书处。仲裁和执法要么缺乏、要么在执行中不具约束力；也没有对国家或是机构表现的监测和评估机制（或是限制机制）。这种脆弱的区域机构体系是亚洲政府和人民强烈的国家责任感和主权意识发展的结果。通过研究全球的区域合作结构的举措和亚洲地区的机会和挑战，我们为亚洲政策的制定者总结了十条教训②：

1. 意愿的执行情况经常是很薄弱的。欧盟的经验即凭借其强大的超国家区域机构包括欧盟委员会、主席、议会和法院是一个例外，通常是难以效仿的。

2. 有效的区域合作和一体化努力需要花费时间去发展和需要增量式、渐进式和灵活的实施并伴随有可预见的收益。

3. 最好应在分区域和区域组织管理上保持一定数量的成员。成员资格应根据共享

---

① 亚洲开发银行（2010a）盘点了 40 个区域的、跨区域的、分区域的组织、方案和论坛。

② 这些清单是依据于 Linn 和 Pidufal（2008a），和 Haggard（2009）。

的地理位置和共同的区域利益来决定。

4. 充足的基金机制对于区域投资是必需的。

5. 成功的合作需要国家、机构和个人的领导力。

6. 外部援助可以帮助建立和维持分区域机构,在中亚区域经济合作和大湄公河次区域(CAREC and GMS)的情况下更是至关重要的。

7. 开放的地区主义。即建立一个长期能对区域外参与者开放且并不歧视不是区域内经济体的机构,这才是很成功的策略。

8. 涉及金融、经济和中央银行部门的区域经济合作组织,往往比那些依赖职能部门或外交部领导的区域合作组织更有效率。

9. 商界协会和民间社团的参与增强区域合作的机制。

10. 只有在区域协定下对各国表现的监测和评估才是重要的,应鼓励更好地遵守协议。

在亚洲现有的分区域方案和组织中,东盟、中亚区域经济合作与大湄公河分区域组织,他们每个组织内部都有着一些经验教训。事实上,它们已被确定为全球非欧盟国家中比较成功的区域组织。在世界其他地区,除欧盟以外,几乎没有能和它们的表现相匹敌的。南亚区域组织历来是微弱和无效的,但也有迹象表明,次区域合作和组织在南亚(见专栏 14.4)一直在快速上升和发展。尽管如此,亚洲也不能因此沾沾自喜。加强进一步的整合和合作,特别是在那些落后的次区域,还有更多的机会,但也存在着重大威胁,这就需要区域措施发挥最大的功效。

发展前景和体制的选择

近年来,亚洲国家领导人曾呼吁建立基于共同利益和合作的亚洲共同体(Asian community)。这种支持应该打开一个更具凝聚力、合作和综合的亚洲大门。与这些陈述一致的是,亚洲开发银行于 2008 年提出了 2020 年(亚洲开发银行,2008a)亚洲的区域一体化和合作的宏伟构想。这一设想如果保持切合实际的期望就可能仍然是适当的。基于共同利益和加强合作的亚洲共同体,不太可能在未来 10 年内实现,但它却可能在未来 40 年里实现。

鼓励更多的制度创新是必要的,以确保现有的机构越来越强的凝聚力和效率。这可能需要在四个层次上进行:次区域、亚洲范围内、区域间(特别是与欧洲和美洲)和全球。

◆在次区域一级,大湄公河次区域和中亚区域经济合作的例子可以作为其他亚洲亚区域的模式。

◆在全亚洲的水平上,逐步扩大和深化"东盟+"("ASEAN +")的举措提供了最优机构的发展前景。

◆在区域间一级,亚太经合组织和亚欧会议(ASEM)是加强与邻近地区接触的最好的出发点。要注意改善实体连接、贸易便利化,以及更大程度的一体化边境外贸政策的改革。

◆在全球层面,亚洲在全球性的国际机构和论坛可以追求一个更强大的区域立场。亚洲开发银行在其最近出版的《区域一体化机构:迈向亚洲经济共同体》报告中,提出了具体的制度创新,值得我们考虑(见专栏 14.5)。

专栏 14.4:南亚区域合作和一体化

南亚的区域合作和一体化相对较晚,南亚区域合作联盟(南盟),成立于 1985 年,是第一个在南亚的区域合作倡议。孟加拉国、不丹、印度、马尔代夫、尼泊尔、巴基斯坦和斯里兰卡的国家元首都参加了于 1985 年在达卡(Dhaka)举行的南亚区域合作联盟第一次首脑会议。

考虑到共享的安全威胁和低水平的区域内贸易和投资的情况,南盟曾一度被形容为"纸上谈兵"。加快南盟的一体化进程就要推动孟加拉国、不丹、印度和尼泊尔已形成的南亚增长四角(SAGO)。南亚次区域经济合作(SASEC)计划作为南亚第一次正式和全面的次区域合作倡议是 2001 年提出的。南亚次区域经济合作(SASEC)计划为四国提供了一个论坛以供讨论、确定决策。并提供在交通、能源、环境、贸易、投资、私营部门的发展、旅游、信息和通信技术(ICT)上的优先合作项目。南亚次区域经济合作(SASEC)补充了南亚区域合作联盟(SAARC)的政策和对话驱动机制。

SASEC 促成了两个重要的区域项目:信息高速公路和南亚地区的旅游基础设施发展项目。后者旨在加强合作,以提供更高质量的旅游环境和为游客提供服务,并加强自然和文化遗址保护。现在正在进行的讨论集中于如何加快建立区域信息高速公路网络,形成社区电子中心,进行信息和通信技术的研究和培训服务的连接协议。

2010 年 1 月,孟加拉国和印度签署了范围广泛的经济合作协议,在水资源、电力、交通、旅游、教育合作方面提供了一个全面的框架。该协议允许使用吉大港(Mongla 和 Chittagong)港口通过公路和铁路从印度来运输货物。孟加拉国还转达了其打算给尼泊尔和不丹接近停靠吉大港(Mongla 和 Chittagong)的意图。协议还预设了两国之间的能源贸易。

南亚与其他区域集团发展密切的合作的兴趣正在增加。南亚和东南亚的国家已经开始了区域间合作的倡议,如孟加拉湾多部门技术经济合作组织(BIMSTEC)的跨区域合作的倡议,以追求区域间合作。BIMSTEC 是促进南亚和东南亚之间融合的一个重要的工具,它的实现对于泛亚洲区域合作和一体化的实现至关重要。

专栏 14.5　对新区域组织的建议

亚洲开发银行和其他利益相关者最近提出的重点建议包括:

◆开展一个亚洲的金融稳定对话;

◆创立泛亚洲的基础设施论坛;

◆创建亚洲基础设施基金;

◆解决重复的自由贸易协定(FTA)的影响,例如,在 WTO 框架下建立一个区域自由贸易协定和多边化的区域主义;

◆对亚洲货币基金工作进行宏观区域经济监测,并建立危机防范机制;

◆设置为处理资本流动和区域汇率的合作框架;

◆把亚洲资本市场的动力扩大到亚洲债券市场;

◆设置公共物品区域论坛,以促进在处理自然灾害、气候变化和健康关注等方面的合作;

◆创建亚洲合作理事会,即由最高政治级别管辖的、用来解决大范围地区问题的一个保护伞组织。

资料来源:亚洲开发银行(2010a)。

实现加强区域合作一个关键的先决条件是强有力的政治支持和领导力。大型经济体——中国、日本、印度之间的合作仍然是至关重要的。这三个经济体将不得不通过支持彼此之间和与它们相邻小国间的相互开放以及连接市场来确立它们在该区域的合作领导地位。它们应该承担促进政治状况稳定和亚洲经济发展一体化的责任。对于解决它们之间的不信任和共同工作,这将是特别重要的,如果可能,和区域外的合作伙伴包括美国和欧盟共同努力,以确保在该地区的其他冲突能被及时地预防或终止。在此背景下,一个或多个中小国家,如印度尼西亚、韩国、马来西亚,可以在促进区域合作和协定上发挥有益的作用。

对亚洲区域关系的主要挑战是建立在过去的成就上的,设法维持或建立互信互赖的关系。没有最低程度的信任,区域合作、机构建设或预防冲突基本上都是不可能实现的。

第十五章 实现"亚洲世纪":亚洲在世界的地位

哈瑞尔达·考利(Harinder S. Kohli):新兴市场论坛首席执行官

亚洲全球化足迹中的巨大变化

亚洲在全球经济中的作用已经大大不同于第二次世界大战刚刚结束后的那个时代了,而是已经实现了当前全球化的治理和金融、贸易体系。"亚洲世纪"的局面有望形成。

亚洲的全球化经济足迹在20世纪50年代中期达到最低点后显著扩大。目前亚洲经济占据了全球经济的28%,几乎是20世纪50年代中期所占全球经济份额的两倍。在"亚洲世纪"的局面下,亚洲地区的全球化足迹会继续稳固地扩大,到2050年亚洲将占据全球GDP的50%(见图15.1)。

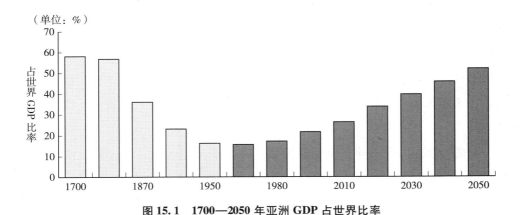

图15.1 1700—2050年亚洲GDP占世界比率

数据来源:1.1700—1950年数据来自安格斯·麦迪逊(Angus Maddison)历史数据库,2007年;2.1951—2050年数据为圣坦尼国际集团估计值,2011年。1700—1990年数据以PPP计算,1990—2050年数据以市场价格计算。

这种转变不仅仅限于占全球GDP的份额。60年前,亚洲是世界上最贫穷的地区,

227

人均收入只占全球人均收入的很小一部分。亚洲的储蓄和投资率都很低,是资本的净进口方。它拥有几乎可以忽略不计的外汇储备和疲软的货币。它是国际(西方)最大的发展受援方,拥有很少的 FDI,并且严重地依赖进口技术。

如今,它成为了第一个实现与收入相关的千年发展目标(MDG)的发展中地区。有七个亚洲经济体被划分为发展中国家。日本和韩国现已跻身世界发达经济体,中国和印度正在快速赶上。亚洲是目前世界上最大的储蓄方和资本出口方,有超过 75% 的全球储蓄,并且国内储蓄和投资率在上升,绝对贫困在下降。事实上,中国、印度和韩国已经开始与日本一起,向世界其他地区(主要是非洲)提供技术和金融支持。而且,中国大陆和印度也已经与日本、韩国、新加坡和中国台湾一起,向世界各地提供精密制造的产品和信息服务。

本书假设这些趋势在"亚洲世纪"会继续,亚洲会在全球经济的多方面占据领先地位。不仅仅在全球 GDP、储蓄、投资和金融资产上占据过半的份额,人均收入也许会在历史上第一次超过世界平均水平。大约将有 30 亿或更多的亚洲人变得富有并有望达到目前欧洲的平均生活水平。

亚洲全球角色的影响

也许是因为亚洲以前所未有的速度重新崛起(详见第四章),也许是因为其低调处理地缘政治直到最近,亚洲本身和亚洲以外的地区都很少意识到亚洲在全球治理中的作用,相对于其在全球 GDP、贸易、储蓄和投资中所占的比例而言,确实太小。

事实上,直到 G20 形成,全球的治理都是基于二战后达成的架构,由 G7 领导。现有的体系已经与新的经济现实不一致了,而且随着亚洲继续向"亚洲世纪"迈进将变得越来越站不住脚。包括亚洲自身的各方,都必须努力应对这些新的现实所带来的实质影响。

亚洲的经济增长和快速扩张的经济足迹将为亚洲地区及其最大的经济体(中国、印度、印度尼西亚、日本和韩国)带来新的挑战和义务。这将会对亚洲地区在世界上的地位产生深远影响,包括如何看待其长期的自身利益,以及如何与世界其他地区互动。

亚洲需要重新考虑它在各种各样的问题和组织中的作用,这包括:在全球公共实践中的作用、与其他地区的关系、国内和区域政策对其他地区的影响,等等。亚洲不能站在旁观者的角度,它应该作为局中人向外注视全世界。

同时,应认识到世界的和平与安全是亚洲经济和社会福利的一个前提条件。应将地区的自身利益延伸到经济以外,包括全球政治治理和安全治理。因此,亚洲将需要转变其在全球治理、经济和政治中的角色。

全球公共实践

2050 年,亚洲将占据全球 GDP 和人口的一半或更大比例,其核心影响在于世界经济的中心将逐渐从大西洋向亚洲大陆转移。

随着亚洲 GDP 占据全球 GDP 的一半,全球经济所依赖的全球公共实践要继续发挥作用,这对亚洲自身福利将是至关重要的。结果是,亚洲将成为全球公共实践最大的利益相关者,拥有开放的贸易体系、稳定的金融体系、国际性的法律规则以及和平与安全。到目前为止,西方势力是二战以来主要的利益相关者。但是亚洲将能在不久的将来与其共同承担这些责任,共同发挥领导作用。否则,它将不能获得长期的发展与繁荣。

因此,亚洲必须拥有更多的全球公共实践所有权。事实上,出于其自身利益的考虑,它应成为全球公共实践的一个有力的提倡者和保卫者。但它为巩固地区合作所做的努力不能以其传统的对外开放为代价。亚洲必须坚持长期存在的地区开放策略,20 世纪 50 年代以来亚洲从这个策略中获得了丰厚的回报。

全球贸易体系

越来越开放的全球贸易体系极大地促进了 20 世纪 50 年代以来东亚的发展。正如本书第二章所讨论的那样,亚洲在这个体系中做得很好。目前,其贸易额占 GDP 的比重已经达到了一个很高的水平。

尽管国内和地区间的市场占了亚洲经济的较大份额,亚洲地区将需要继续与世界其他地区大力发展贸易以供应北美和欧洲的最终消费者,取得世界上最新的技术和知识,进口国内经济发展所需的原材料。

总而言之,全球开放和自由的贸易体系对亚洲有重大益处。

全球航运通道、贸易路线和沟通渠道

开放的航运通道和其他贸易路线是亚洲经济健康发展的动脉。由于亚洲地区对全球贸易的依赖,保持开放的贸易体系与远离冲突涉及亚洲的切身利益。比如说,波斯湾和马六甲海峡的开放海洋通道对亚洲的进出口来说是必不可少的。类似地,对所有人开放的安全航空空间通道也是必不可少的。此外,数字通信渠道将变得同样重要。

亚洲必须成为这一领域的倡导者。

全球金融体系

金融是全球性的,因此,虽然国家的改革是必要的,区域合作是可取的,但这些都不够,亚洲必须更加重视稳健的全球金融体系。

凭借其巨大的储蓄率和投资率,亚洲应该在 2050 年之前建立一些全球最大的股票、债券和银行市场。亚洲现已是全球储备的最大持有者。亚洲在很大程度上依赖贸易,因此在运行良好的、公平的国际货币体系和相关机构中拥有巨大的利益。全球金融体系(以及其自身)的安全和有效关乎亚洲的利益。该地区的储户拥有可以接受的风险调整回报以及亚洲经济拥有能与其他地区竞争的投资基金利率都是必要的。

鉴于亚洲在全球储备、储蓄和投资上的比重上升,该地区将有机会越来越多地构建全球金融体系、货币体系和全球性金融中介。亚洲需要在全球货币和金融治理中发挥积极和建设性的作用。

亚洲还必须转变其角色,从政策论坛中的一个规则接受者变为一个规则制定者(或者是规则共同制定者),从市场中的一个价格接受者变为一个价格制定者。

气候变化

本书第十二章认为,亚洲的发展中国家对待气候变化的立场,需要重新评估。本书所进行的分析表明,应对气候变化的早期有力行动符合亚洲自身的社会、经济和政治利益。

大的亚洲经济体目前在全球气候变化谈判中立场的变化将是对国际社会的一个早期证明，即亚洲能够在保护全球公共实践、甚至在它的短期利益与其他地区有分歧的领域中发挥建设性作用。

全球和平与繁荣

随着亚洲成为世界经济的中心，世界其他地区的经济与政治发展也符合亚洲的自身利益。世界范围内的和平与安全对于亚洲自身的长期繁荣是必不可少的，正如当前的发达国家在过去 50 年中为支持世界范围内的和平与安全所做出的努力一样。

自二战结束以来，亚洲国家没有意识到有必要为维持全球的和平与安全发挥积极作用，而是依赖于西方国家。亚洲经济在全球经济中的份额上升，因此与世界其他地区的福祉越来越相关，相应地，亚洲需要投入更多的智力和物质资源——与欧洲和北美联合——增强整个世界的经济、社会和政治稳定。亚洲同样需要意识到它不能永远依赖外界势力来维持亚洲的和平与安全，它不久将需要考虑区域安全治理。亚洲角色的改变既不是紧迫的，也不会马上实现，但亚洲需要很快开始做准备。

与世界其他地区的关系

亚洲已经拥有并将继续保持与其他国家和地区（无论远近）在经济、政治和安全方面的密切联系。例如，许多亚洲经济体与邻近国家有很强的经济联系：为石油供应与海湾国家和俄罗斯联邦建立联系，为食品、煤炭和其他矿物质与澳大利亚和新西兰建立联系，以及将土耳其作为连接中东和欧洲贸易的渠道。最近，亚洲的经济巨头们纷纷寻求与非洲和拉丁美洲日趋紧密的经济联系，以确保能够获得矿产资源和出口市场。很多国家，比如东盟（ASEAN）国家，与美国和澳大利亚有密切的政治和安全联系。

这种联系在未来将会变得更加重要。即使亚洲经济体在区域合作和整合上要付出巨大的努力，也不能破坏了这种联系。事实上，这些努力必须基于亚洲在全球贸易、金融和投资中发挥核心作用的长远考虑。该地区必须保持向其他地区开放边界，以拥有接近全球市场的平等机会。

事实上，亚洲实现"亚洲世纪"的方法必须以共享全球繁荣的概念为基础。

发展援助

过去,亚洲已大大受益于发展援助和从西方流入的私人资本。这对当时相对贫穷和拥有数十亿绝对贫困人口的亚洲是必要的。从更广泛的金融角度来说,这些资本流入是该地区的资本赤字和发达国家的资本盈余。

这一情况正在发生变化。亚洲的绝对贫困发生率已经有大幅下滑。在"亚洲世纪"的局面下,到2050年亚洲将不再有贫穷的国家,亚洲的人均收入会超过世界的平均水平。亚洲已经成为了资本净出口方,并且积累了大量储备。这种良好的财务状况即使不会进一步提高,至少有可能持续到2050年。

因此,亚洲不应该长久地期望从非亚洲地区得到外部发展援助。亚洲需要认真考虑形成自己的区域发展援助策略,富裕的亚洲经济体以系统的方式向贫穷的亚洲经济体提供技术和金融援助,取代传统上 OECD 国家所发挥的作用。

日本长期以来为亚洲和其他地区的欠发达国家提供了大规模的发展援助。亚洲的其他发达经济体(包括文莱、韩国、新加坡和中国台湾)也应该考虑尽快作出共同努力。经过一段时间,随着进一步发展,中国、印度和印度尼西亚将需要考虑大力增加它们对亚洲和亚洲以外地区的发展援助计划,以符合 OECD 发展援助委员会(Development Assistance Committee of the OECD)的准则。

国家和区域政策对其他地区的影响

正如在大萧条中所表现的那样,在如今全球化的经济中,最大经济体的重大发展和危机能蔓延到其他地区。传染不仅仅限于危机。事实上,大的经济体主要政策的变化,包括货币、利率、财政和移民政策的变化,都会对世界其他地区产生巨大影响。

随着亚洲经济体的相对大小和地区全球化足迹的扩大,尤其是其中较大经济体,将与整个地区一样,在形成它们国内和区域政策议程时需要更加注重这些影响。

全球治理

如果亚洲成功实现了"亚洲世纪"，该地区将需要极大地改变其在全球治理和规则制定中的角色。在致力于国家和区域性议程（本书第六——十四章中已有讨论）的同时，亚洲必须开始承担更大的全球责任。G20 中有 6 个亚洲成员国，亚洲能够且必须在重要的全球问题中发挥领导作用。

亚洲将需要从一个全球规则制定讨论中被动的旁观者和规则沉默的追随者，逐步转变成为一个积极的讨论者和建设性规则的制定者。世界贸易组织（WTO）协议、国际清算银行（the Bank for International Settlements）的规则、国际货币基金组织（IMF）的指导方针等全球规则是如何形成、监控和执行的，对国家和地区的发展和竞争力有巨大影响。

为了在全球规则制定和实施中扮演一个积极的角色，亚洲必须在全球国际机构，比如说在金融稳定论坛（the Financial Stability Forum）、国际清算银行（the Bank for International Settlements）和世界贸易组织（WTO），以及政治论坛，比如 G20、亚太经合组织（Asia-Pacific Economic Cooperation）和联合国安理会（the United Nations Security Council）中发挥更积极的作用。

为了在以上重要机构中执行领导角色，亚洲领导人必须能提出自己的想法，而不仅仅对传统全球力量的建议作出回应。他们也必须培训并培育出训练有素的强大干部队伍，能够在这些机构中扮演领导角色，正如 G7 国家二战以来所做的那样。

考虑到这些组织所讨论问题的复杂性，亚洲领导人也将需要得到世界级机构的支持，以及相关政府机构、地方智囊团和学术机构专家的支持（尽管有些是区域性的，因为不是所有该地区的国家都能培养出这种能力）。

正视亚洲的崛起

最后，作为一个非独断的、建设性的全球治理的主要参与者，亚洲必须尽心维护它迅速崛起的角色。作为一个新兴的全球领导者，亚洲应该扮演——而且被视为扮演——一个负责任的全球公民。

第十六章　结论:错失"亚洲世纪"的代价

哈瑞尔达·考利(Harinder S. Kohli):新兴市场论坛首席执行官

阿肖克·夏尔马(Ashok Sharma):亚洲开发银行金融局局长

阿尼尔·索德(Anil Sood):新兴市场论坛高级顾问

应对转型

实现包括全球一半人(超过 40 亿人)的潜在的历史性转变,主要取决于(尽管不是唯一地)处理代际挑战和应对本书中所讨论到的风险。该地区的很多经济体面临着呈上升趋势的不平等现象的挑战,这些挑战会损害社会凝聚力。第二类经济体面临着陷入中等收入陷阱和停滞的风险。快速增长和上升的预期可能导致对有限自然资源的激烈竞争。扩大的国家间收入差距可能造成该地区的不稳定。气候变化可能威胁农业生产、沿海人口和城市地区。重要的是,不充分的治理和不健全的机构设置可能成为增长的约束。

这些挑战和风险并不是相互独立的。它们可以相互影响,引发冲突,在亚洲制造可能危及区域发展、稳定和安全的新的压力点。

应对措施包含三个层面:国家行为、区域合作和一个全球性议程。考虑到不同国家条件的广泛差异,国家行为将随国家而变化。尽管对国家行为做出指导超出了本书的范围,但是本书第二部分讨论的议程提供了政策和执行方向,单个国家在追求可能的但绝非注定实现的"亚洲世纪"时可以加以考虑。

国家行为议程

国家层面上的成功取决于如何应对 7 个核心挑战:实现包容和公平的增长;提高生

产效率、企业家精神和创新；管理好加速发展的城市化；进行金融改革；彻底降低能源强度和提高自然资源的使用效率；减轻和适应气候变化；改善治理水平和机构质量。

实现包容性增长

为维持长期增长和保持社会凝聚力，亚洲国家必须优先考虑包容性，并消除城市和农村之间、受教育人群和未受教育人群之间以及不同种族之间的不平等。包容性增长不仅要解决贫穷问题，而且必须处理公平、机会均等方面的问题，并为弱势群体提供保护。

农村包括农业的发展，对所有低收入和中等收入经济体仍将很重要。保障粮食安全将减少贫穷经济体的脆弱性。城市不平等——在亚洲部分地区呈上升趋势——将需要逐步缓解，贫民窟将需要被消除。

更加关注教育和发展人力资本，同时特别关注女性教育，对充分实现人口红利是必不可少的。政府也必须增加高质量的基础设施投资，促进创新以满足处于金字塔底部人群的需要。适应性措施需要纳入发展策略，以减轻气候变化对贫穷和脆弱人群的影响。营造支持国内慈善事业发展的环境将同样发挥重要的缓解作用，正如用于应对风险的各种形式的保险，比如失业、残疾、疾病或家庭中一个有收入成员的死亡。通过积极的劳动市场政策比如保障就业计划，为穷人提供就业并保证最低工资能起到一定作用（尽管可能存在漏洞）。

生产力、企业家精神和技术发展

亚洲经济体在接下来40年的持续快速增长中将需要充分的技术变革和创新，更为关键的是可利用的企业家才能。

亚洲的模式，除了极少数例外，一直都是追赶型模式，通常都是利用西方发达国家技术来为西方市场进行生产。这在亚洲国家尚处于较低发展阶段时是合适的。但随着更多的亚洲国家追随日本、韩国和新加坡并向西方发达经济体靠拢，仅仅追赶是不够的。

快速增长的亚洲经济体，特别是中国和印度，如果要成为高收入经济体，必须依靠企业家精神和创新，并在科学技术上实现突破。一个特别富有成效的领域，就是通过包容性创新以满足数以百万计的中低收入人群的需要，印度已经在该领域展示出了卓越的成就。

核心要求——很多亚洲经济体尚未达到的标准——是各个层次的高质量教育。亚洲很多地区的教育体系需要改革，以促进创造、创新和创业。最重要的是建立一个促进竞争并促使私企发展的整体政策框架。

管理快速发展的城市化

城市化有助于提高生产率和改善市民生活质量。亚洲必须采取新的城市化措施，促进紧凑、节能、绿色、安全和宜居的城市建设，这些措施将更加依赖公共交通而不是私人汽车的发展。它还必须控制一些重大的风险，尤其是那些与不平等、贫民窟和社会凝聚力崩溃有关的风险。

更好的融资和城市管理要求政府进一步将权力和责任下放到各级地方政府，提供更多的地方职能，走向城市资本投资的市场融资，并特别注重公私合作。城市发展需要几十年，及时的行动将需要有远见的领导者。

进行金融改革

在发展经济和改革金融体系从而为实际操作部门和金融包容性目标提供服务时，亚洲经济体必须吸取亚洲金融危机和最近全球衰退的教训。首先，它们必须避免深受另一个过分旺盛预期的泡沫之害。亚洲需要实施一个能有效调整其储蓄以支持实际部门活动，尤其是基础设施、城市化和创业的金融体系。

亚洲将需要形成自己的金融模式，避免对市场导向的过分依赖，以及避免政府对目前该地区许多地方的银行主导的金融体系的过多控制。它应该对制度创新更加开放。同样，它必须立即开发工具，并创造一个授权的环境，以通过公私合作模式为其大量的基础设施和城市发展需要融资。亚洲特别是东北亚，不得不通过成熟的养老金和保险市场，更加关注老龄化社会的特殊需求。亚洲的金融部门也必须为金字塔底部的数百万人提供金融支持。

国家改革必须以创造条件促进区域（以及全球）整合为目标。亚洲应该出现一个或者更多的全球金融中心和几个全球贷款公司，并在国际金融建设中发挥更大的作用。

降低能源强度，提高自然资源的使用效率

对所有亚洲国家的关键政策的影响在于，它们未来的竞争力和福利在很大程度上依赖于改善自然资源使用效率和在未来的低碳全球竞争中取得胜利。出于自身利益的需要，亚洲必须大幅地改进能源效率和实现能源多样化计划，特别是将化石能源转换为可再生能源。这其中还存在与大多数其他自然资源有关的类似问题，包括提高水和肥沃土地的利用效率。重要的措施有涨价（由此去除补贴）、技术突破和辅之以更加严厉标准（对建筑和交通）的消费模式等。

国家、区域和全球层面上都需要补救措施。能源有效和全要素生产率的增长有强烈的协同,这需要持续的努力和全球的竞争。

减轻和适应气候变化

通过早日采取行动来减轻气候变化并过渡到一个低碳的未来,亚洲国家能将它们的经济转向一个新的技术模式。这将带来更大的能源安全、更健康和更有生产力的公民群体、更清洁的城市和更有竞争力的工业。总体来说,它将使亚洲经济体在全球更有竞争力,因而维持该地区长期的高速增长。

"先增长,再买单"将只会增加成本。穷人不同程度地遭受了气候变化带来的不利影响,现在采取行动是符合亚洲自身利益的。

转变治理方式,提高治理质量

最近,国家政治和经济机构的质量和信誉恶化(呈上升趋势的腐败是表象之一)是一个焦点问题。高质量的机构将会帮助快速增长的经济体避免陷入中等收入陷阱,帮助低增长、温和增长或高速增长的经济体建立走向持续经济增长的基本条件。

在亚洲,不断扩大的中产阶级——其本身是社会经济快速增长的理想产物——将需要更多的呼声和参与度,透明的资源配置,对结果的问责制和更大的个人空间。

尽管非常困难,但根除腐败对所有国家保持社会和政治稳定以及维持政府的合法性都是重要的。最近中东的一些事件表明:政府与民众之间沟通的质量是至关重要的,随着新的社会媒介和其他尚不为人知(但肯定会出现)的工具变得可用,亚洲将需要大幅度改善治理方式,并对透明度和问责制加以重视。

区域合作议程

合作与整合对亚洲的繁荣至关重要,并将变得更加重要。此外,在保持国内社会和政治稳定的同时,避免大的经济体与核能国家之间的冲突尤其重要。

考虑到其多样性和异质性,亚洲将需要发展自己独特的建立在东亚积极经验之上的模式:一个市场驱动的、自下而上的实用模式,该模式能促进亚洲49个国家间自由区域贸易和投资流动。该模式可能建立在东盟(ASEAN)经验之上,并逐步包含更多的经济体。这些行为的目的和政府的动机是建立一个亚洲经济共同体。这种模式需要更强大的(尽管不必是崭新的)区域性组织或机构。

一个亚洲经济共同体必须基于两个一般原则——开放和透明。亚洲对开放性区域主义的接受意味着它向新成员开放,并且不歧视非成员,它鼓励区域性组织尽量利用现有的全球性组织和论坛来增进合作。透明性将会强化责任和加强治理。

强大的政治领导对不断加强的区域合作至关重要。考虑到区域的多样性,建立亚洲区域主义将需要能有意识地权衡不同参与者力量的集体领导。亚洲的主要经济力量,比如中国、印度、印度尼西亚、日本和韩国,将在整合亚洲以及在全球经济中重塑亚洲地位的过程中发挥关键作用。

重视亚洲在世界的角色变化

本书所传递的一个最重要的信息在于,亚洲对全球经济不断增长的重要性将给亚洲带来新的挑战和义务。亚洲必须拥有更多全球共同实践的权利与义务,包括建立起一个开放的全球贸易体系、一个稳定的全球金融体系、气候变化的缓解措施以及维护和平与安全的机制。

随着亚洲在全球经济中发挥更大的作用,亚洲的自身利益和长期繁荣将取决于确保世界范围内的福利、和平和安全的实现。

该地区作为一个整体,特别是中国、印度、印度尼西亚、日本和韩国这些较大的经济体,将不得不考虑国内政策议程的区域性和全球性影响。用非独断的建设性方式来精心管理这一支配地位是至关重要的。亚洲应该扮演——并被视为——一个负责任的全球公民的角色。

亚洲必须逐步转变其角色,在形成全球共同实践规则中成为一个积极的参与者和思想领袖。亚洲的早日行动将是一个具体示范,它愿意并且能够在保护全球利益中发挥建设性的作用。该地区作为一个整体必须在全球治理中发挥更加积极的作用。

各国间的优先权

代际挑战在亚洲大多数经济体都存在,但它们的优先权取决于各个经济体属于这三个组中的哪一个组:自 20 世纪 50 年代以来快速增长的 7 个经济体,它们在一代人的时间内成为高收入的发达经济体并避免了中等收入陷阱;包括中国和印度在内的 11 个经济体,它们自 1990 年为达到中等收入状态已经取得了快速增长,现在正面临着陷入中等收入陷阱的巨大风险;或者是增长缓慢的 31 个经济体,它们向快速增长的转变将有助于将富裕扩散到所有的亚洲地区。

第一组——尤其是日本、韩国和新加坡——必须对亚洲的重大科学和技术发展起带头作用,比如生物技术、老年人的医疗护理和缓解气候变化方面的技术等。这一组也将超越单一的高速增长,将社会福利推向更广的区域。亚洲的高收入经济体——以及中等收入国家(比如中国)——面临的重大挑战是创造亚洲奇迹的这一代人的老龄化问题。这一人口和经济的现实影响着治理的各个方面,需要对提高财政承受能力和可持续发展能力的相关制度做出调整。

避免中等收入陷阱是第二组国家最重要的目标(见专栏 16.1)。减少不平等是其中最大的挑战,但是为了像富裕国家一样通过创新获得增长,发展现代的更加灵活的财产权和竞争制度以及培养大量的高技能公民也相当重要。避免中等收入陷阱同样需要改革金融体系,以培育实体经济的发展和促进创业,同时应对迅速城市化带来的能源和资源挑战。这种制度的发展往往需要几代人的努力,这为政策制定者提出了挑战,因为福利不是立即可得的,可能间接地在很长的时期内获得。

尤其需要发展的最后一组——这一组包括从塔吉克斯坦到尼泊尔的经济体——必须加速增长。这要求减少不平等、改善教育的质量和传播、发展基础设施、强化制度的作用和采用能促进国内增长和对外贸易发展的支持商业政策。

需要提高韧性

鉴于历史的经验,亚洲的崛起道路并不是一帆风顺的。例如在过去的 40 年里,金融危机大约每十年发生一次。从现在到 2050 年间,重大的危机——经济的或者政治的——都很有可能会发生。幸运的是,在过去的每次危机中,亚洲已经展示了不断增长的危机管理能力。其应对外部打击的韧性在 2007—2009 年的大萧条时期得到了生动的展现(Boorman 等,2010)。亚洲率先走出经济危机的阴影,并有力地带动了全球经济的反弹与回升(Kohli 和 Sharma,2010)。但该地区不能因此而自满,它必须继续加强其韧性,遵循谨慎的宏观经济、财政和货币政策,并建立更加强健的金融系统。适应性、灵活性和对快速变化的全球经济全景的反应能力尤其重要。

专栏 16.1   避免中等收入陷阱

少有国家维持高速增长超过一代人的时间,更少有国家一旦达到中等收入状况仍能继续保持高增长。中等收入国家的增长策略与低收入国家的增长策略最大的不同在于,前者需要更重视需求方面。国内需求和新的出口需求成为中等收入国家更重要的增长发动机,服务型公司变得更加重要。伴随着更高工资和更低成本这一趋势的要求更严格,通过创新和产品差异化以满足市场需求变得越来越重要。

中等收入国家的政策制定者面临着三大战略性问题。首先,与低收入国家强调多样化不同,中等收入国家需要开始进行专业化生产。专业化在将资源从低生产率经济活动重新配置到高生产率经济活动中是一个关键要素。这意味着应继续强调能从既得利益、不适当的法规、不完善的信息、歧视和其他妨碍有效竞争的障碍中产生的刚性。发展良好的社会安全网络和再培训技能计划有助于减少伴随专业化产生的重组所带来的损失。

其次,创新经济要求必须改革教育体系。需要高质量的中等教育和高等教育,用技能武装劳动力,以产生新想法和发展新技术从而适应变化的世界。培养有技能的专业人才的高等教育机构不是一夜就能创造的,而是需要长期的投资和发展。为了积累足够数量的专业人才,中等收入国家必须成为适宜居住的地方。

第三,创新必须伴随投资和资本积累。但是中等收入国家的个人和公司在向创造力迈进时面临着很大的障碍。除了从家庭和朋友关系中获得融资,它们几乎没有其他的融资选择。那些所谓"大而不倒"的公司经常垄断其领域,限制新成立公司的增长空间。进入和退出的障碍很大。大学和研究机构没有动力去鼓励知识工人与商业圈加强联系。这些障碍都需要被消除。

除了这三个问题外,中等收入策略——通过专注于需求——可能也需要改变对社会事业的心态。对于低收入国家来说,社会政策等同于努力减少贫困和为穷人改善机会。从福利原因来说这是很重要的,但是贫穷的减少本身并不会产生大量的消费市场,也不会产生教育投资和制度化储蓄以保持增长。它们需要针对中产阶级的社会政策。在很多国家,失败的中产阶级发展会放慢国家的增长速度。净出口需求之外的另一个选择——国内消费,如果没有一个强大的中产阶级,消费就不能按需要的比率扩大。以社会政策为目标来创造中产阶级并使他们满意对低收入国家的要求很不一样,它可能意味着为城市首次住房购买者提供低成本住房,或者制定计划以确保应届毕业生有合适的就业机会;它也意味着更加注重公共利益,比如安全、城市交通和绿色空间。

错失"亚洲世纪"的代价

无法实现"亚洲世纪"意味着我们所讨论过的两个局面中第二个局面的出现:陷入中等收入陷阱。到 2050 年,这将为福利、幸福和一代又一代亚洲人的生活方式——以及为世界各地的其他社会——带来一组非常不同的结果。

图 16.1 中的饼状图说明了两种局面下基本经济参数的差异。这些差异是巨大的。亚洲的人均 GDP(以购买力平价 PPP 计算)在中等收入陷阱的局面下(20600 美元)约为"亚洲世纪"局面下的一半(40800 美元)。亚洲以市场汇率计算的 GDP 在 2050 年只能达到 65 万亿美元,或者占全球 GDP 的 31%,而在另一种局面下则为 174 万亿美元,或者占全球经济的 52%。未能实现"亚洲世纪"局面的机会成本是巨大的,特别是从人类发展的角度来说更是如此。

人类发展层面:生活的质量

在"亚洲世纪"的局面下,将近有 30 亿或更多的亚洲人——大约占该地区居民的 90%——会在一代人的时间内比在中等收入陷阱局面下更早地享受到富裕社会的成果。无论哪种局面,亚洲都在根除绝对贫困上取得了好成绩,达到高于千年发展目标(the Millennium Development Goals)所提出的贫困线水平。然而,这两种局面在非收入因素方面存在很大差异,比如对基本的基础设施服务的使用权等。

提供基本的基础设施服务①

洁净和安全的饮用水使用权是一个显著的指标。在 2050 年"亚洲世纪"的局面下,98% 的亚洲人能获得更好的水供应(见图 16.2)。陷入中等收入陷阱则会有多达 2.22 亿的亚洲人不能得到更好的水供应。

---

① 这部分用于计算道路交通网密度和不能获得更好的水资源的人口模型是建立在本书所使用的增长模型基础上的(见附录 2)。它们的方法和数据定义是由 Kohli 和 Basil(2011)给出的。这里我们采用包含了 174 个国家数据生成的全球模型,用 Kohli 和 Mukherjee(2011)给出的变量选择和系数,接下来的讨论就是基于此。

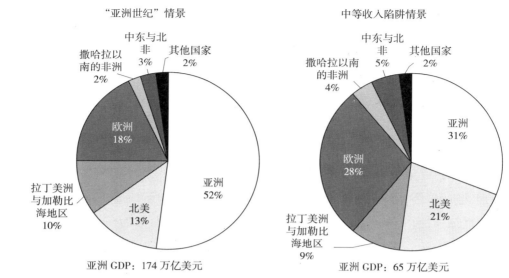

图 16.1 "亚洲世纪"情景与陷入"中等收入陷阱"情景

数据来源:圣坦尼国际集团预测,2011 年。数据以市场汇率计算。

表 16.1　两种局面下 2050 年的经济结果——"亚洲世纪"和中等收入陷阱

占全球 GDP 的份额(%),市场汇率	"亚洲世纪"情景下	中等收入陷阱情景下
亚洲	52	31
中国	20	10
印度	16	7
美国	12	18
GDP(万亿美元,市场汇率)		
亚洲	174	65
中国	68	20
印度	53	14
美国	38	38
世界	333	208
人均 GDP(美元,购买力平价)		
亚洲	40800	20600
中国	52700	23500
印度	40700	17900
美国	94900	94900
世界	37300	25600

注:MER＝market exchange rates,即市场汇率。

数据来源:圣坦尼国际集团预测,2011 年。

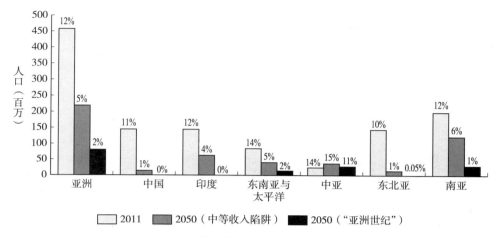

图 16.2　未能获取改进的水供应的人口

数据来源：Kohl 和 Mukherjee：《亚洲中等收入陷阱的潜在成本》，《全球新兴市场经济杂志》2011 年第 3 卷第 3 期。

　　潜在经济增长的损失在基础设施的其他领域将同样产生负面影响，包括道路等。研究表明，交通的便利程度是和婴儿死亡率最密切相关的指标之一（Ombok 等，2010；Huang 等，1997）。如果交通便利，还能通过减少出行时间而增加家庭和休闲时间，而且道路建设有利于提高总的作物产品指标和农业工人的工资，更好地发展当地社区，减少人们收入增长对农业的依赖程度，增加食物供应和提高小学及中学毕业率（Khandker 等，2006；Mu 和 van de Walle，2007；Calderón 等，2008）。

　　在"亚洲世纪"的局面下，该地区非城市道路的密度比中等收入陷阱的局面下高 21%，在中国甚至高出 25%，在印度高出 23%，在东南亚高出 21%。图 16.3 比较了道路交通网随着时间的推移在两种局面下的扩散情况。

　　卫生环境、港口和机场部门的比较，参见 Kohli 和 Mukherjee(2011)相关研究。

无形因素

　　不可否认，这个三合一的议程——国家、区域和全球——是令人气馁的。但一个"亚洲世纪"的承诺是一个伟大的奖赏，它极好地证明了非凡的努力、纪律和所需的开明的领导能力的重要性。

　　政策和所要求的策略变化与相关的制度性改革有持续几十年的培育期，但它们的影响一定会在 2050 年之前显现，以铺设通往繁荣的道路。

　　如今亚洲的政治、政策和商业领导者的行动——以及未来他们继承者的行动——

（单位：%）

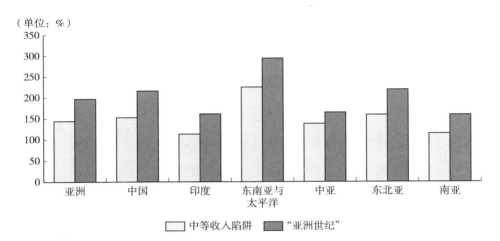

图 16.3　2011—2050 年非城市地区道路网络密度的增长

数据来源：Kohl 和 Mukherjee：《亚洲中等收入陷阱的潜在成本》，《全球新兴市场经济杂志》2011 年第 3 卷第 3 期。

将决定"亚洲世纪"是变成现实，还是一个好听的"纸上谈兵"。

　　与代际问题和第七——十五章中强调的相关政策议程同样重要的是四个最重要的无形因素，它们将决定亚洲解决这些问题和掌握其长期命运的能力。

　　首先是要坚定不移地着眼于长期的领导集体，不管残酷的短期问题和比较经济优势如何变化。如果要将现有的动力水平维持另一个 40 年，这是至关重要的。第二是亚洲人必须愿意采用和追求务实的、而不是意识形态的政策，并重视这些政策传达的结果。第三是需要更大的相互信任，这对有效的区域性合作是必要的。第四是改善治理和制度现代化水平，提高透明度和可靠性。

　　亚洲的未来在亚洲人自己手中。

附录 1　2050 年亚洲的人口变化情况

到 2050 年,亚洲人口占世界人口总数大约在 52% 左右,相对于 2010 年的 58% 略有降低,但相比当前的绝对人口数量,仍会增加约 8.22 亿人口。

东北亚地区占全亚洲的人口比例将从 2010 年的近 40% 降低到 2050 年的 31%,这个整体数据中隐藏的现实是:日本和韩国的人口数量将会继续降低,到 2050 年,将会分别减少 14% 和 2%。联合国统计司发布的新的人口数据预测显示,到 2050 年,中国的人口将减少 3.4%,这表示绝对人口数量将比 2010 年减少 4600 万。

东南亚地区人口的增长速度预计将超过亚洲的平均水平,到 2050 年将增加约 1.64 亿。从 2010 年到 2050 年,印度尼西亚的人口数量将增长 22%,人口总数增加 5400 万;越南增长 18%,绝对数增加 1600 万。

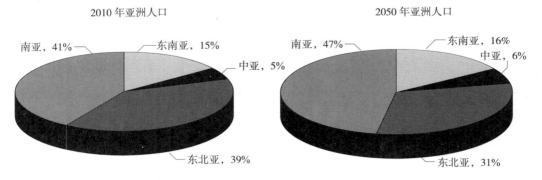

图 A1.1　亚洲各地区人口变化(2010 年与 2050 年对比)

数据来源:联合国统计司:《联合国首脑在国际青年年启动仪式上发表的联合声明》,联合国 2010 年版。

表 A1.1　2010—2050 年的亚洲人口变化

人口(百万)	2010 年	2050 年(预计)	数量变化(百万)	变化比率(%)
亚洲	3933	4755	822	20.9
日本	127	109	−18	−14.2
韩国	48	47	−1	−2.4

续表

人口（百万）	2010 年	2050 年（预计）	数量变化（百万）	变化比率（%）
中国	1341	1296	−45	−3.4
越南	88	104	16	18.3
印度尼西亚	240	293	54	22.3
印度	1225	1692	467	38.2
巴基斯坦	174	275	101	58.3
阿富汗	31	76	45	142.7

数据来源:联合国统计司,2011 年。

到 2050 年,中亚将增加大约 7800 万人口。该地区人口的绝对数量增长相对较小,但从人口所占比率来看,该地区增长令人瞩目,尤其是阿富汗和伊朗。据预测,阿富汗的人口将从当前的 3100 万猛增到 7600 万,伊朗的人口总数也将增加 1100 万。

到 2050 年,亚洲将会受南亚相对人口比重的严重影响。南亚(包括印度)当前已经比东北亚(包括中国)有更多的人口。到 2050 年,仅巴基斯坦的人口数就会净增 1亿。亚洲的人口分布将更加从东北亚向南亚和东南亚倾斜。

亚洲的两个人口大国——中国和印度——将会呈现出截然不同的人口增长趋势。据估计,中国的人口数将在 2029 年达到最大值,到 2050 年其人口数将约为 13 亿,比2010 年减少 4500 万。因此,2050 年时中国人口占世界人口的比重将降低。而相反,印度 2050 年的人口数将增加 4.6 亿,总人口数达到 17 亿,其占世界人口的比重也将达到近 20%。

随着中国和印度在人口数量上持续占据突出地位,在接下来的 10 年中,世界上人口数量最多的国家名单仍将被亚洲国家占据。从现在到 2050 年,除中国和印度外,将有另外四个亚洲国家进入世界人口数量前十家名单中,分别是:印度尼西亚(2.93亿)、巴基斯坦(2.75 亿)、孟加拉国(1.94 亿)和菲律宾(1.55 亿)。

表 A1.2　亚洲老年人口数量(百万)增长预测

	2010	2020	2030	2040	2050	增长率(%) (2010—2050)
东北亚	147	215	286	380	395	168
南亚	78	110	160	221	298	284
东南亚	33	48	76	107	137	312
中亚	9	12	19	26	38	312

数据来源:联合国统计司:《世界人口预测:2010 年的调整》,联合国 2011 年版。

亚洲的老龄化趋势

尽管亚洲 2050 年人口增长将出现净减少的情况,但老年人口数量却是一个十分惊人的数字:65 岁以上的老人届时将达到 8.6 亿。

在这个现象中特别令人震惊的是亚洲人口老龄化进程的相对速度。亚洲的"衰老"将在各个不同的经济体中体现出来,也就是说,即使是低收入国家也是如此。

亚洲的"三速老龄化"分布

在人口统计学研究中,借用在构成本书基础的经济模型中使用的差速经济增长框架是很有说服力的。

亚洲的"三速人口统计分类"产生在不同的国家群体间:第一,东北亚的老龄化国家(尤其是中国和韩国,从现在起称作第一速度或老年亚洲)。第二,东南亚和南亚正接近人口转型期的国家(称作第二速度或者青年亚洲,这个层次包括很多国家,比如泰国和印度尼西亚等相对老龄化的国家,而其他国家与其大概有 10 年的差距,比如印度和越南)。第三,亚洲仍在增长中的最年轻的国家,这些国家距离人口转型期还很远,比如巴基斯坦和阿富汗,这些国家被称作第三速度或者少年亚洲。

通过对几个主要的亚洲国家的人口数据的研究,可以明显地发现中国的人口绝对数大概会在 2029 年开始下降,韩国在 2026 年,泰国为 2033 年,越南在 2045 年。日本的人口下降已经开始,其人口数在 2009 年达到了峰值;印度的人口数量变化转折点将在 2050 年后出现,印度尼西亚、孟加拉国、巴基斯坦和阿富汗同样如此。

表 A1.3　亚洲不同速度国家人口开始下降的转折年

	总人口	工龄人口
第一速度:老年亚洲		
日本	2009	1997
韩国	2026	2018
中国	2029	2018
第二速度:青年亚洲		
泰国	2033	2022

247

续表

	总人口	工龄人口
越南	2045	2035
印度尼西亚	2050 年后	2038
孟加拉国	2050 年后	2044
印度	2050 年后	2050 年后
第三速度:少年亚洲		
巴基斯坦	2050 年后	2050 年后
阿富汗	2050 年后	2050 年后

数据来源:圣坦尼国际集团:《印度农业结构调整和展望及其制约因素分析》,圣坦尼2011年内部报告。

通过对各国人口中工作年龄(在20—64岁之间)人口百分比的研究,我们发现各国将在不同时间达到拐点:对第一速度国家即老年亚洲来说,工作年龄人口数已经达到峰值,当前正在(如日本)或即将(如韩国)下降;第二速度国家即青年亚洲的工作人口数变化落后于第一速度国家大约20—25年时间(如印度尼西亚、泰国、孟加拉国等)。这些拐点是人口增长的重要标志,也是分析各国人口红利的重要参数。

一个重要的合理的担心是:过快老龄化的人口将不利于高收入状态的实现。这种一个国家的过分老龄化可能阻碍其达到足够富裕的担忧有两个原因:伴随老龄人口抚养的高比率,对更高要素生产的投入将难以实现;满足老龄人口的需求需要花费昂贵的经济和社会资源,而这些资源也是实现收入安全、足够的医疗保障和其他需要的条件(Lee,Mason and Cotlear,2010)。

表 A1.4　2050 年的人均国内生产总值及老龄化程度预测　(单位:美元;%)

	人均国内生产总值(GDP PPP,2050 年)	65 岁以上人口所占比例(2050 年)
阿富汗	2456	4.1
尼泊尔	3548	11.5
缅甸	5275	17.6
巴基斯坦	8530	10.4
塔吉克斯坦	16913	9.0
孟加拉国	19300	15.9
伊朗	23696	23.5
菲律宾	27208	10.7
蒙古	30144	14.0
柬埔寨	30280	12.8
斯里兰卡	33385	21.6

	人均国内生产总值（GDP PPP,2050 年）	65 岁以上人口所占比例（2050 年）
越南	34193	23.1
老挝	37875	12.6
印度	40715	13.4
不丹	41928	16.9
亚美尼亚	42160	21.8
印度尼西亚	42176	19.2
阿塞拜疆	52174	17.1
中国	52681	25.6
哈萨克斯坦	60847	13.9

数据来源:圣坦尼国际集团:《圣坦尼国际集团发展模型》,圣坦尼国际集团 2011 年内部报告。

附录 2 全球经济增长发展模型

本书将 GDP 作为 185 个国家的劳动力、资本存量和总要素生产率的函数来估算，而这些国家在 2011—2050 年间处在两种不同的增长情境下，我们将这两种称为"亚洲世纪"情景和"中等收入陷阱"情景。本部分根据要求对这个模型进行了更为详细的描述和更为细节的阐述（Kohli, Szyf and Arnold, 2012）。

如等式（1），假设道格拉斯函数的规模收益不变，其中 α 等于三分之二：

$$GDP = TFP \times L^{\alpha} \times K^{1-\alpha} \tag{1}$$

GDP 数据产生了三种不同的形式：真实 GDP（按 2010 年真实市场价格计算）；购买力平价 GDP（按 2010 年购买力平价计算）；预计市场汇率的 GDP（将预计市场汇率的波动包含在内，即名义 GDP）。

这个模型首先估算了每个国家在 2012 年到 2050 年真实 GDP 的年增长率。该估算被用于计算真实 GDP、GDP（PPP）和名义 GDP（考虑市场汇率的 GDP 也正基于此）的值。然后计算出真实汇率变化后，用其乘以名义 GDP（因通货膨胀而缩小）而获得基于市场汇率的 GDP。

劳动力增长源于人口增长和劳动力参与率的变化。人口增长参照联合国《世界人口展望 2010 年修订版》，而劳动力参与率则是基于对不同性别、不同年龄段（15—19、20—24、25—29、30—49、50—59、60—64 及 65 岁以上）人群的分布情况得到的，以更好地获得不同群体的发展趋势。男性参与率是直接测算的，女性参与率则是通过预测每一年龄段中男性和女性的参与率差别推导出的。从 1980 年至 2011 年的劳动力参与率由国际劳动组织得到。

适用于各个国家的预测特定群组男性参与率的等式是一个简单的自动回归，其形式如下：

$$\ln(M_{age,t}) = m_{age} \times \ln(M_{age,t-1}) \tag{2}$$

其中，M_{age} 是某个年龄段组中处在活跃劳动力年龄的男性比例，而 m_{age} 是随不同年龄段组而变化的常量。

这个用来预测男性和女性参与率差别的多国、多群组使用的等式如下：

$$\ln(D_{age,t}) = d_{age} \times \ln(D_{age,t-1}) \tag{3}$$

其中，D_{age} 等于同一年龄段组中男性和女性处于劳动力年龄百分比的差，d_{age} 是一个随年龄段组变化的常量。在男性和女性模型中，对于某些年龄段组，粗略的上限和下限可以发现异常值。2011 年开始的对在边界外数据的观察值逐渐向边界靠近。

资本存量的增长，是基于初始资本存量、年投资率和折旧而得到的，定义为：

$$(1 + KGrowth) = \frac{K_t}{K_{t-1}} = \left(\frac{l_{t-1}}{K_{t-1}}\right) - 0.06 \tag{4}$$

其中 K 为资本存量，0.06 表示年折旧率为 6%，l_{t-1} 为前一年的资本投资，也就是前一年 GDP（根据 PPP 方法用美元计算的 2010 年的值）乘以投资率（占 GDP 的比重）。

初始资本存量是用 Caselli 方法（Kharas 2010b）计算的，使用如下等式：

$$K_0 = \frac{l_0}{g + 0.06} \tag{5}$$

其中 K_0 为初始资本存量，g 是后十年的平均 GDP 增长，0.06 是折旧率，l_0 是第一年投资量。对于每个国家的 l_0 值，最早的有资本投资的数据（年份 Y）都是被认可的。第 Y 年及其之后两年的投资率的平均值计算出后被当做初始投资率的值。这种对初始投资率的去波动操作对于部分较早年份的投资率波动较大的国家来说是必要的，l_0 只有这样才能获得更准确的预测值。然后用该初始投资率乘以 Y 年的 GDP 得到。尽可能选取最早的年份作为估算数据的原因是：做出预测前的时间框架设置越长，年折旧率降低资本估算对该模型的造成的各项初始误差的效果越强。

该模型是通过计算一个初始年份的基于劳动力、资本存量和历史 GDP 的全要素生产率（TFP）来标准化的。GDP 和资本存量是以 2010 年 PPP 价格的美元购买力平价衡量的。而随后年份的 TFP 则是预测出的。

对于 TFP 预测，我们将四类国家区别对待：富裕或发达国家、快速发展国家、低收入国家、脆弱国家。

所有国家都从一个默认的 TFP 年增长率 1.3% 开始，该数据来自已有研究（Kharas 2010b）。这个参数与美国一百年的 TFP 增长率接近，现在被当做全球标准。在我们的模型中，这也是不同类型国家的生产率增长的固定比率。

研究表明，根据发达国家间的增长率的不同，能够将其分为两类进行建模：快速发展国家（类别二）和低收入国家（类别三）（Gill 等，2007；Jones，2002；kharas，2010a；Kharas，2010b；Wolfensohn，2007）。

如果一个国家的人均收入在 20 年间迅速提升到了较高的水平，那么它就被认为是逐步向高收入国家呈现出趋同的发展趋势。相对于全球发达经济体而言,生产率水平越低的国家,通常会更表现出趋同迅速的特征。这种趋同反映了从更富裕的创新国家的技术转移、科技跨域发展;来自发达国家对管理和操作技术研究的传播和扩散;以及向已处在生产力水平前沿的经济体学习到的其他能够帮助国家提高生产力水平的捷径。

在模型中,一个国家的生产力水平相对于美国的生产力水平越低,其增加量越大,追赶速度越快①。富裕国家(类别一)的生产力增长被与类别二国家的生产力增长同样看待。另一方面,非收敛国家(类别三)的年增长率仅1.3%,没有增加。TFP增长的一般方程为:

$$TFPGrowth = 1.3\% + CB - FP \tag{6}$$

其中CB是有益于第二类国家的趋同增长,FP是来自失败或者不稳定状态的生产力水平提高的阻碍因素。

趋同性增长定义如下:

$$CB = c \times 2.33\% \times \ln\left(\frac{TFP_{USA,t-1}}{TFP_{i,t-1}}\right) \tag{7}$$

其中i为国家,2.33%是趋同性参数(由历史数据推导出),TFP为全要素生产率,c是0或1之间的一个值,用来确定一个国家是快速发展国家(c=1)还是低收入国家或脆弱状态(c=0),或者是处在快速发展国家和低收入国家转变中的中间状态(0<c<1)。

失败状态因子FP定义为:

$$FP = f \times 1.8\% \tag{8}$$

其中f的作用跟c在等式(7)中的作用相同。对于每一个脆弱国家(类别四),f的值等于1,是与1.8%的生产力水平增长率相对应的阻碍因子,因此其年生产率假设为下降0.5%。这个负1.8%的系数和一系列的脆弱状态是通过验证44个国家的失败状态和国际金融危机前的持续两年以上的使其衰弱的战争推导出来的。

GDP增长的预测是通过对每个国家在2012—2050年间的劳动力增长、资本累积和生产率改变值计算推导出的。

预期市场汇率下的GDP衡量通过对实际汇率变化的预期,来实现对GDP估算的校准。首先,推导出一个方程式来建立起一个国家实际汇率和其相对于美国的PPP收

---

① 在趋同性中使用TFP而非像在其他情况中使用人均收入有三个原因:第一,如果等式使用人均GDP,随着时间增长,快速增长国家的TFP将不再向美国的TFP趋同,而是其他值。第二,既然趋同等式表现了TFP的趋同情况,我们使用TFP来使该等式与其功能一致。第三,使用以往研究中的收敛性参数以及基于收入的趋同性指标,跟很多国家最近几年TFP增长的历史数据之间会产生较大的误差。

入的理论联系;其次,一个国家的建模汇率收敛于在这个理论方程中相对于其收入的值。这些关系都是非线性的,而这些人均 GDP PPP 的增长大都是得益于其真实汇率的国家,其收入都处在美国的三分之一至三分之二之间,并非最穷或者最富的国家。

该模型也表明了低、中、高收入人群的大小,仍旧是借鉴于 Khara(2010b)的计算,通过测算每个国家在一定的绝对值范围内的不同生活标准(以 PPP 衡量)的人口数量来实现。每个国家的收入分配情况则是通过世界银行的国际比较研究项目得到的。

本书分别就"亚洲世纪"和中等收入陷阱两种情境做出了不同的预测。这两种情境的不同点在于国家是如何分类的,以及国家在不同分类间是如何逐渐转换的。

对于第一种"亚洲世纪"情境,起点是各国在 2010 年的状态,38 个国家(亚洲 7 个)为富裕,31 个(亚洲 11 个)为趋同的,112 个(亚洲 29 个)为非趋同的,14 个(亚洲 2 个)为失败的①。对于 145 个国家而言,分类来自于 Kharas 使用的"四速世界"分类法。其余的 50 个国家是借鉴一个近期历史数据的相似分析分类的②。"亚洲世纪"的情境情况如下:亚洲 11 个目前处于趋同状态的中等收入经济体都将继续趋同,十一个亚洲(以及 6 个非亚洲)的国家将逐渐变成快速发展国家;全部失败国家将从 2021 年开始逐渐停止失败状态,并于 2025 年进入第三组国家行列。在本情境中导致六个非亚洲的低收入国家走向快速发展以及所有失败国家最终停止失败状态现象发生的原因是"亚洲世纪"情境带来的繁荣共享使整个世界收益。

第二个情境是"中等收入陷阱"情境。在此,当前所有人均 GDP(PPP)低于 20000 美元的亚洲快速发展国家都被视为将进入中等收入陷阱。这些国家逐渐根据其收入水平的不同,在 2015 到 2026 年间的不同时间点内开始停止趋同,在时间框架下的剩余时间内变成低收入国家。

在这两种情境中,一个国家从趋同到非趋同,或者从失败到非趋同状态的转变都是逐渐发生的。也就是说,通过改变方程式(7)和(8)中 c 和 f 的值,各个国家会展现一种在失败和非失败、趋同和非趋同之间的中间状态。

---

① 可以 195 个国家中的 10 个作出预测,其余国家的数据无法得到。

② 然而,与 Kharas 的分类法不同,本书对中等收入的非趋同国家和穷困的非趋同国家不做区分。我们认为在四十年内,许多穷困的或者低等的中等收入国家将会逐渐变成中等收入国家。

附录 3　亚洲的技术前景

拉梅什·马歇尔卡(Ramesh Mashelkar):印度国家创新基金会主席
维诺德·戈埃尔(Vinod Goel):圣坦尼国际集团全球知识与创新实践部主管

预测未来

在 21 世纪的第一个十年结束之时,设想即将到来的下四个十年的未来是一件很有趣的事。平心而论,四十年前我们不可能预测到今天的技术景象,那时没有因特网,没有万维网,没有笔记本电脑,没有移动电话,没有通讯卫星的网络,没有 iPod 或者 iPad,更没有干细胞技术。然而今天所有这些都在影响着或者说是在支配着我们的生活。因此想要预测四十年后亚洲的技术景象是一件非常困难的事。但是本附录在这方面做了一些尝试,试图猜想将来的技术会是怎样以及这些技术会怎样影响亚洲地区的发展。基于目前科技变化与发展的脚步,我们试图想象出到 2050 年前主要的科技突破将会是怎样的。由此,"亚洲世纪"不仅意味着经济力量重心的转移,也会延伸至科技方面。

迅速变化的亚洲

在技术创新方面,亚洲在过去的四十年经历了不均衡的发展。第二次世界大战后,日本迅速发展成为一个科技大国,并于 1962 年加入了经济合作与发展组织(OECD)。在接下来的十到二十年之间,韩国和中国台湾也凭借对高等教育、科学技术的重视与资金投入一跃晋升为科技发达经济体的行列。新加坡也在特殊产业如微电子等方面进行了开拓,并且积极地在公共政策方面进行了一些创新来欢迎技术卓越的外国人移民到该国。由此新加坡避开了由于本国地小人稀带来的劣势,成功地跻身于科技发达国家之列。

印度自 1947 年独立后在科技创新之路上遭遇了两次逆境。首先,作为一个缺乏经济资源的贫穷国家,印度需要用更少的资源创造更多的价值。印度缺乏很多科学技术,从人造卫星到核能到超级计算机。

印度在独立之前经济市场上竞争的缺乏导致了科技的发展只是由进口来替代,这种情况一直延续到 20 世纪 90 年代早期。一个封闭的经济体系也就意味着对外国直接投资和外国科技的封闭。但自 1991 年起开始实施开放市场的政策以来,它迅速地实现了巨大的科技创新。

中国早于印度二十年开放了市场和经济体系,也因此获得了巨大的收效。中国今天仍然在除信息技术服务和计算机软件开发之外的所有科技领域都领先于印度。中国在航空航天和核技术等高科技领域的非凡实力众所周知,取得了包括高速铁路、先进的喷气式战斗机、海军航空母舰和先进的核反应堆等一系列成就。更进一步的,大量在绿色技术上的投资已经收到了很好的回馈,而且中国克服了起步晚的劣势,已经成为仅次于美国的世界第二先进的掌握了纳米技术的国家。最近发布的世界 500 强公司榜单上中国占到了 41 个席位,而印度只有 4 个。

生物技术

正如 20 世纪被广泛认为是信息和通信技术的时代一样,21 世纪被认为是生物技术的时代。这两项科技将会在接下来的四十年里对人类发展带来巨大影响。在这个现代生物技术迅速发展的时代,亚洲将会扮演什么样的角色呢? 也许到 2050 年,亚洲会成为生物技术方面的领头羊,拥有广泛的先进技术,包括干细胞技术、合成生物学和转基因治疗。

干细胞技术已经从预防(即疫苗)和治疗药物发展到了基因疗法和干细胞再生医学。一些亚洲国家在干细胞技术方面取得了早期的先进地位。今天,韩国和新加坡被认为是这个领域的领头国家。印度和中国也开始基于充足的人力资本和基础科研设施投资于发展干细胞技术。

印度有超过二十家研究中心在进行针对癌症治疗、心脏病、脑部疾病如老年痴呆等的干细胞研究。尽管中国只有不到 10 个主要的干细胞研究中心,但隶属于北京大学的北科生物科技有限公司已经利用干细胞治愈了超过 250 例包括脑瘫和视神经损伤的病症患者。他们的许多患者来自美国,因为在美国由于法律限制,很多基于干细胞的研究很难开展。

因为少了很多政策上的限制,新加坡、韩国、中国和印度已经取得了干细胞研究方面的先期优势。亚洲在领导干细胞研究和临床治疗方面非常有竞争力。在再生医药学方面的特殊地位有可能带来医疗旅游业的快速发展,因为可能会有很多美国人到中国来寻求干细胞治疗。

亚洲也有可能会领导药物基因组研究的新时代。这项研究使得医生们可以选择针对某一特殊患者最为适合的药物,同时避免产生副作用。亚洲在这方面有两个优势:成本和多样性。首先,探测生物体的遗传物质序列的花费将会急剧减少,在十五分钟之内只需花费十五美元就能得到一个个体的基因图谱并不是梦想。在亚洲,并不高昂的花费使得人们能够随时获取到这样的尖端技术。

其次,亚洲的巨大基因多样性将会有效地帮助药物基因组研究。基于基因的预防、诊断和治疗有望改进艾滋病、癌症和其他绝症的治疗。基因序列也许在通过扭转疫苗来防止传染病的方面特别有效,因为疫苗的设计正是基于电脑对病原体基因组的分析而来的。这项发现最近在对抗 b 族脑膜炎球菌方面取得了巨大成功,改进了过去四十年来使用的疫苗生产。更令人瞩目的是这项成功仅仅耗时 18 个月,不仅比之前的技术更快也更便宜。大量的疫苗生产已经传播到印度等国家。在先进技术的支持下,亚洲完全可能在现代疫苗研究生产方面成为世界领先者。

合成生物学领域在探索新的合成生物的方法。可以通过向空细胞内插入基因序列组获得低级生物。这些生物不仅是自然复制,而且具有研究人员想让其拥有的任何特性。从刺激免疫系统使其响应,到向人类细胞中植入基因材料来修复遗传病、用化学制品来支持合成生物。尽管美国目前在这方面有明显优势,但中国和印度也很有可能在 2010—2020 年取得领先地位。

结合了生物科学的传统的化工业将会带来仿生合成的新发展。对细胞的研究帮助人们有效地制造医用和工业用混合物。细胞将会被主要用于运送混合物。科学家们已经利用干细胞制造出了能够广泛应用的血液。医学研究者已经可以成功地改变人体内复杂的系统如皮肤、心脏、胰脏等。到 2050 年,完全有可能在实验室里培育出人体的某个系统,再顺利地植入回患者体内。

另一个进步将是对工程学和电子学与生物学结合起来制造复杂系统。一个例子就是最近研究出来的能将信息传输到大脑的专门为盲人研究的人造视网膜。另外的实验也在改进细胞使其作为帮助防治污染的元素。

对生物族谱的研究是研究衰老过程的基础,到 2050 年前后有可能阻止、延迟或者扭转人口老龄化的趋势。得益于经济状况和医疗条件的进步,对于感染类疾病会有更有效地治疗,亚洲会迎来生育率的增加。

以下是可能在 2050 年实现的人类在寿命方面的进步与发展：

◆几乎每个人都会拥有他们自己的 DNA 序列,可作为基于基因对其单独治疗的基础。

◆由疾病或者衰老引起的线粒体 DNA 损伤将会成为可修复的。

◆大多数基因混乱将会可以通过基因治疗的方法修复。

◆由于衰老造成的免疫系统可以通过在患者体内培植新细胞再通过移植方法来解决。

◆医生将会通过在患者体内培育新器官来替换损伤或者坏死的器官。

◆组织再生将不会造成患者体内的排异反应。

这些和其他一些对抗衰老的治疗将会使得平均寿命超过一百岁。更重要的是,目前基于动物的研究预示着衰老将不会像现在一样影响人们的生活水平。这些发展将会在一些亚洲国家产生深远的人口福利。

信息与通讯技术

在十九世纪六十年代,戈登·摩尔(Gordon Moore)预言计算机技术将会每两年成倍增长。随后计算机专家提出这个神秘的定律将会在 2020 年后被打破,因为彼时将会达到原子级别信息传输能力的极限。NASA 兰力研究中心(Langley Research Center)首席科学家丹尼斯·布什耐尔(Denis Bushnell)称,从 1959 年到 2001 年,计算机运行速度已经提高了一百万倍,而从 2001 年到 2030 年,仅仅有可能提高一百倍。

同时,今天的硅芯片到 2020 年时将不再可靠,他们将可能被更新更快的技术所取代,包括光学计算机、分子计算机、生物计算机甚至量子计算机。在 21 世纪第一个十年结束之前,IBM 公司发布了他们的千万亿次超级计算机,它的浮点运算速度可达到 1 千万亿次/秒。一年之内,中国宣称也将加入千万亿次计算级别的超级计算机的角逐。到 2050 年时,印度也可能成为超级计算机方面的领导者。

近几十年来,人类社会的一个巨大变革是由巨大的需求导致的网络的增殖。据估计,到 2020 年时一个结合了光纤、通讯卫星的高速链接将会使所有的电子交流转换至网络上。传统电话将会被网络电话取代。使用自然界面技术,将会用手势或者触摸来取代键盘。类似的,早期对话计算的成功将会被应用于学前教育。五年内,许多专业的技术工人的手机里可能会有个聊天助手,帮助做大量的简单解答和与工作相关的事情。交流用电脑将一般会被用于顾客服务热线、货物运送、市民热线、公共案件举报等。随着交流计算机技术进一步发展的人工智能,到 2050 年时,人类有可能和汽车、家具、房子进行简单对话。

同时,由于人口老龄化带来的劳动力短缺问题也可以通过机器人技术解决。日本和韩国政府都在进行特殊用途机器人的研发,希望借以减缓对移民劳动力的需求。农业、运输、医护领域的工作在将来都有可能大量的由这些机器人完成。

类似的,人工智能(AI)目前正被用于一些特殊的用途如医疗诊断、照片成像和学生成绩评议。到 2050 年,基于人工智能的系统将会广泛取代那些主要包括日常重复程序劳动和技能的技术和准专业工人。这个变革最明显的可能是应用于海滩游客服务或者银行非营业时间的服务或其他类似活动。

由此可以设想,到 2050 年整体机器人、人工智能和可交流计算机将会极大量地减少农业、食品业、制造业、建筑业、交通和服务业的劳动力需求。这项工作的变革将会产生两个可能的影响:第一,在成熟的工业经济里,它将会解放出劳动力从事更有价值的工作;第二,在亚洲的大多数地方,它将会剥夺许多半熟练工人的工作,就此损失了亚洲国家的一个有利优势。

科技创新景象的改变

很多证据表明,科学研究技术的重心已经在向亚洲转移。

首先,近些年来在亚洲部分地区新增加了许多教育和研究机构,尤其是在中国和印度。

第二,在过去的十年里,亚洲经济快速扩张过程中先进经济包括研究与设计有显著增加。

第三,在科研方面,拥有低耗费而丰富资源的亚洲吸引了很多国际公司将其研究设计中心建立在如印度和中国一类的国家。在印度,有超过 760 家国际公司将研究设计中心建立于此,雇用了 130000 名科学家、工程师和技术人员。这些研究中心为其母公司创造了丰厚的效益。

第四,随着教育和工作机会在亚洲几个领导国家的扩充,因经济不景气造成的人才外流现象开始向相反方面转变。巨大数量的跨国研究技术中心的职员正在回到亚洲,而他们曾经在世界上最好的研究中心得到过锻炼。他们祖国日益改善的经济状况使得其在这方面优势大增。信息通信技术(ICT)方面的进步也变成了其与海外同行更有效的交流的工具。

最后,更严谨的知识产权、法律、法规使得大多数亚洲国家的科学家有更大的激励创造创新产品，比如全新的药剂产品。

　　活跃的经济和社会变革、创新智慧方面的改变，使得过去亚洲人才流失的过程完全转变成了一种"人才涌入"。一些政府甚至采取了刺激鼓励的政策促进有才能的科学家回国。比如中国台湾可以通过巨大数目的薪金和任命为"科技部"部长来使得诺贝尔获奖者李远哲教授（Professor Y. T. Lee）回到了中国台湾。中国也提出了方案希望通过创造特别优异的实验条件来最大限度地帮助他们实现才能使得海外最优秀的科学家回国。新加坡通过提供世界一流的实验条件和对科技人才丰厚的待遇吸引了一些世界领先的研究人才。

　　这些和其他类似条件正在帮助亚洲到2050年前后成为科学、技术和创新的领导者。

颠覆性科技的出现

　　可以前瞻到的技术变革也许会为亚洲出生的这一整代人带来主要的改变。

　　世界面临的其中一项基础的挑战就是保证能源的持续供应，同时减轻气候变化带来的威胁。已经通过增加技术创新取得了一些进步，包括增加太阳能热水器和提高太阳能的能量系统的有效性。

　　作为巨大的能量消耗和主要的碳排放部分，交通方面的研究非常重要。比如到2035年，将会有50%的机动车通过电力和氢能驱动。到2050年，将会有30%的交通工具通过替代能源驱动，而今天完全依赖化石燃料来驱动，届时将会有30%的液态燃料是生物燃料。

　　这些预测也许会因为科技的创新而会大有不同。马萨诸塞州技术研究中心的一个科研小组已经取得了突破，可以使水分子在室温下反应。同时印度的塔塔汽车（Tata Motors）也加入了研究小组，希望能造出世界上最便宜的汽车，用水作能源来驱动！

　　同时，IBM实验室的诺贝尔获奖获得者J. Geroge Bednorz和K. Alexander Muller在研究可在室温下运行的超级电容。如果获得突破的话，室温下运行的超级电容将可以驱动世界上任何一辆高速列车。

　　考虑到气候变化，燃烧化石燃料造成的环境威胁只能通过科技创新来解决。利用生物燃料和水取代化石燃料可以有效地改善这一状况并做到循环利用。这一技术的成功应用可以带来"零"碳排放量。

　　其他方面也可能出现技术变革。比如从现在到2050年，仅仅通过创新农业将会达到自动化最大化。机器人将会出现在农场和渔场来取代人类劳动。基于传感器和电子标注的系统已经可以监督出生率、营养级别和循环进程,这些将可以全方位研究作物生长的结构。这项技术将会带来农业产量上持续的生产力增长从而满足全球人口不断上涨的需求。据估计,到2050年前后全球人口将会到达九十亿。随着土地和水资源在随后的几十年的缺乏和不足,现代生物技术将会得到持续发展,使农作物可以在盐碱地环境下生长,只需用比今天要少得多的水和养分。

世界上最重要的发明和20世纪最大的革命性发现都来自于如欧盟、日本和北美的一些先进经济体。包括:第一,整合电路,带来了信息通信技术(ICT)的变革从而改变了世界。第二,DNA结构的发现,带来了重组DNA技术的发展,改变了人类社会的面貌。综合来看,科技创新的未来,新的突破将很有可能来自于亚洲!

亚洲将在2050年引领全面创新

虽然亚洲经济实力增强了,但很多亚洲地区仍然存在着收入不均和机会缺乏等问题。亚洲必须全面发展和创新。企业常常希望利用更少的资源来获得更多的收益。一个新的典范应该是寻找更多的机会、利用更少的资源、使得越来越多的处在金字塔底端的人受益。这种新的模式造就了全面创新。

这种全面创新产品和服务的其中一个例子就是世界上最便宜的汽车——塔塔汽车(Tata Nano),它的售价仅仅只有2500美元;另一个是世界上最便宜的手机,售价仅20美元;在美国用手机打电话的价格,每分钟仅仅只有0.01美元,而欧洲则为每分钟0.08美元;做一个白内障手术只需要30美元,而今天则要3000美元;笔记本电脑只要35美元。这些都不是梦想,而是能从创新的科技、企业工序和工作效率中取得的成就。这些成就预示着以亚洲为领导的科技全面创新。

全面创新不仅仅有益于亚洲,也将对整个世界做出贡献。比如通用电气公司(GE)制药团队在印度发明了轻便的电子心脏血管机器,仅仅花费一小部分钱就能获得与先进国家一样的优良效果。通用电气公司发现这些机器在发达国家正占据越来越大的市场份额,这代表了现在的一个相反的趋势,即发达国家花费昂贵的技术和人力制造的机器只有去除那些高成本的功能后才有可能被发展中国家的消费者所接受。人们广泛认识到,亚洲国家如中国、印度等无疑会成为全球创新之源。

不管是完全否定的创新还是在以前基础上改进的全面创新,甚至是两者的结合,很显然未来亚洲都会处在领导地位。2050年亚洲的科技研究景象将会成为这种可能实现的奠基石。

附录4　提高生产率和增长

表4.1　亚洲:GDP 增长与 TFP 增长(1970—2010 年)

	真实 GDP 增长(平均增长%)				真实 TFP 增长(平均增长%)			
	1980	1990	2000	2010	1980	1990	2000	2010
北美	3.3	3.2	3.4	1.7	0.8	1.1	1.6	0.1
欧洲	3.3	2.5	1.7	1.8	1.4	0.7	1.2	0.3
拉美与加勒比海	6.4	1.4	3.2	3.3	1.8	−1.9	0.4	0.8
亚洲	5.5	6.7	5.4	5.5	1.2	2.4	0.8	1.9
中亚	NA	NA	0.5	6.7	NA	NA	−2.1	2.5
东北亚(除中国外)	5.4	5.6	2.3	1.5	1.2	2.7	0.2	1.0
南亚(除印度外)	3.3	5.2	4.4	5.1	1.1	1.2	0.7	1.3
东南亚	7.2	5.7	5.0	5.2	0.8	0.3	1.4	2.3
中国	6.2	9.3	10.4	10.5	0.7	3.8	6.0	6.2
印度	2.7	5.6	5.6	7.5	−0.9	1.9	2.0	3.1
高收入经济体	5.5	5.6	2.4	1.6	1.2	2.7	0.3	1.0
快速增长经济体	5.8	8.1	8.3	9.1	0.8	3.1	3.3	5.0
比较缓慢增长经济体	3.7	3.7	3.4	5.1	0.3	0.1	−0.3	1.4

表4.2　亚洲:增长部分(1970—2010 年)

	TFP(%)				劳动力(%)				资本(%)			
	1970—1980	1980—1990	1990—2000	2000—2010	1970—1980	1980—1990	1990—2000	2000—2010	1970—1980	1980—1990	1990—2000	2000—2010
中亚	NA	NA	−172.4	49.1	NA	NA	139.3	27.0	NA	NA	133.8	22.0
东北亚(除中国)	24.8	50.4	7.9	65.4	22.5	17.2	24.1	−2.8	51.2	30.7	66.9	36.6
南亚(除印度)	26.9	19.3	18.7	26.9	31.0	37.4	38.3	34.9	41.0	41.7	41.6	36.6
东南亚	22.1	12.1	18.3	46.8	26.9	38.3	32.4	26.9	48.8	47.9	47.8	24.7
中国	11.4	41.2	57.0	58.9	24.6	18.7	7.4	5.3	62.4	37.4	32.9	33.3

续表

	TFP（%）				劳动力（%）				资本（%）			
	1970—1980	1980—1990	1990—2000	2000—2010	1970—1980	1980—1990	1990—2000	2000—2010	1970—1980	1980—1990	1990—2000	2000—2010
印度	-32.0	33.6	36.1	41.5	54.1	28.8	25.4	17.6	77.9	35.9	36.8	38.5
高收入经济体	24.6	49.9	10.1	62.8	22.5	17.5	24.3	1.8	51.4	31.0	64.6	34.6
快速增长经济体	12.5	33.3	47.6	55.5	28.7	24.6	13.1	8.8	57.2	39.7	36.9	33.3
比较缓慢增长经济体	6.8	9.0	-1.2	36.6	38.7	53.7	55.8	37.1	53.6	36.3	44.5	24.8

附录 5   城市化的新途径

表 5.1   亚洲五十个成长最快的城市

城市/地区	国家	平均增长率	人口（千）
北海	中国	10.58	145
加济阿巴德	印度	5.20	969
苏梅岛	印度	4.99	4168
喀布尔	阿富汗	4.74	3731
法里达巴德	印度	4.44	1055
吉大港	孟加拉	4.29	4962
纳西克	印度	3.90	1588
达卡	孟加拉	3.79	14800
巴特那	印度	3.72	2321
拉吉科特	印度	3.63	1357
斋浦尔	印度	3.60	3131
古杰兰瓦拉	巴基斯坦	3.49	1652
德里	印度	3.48	17000
普那	印度	3.46	5002
印多尔	印度	3.35	2173
费萨拉巴德	巴基斯坦	3.32	2849
拉瓦尔品第	巴基斯坦	3.31	2026
白沙瓦	巴基斯坦	3.29	1422
库尔纳	孟加拉	3.24	1682
水原	韩国	3.23	1132
卡拉奇	巴基斯坦	3.19	13000
拉合尔	巴基斯坦	3.12	7132
阿散索尔	印度	3.11	486
木尔坦	巴基斯坦	3.06	1659
雅加达	印度尼西亚	3.03	9700

城市/地区	国家	平均增长率	人口（千）
巨港	印度尼西亚	2.94	1244
阿格拉	印度	2.93	1703
海得拉巴	巴基斯坦	2.91	1590
万隆	印度尼西亚	2.90	2412
温州	中国	2.90	2659
武汉	中国	2.87	7681
阿姆利则	印度	2.85	1297
密拉特	印度	2.83	1494
长沙	中国	2.80	2415
班加罗尔	印度	2.79	7218
菏泽	中国	2.78	1830
汕头	中国	2.77	3502
阿默达巴德	印度	2.73	5717
勒克瑙	印度	2.72	2873
博帕尔	印度	2.69	1843
乌戎潘当	印度尼西亚	2.63	1294
卢迪亚纳	印度	2.63	1760
湛江	中国	2.59	1007
卡拉季	伊朗	2.59	1584
詹谢普尔	印度	2.59	1387
巴罗达	印度	2.55	1872
达沃	菲律宾	2.53	1519
坎普尔	印度	2.53	3364
深圳	中国	2.51	9005
斯利那加	印度	2.50	1216
哥印拜陀	印度	2.49	1807
仰光	缅甸	2.46	4350
但巴德	印度	2.46	1328

资料来源：城市主要统计数据。

表5.2　2010、2030和2050年世界人口数超过千万的主要城市

	2010		2030		2050	
东京	36.1	东京	36.4	孟买	40.3
孟买	20.1	孟买	29.1	东京	36.4
圣保罗	19.6	德里	24.9	达卡	35.5

	2010		2030		2050
墨西哥城	19.5	达卡	24.8	德里	34.6
纽约	19.4	加尔各答	22.8	金沙萨	33.9
德里	17.0	卡拉奇	21.7	卡拉奇	33.3
上海	15.8	圣保罗	21.6	加尔各答	32.3
加尔各答	15.6	墨西哥城	21.2	拉各斯	23.0
达卡	14.8	纽约	20.8	开罗	22.1
卡拉奇	13.1	上海	20.1	圣保罗	22.1
布宜诺斯艾利斯	13.1	金沙萨	19.9	上海	21.7
洛杉矶	12.8	拉各斯	17.4	墨西哥城	21.6
开罗	12.5	开罗	16.9	纽约	21.2
里约热内卢	12.2	马尼拉	15.8	马尼拉	19.4
马尼拉	11.7	北京	15.0	拉合尔	19.2
北京	11.7	布宜诺斯艾利斯	13.9	北京	16.3
大阪	11.3	洛杉矶	13.9	雅加达	16.2
拉各斯	10.6	里约热内卢	13.5	陈奈	15.6
莫斯科	10.5	雅加达	13.2	洛杉矶	14.3
伊斯坦布尔	10.5	伊斯坦布尔	12.4	布宜诺斯艾利斯	14.1
巴黎	9.9	广州	12.2	里约热内卢	13.8
首尔	9.8	拉合尔	12.0	伊斯坦布尔	13.4
雅加达	9.7	大阪	11.4	广州	13.4
广州	9.4	陈奈	11.2	深圳	11.5
金沙萨	9.1	深圳	10.6	大阪	11.4
深圳	8.1	莫斯科	10.5	莫斯科	10.5
陈奈	7.6	巴黎	10.0	巴黎	10.0
拉合尔	7.1	首尔	9.7	首尔	9.7
亚洲	184.4		266.2		340.7
总和	307.9		473.2		577.1
亚洲/总和	59.90%		56.30%		59.00%

注:表中人口数按照英语习惯以百万为单位。

数据来源:亚洲开发银行:《针对性行动:对亚太地区气候变化问题的优先次序》,亚洲开发银行2010年版。

表5.3 2010 年和2050 年的世界各国家及地区城市化率　　　　（单位:%）

经济体	2010 年	2050 年
中国	46.96	73.23
中国香港	100.00	100.00

经济体	2010 年	2050 年
中国澳门	100. 00	100. 00
朝鲜	60. 22	74. 53
日本	66. 83	80. 08
蒙古	62. 03	79. 53
韩国	82. 96	90. 83
阿富汗	22. 60	47. 00
孟加拉国	28. 07	56. 41
不丹	34. 71	64. 17
印度	30. 01	54. 23
伊朗	70. 75	85. 52
哈萨克斯坦	58. 51	75. 87
吉尔吉斯斯坦	34. 55	53. 58
马尔代夫	40. 10	73. 12
尼泊尔	18. 62	47. 56
巴基斯坦	35. 90	59. 37
斯里兰卡	14. 31	31. 34
塔吉克斯坦	26. 32	46. 40
土库曼斯坦	49. 50	71. 60
乌兹别克斯坦	36. 25	56. 10
文莱	75. 65	87. 21
柬埔寨	20. 11	43. 83
印度尼西亚	44. 28	65. 95
老挝	33. 18	68. 03
马来西亚	72. 17	87. 85
缅甸	33. 65	62. 87
菲律宾	48. 90	69. 36
新加坡	100. 00	100. 00
泰国	33. 96	59. 96
东帝汶	28. 12	54. 92
越南	30. 38	58. 99

数据来源:联合国人口司:《世界城市化展望:2009 年的调整》,联合国经济和社会事务部 2009 年版。

参考文献

1. Acemoglu, D, Johnson, S & Robinson, J, 2001, "The Colonial Origins of Comparative Development", *American Economic Review*, Vol. 91, No. 5.

2. Acemoglu, D, Aghion, P, Burstyn, L & Hemous, D, 2010, "The Environment and Directed Technical Change", *FEEM Working Paper No. 482*, Fondazione Eni Enrico Mattei, Milan.

3. Acharya, A, 2005, "Do Norms and Identity Matter? Community and Power in Southeast Asia's Regional Order", *The Pacific Review*, 19, No. 1, pp. 95–118.

4. ——2010, "Democracy or Death? Will Democratisation Bring Greater Regional Instability to East Asia?", *Pacific Review*, Vol. 23, No. 3, pp. 335–358.

5. Acs, Z J & Szerb, L, 2011, *Global Entrepreneurship and Development Index*, 2011, Edward Elgar Publishing, Cheltenham, UK.

6. Acs, Z J & Audretsch, D B, 1988, "Innovation in Large and Small Firms: An Empirical Analysis", *American Economic Review* 78(4), pp. 678–690.

7. Adelman, A & Watkins, G, 2008, "Reserve Prices and Mineral Resource Theory", *Energy Journal*, Special Issue.

8. Ahluwalia, M S, 2011, "Prospects and Policy Challenges in the Twelfth Plan", *Economic & Political Weekly*, Vol. 4–6, No. 21, pp. 88–105.

9. Ahmed, Z S & Bhatnagar, S, 2008, "Interstate Conflicts and Regionalism in South Asia: Prospects and Challenges", *Perceptions*, *Spring–Summer*, pp. 1–19.

10. Ahmedabad Municipal Corporation & Ahmedabad Urban Development Authority 2006, *City Development Plan: Ahmedabad, 2006–2012*, Jawaharlal Nehru National Urban Renewal Mission, New Delhi.

11. Alburo, F A, 2009, "Regional Cooperation on Trade and Transport Facilitation", "Impact of Trade Facilitation on Export Competitiveness: A Regional Perspective", ESCAP,

Studies in Trade and Investment 66.

12. Alesina, A & Rodrik, D, 1994, "Distributive Politics and Economic Growth", *Quarterly Journal of Economics*, Vol. 109, No. 2, pp. 165–190.

13. Ali, I & Zhuang, J, 2007, "Inclusive Growth toward a Prosperous Asia: Policy Implications", *ERD Working Paper No. 97*, Asian Development Bank, Manila.

14. Alkemade, R, van Oorschot, M, Miles, L, Nellemann, C, Bakkenes, M & ten Brink, B, 2009, "GLOBIO3: A Framework to Investigate Options for Reducing Global Terrestrial Biodiversity Loss", *Eco-systems*, Vol. 12, No. 3, pp. 374–390.

15. Alm, J, 2010, *Municipal Finance of Urban Infrastructure: Knowns and Unknowns*, The Brookings Institution, Washington, D. C.

16. Anandaram, S, 2010, "The Case for Early Stage Funds", *India Chief Mentor*, WSF Blogs.

17. Ando, M, 2009, "Impacts of FTAs in East Asia: CGE Simulation Analysis", *RIETI Discussion Paper Series 09-E-037*, Tokyo.

18. Angel, S, Sheppard, S C & Civco D L, 2005, *The Dynamics of Global Urban Expansion*, The World Bank, Washington, D. C.

19. Aon Benfield UCL Hazard Research Centre, China Dialogue & Humanitarian Futures Programme 2010, *The Waters of the Third Pole: Sources of Threat, Sources of Survival*, University College London and King's College London, London, http://www. abuhrc. org/ Publications/Third%20 Pole. pdf.

20. Arnell, N, 2006, "Climate Change and Water Resources: A Global Perspective", in H Schellnhuber, W Cramer, N Nakicenovic, T Wigley & G Yohe (eds), *Avoiding Dangerous Climate Change*, Cambridge University Press, Cambridge, UK, pp. 167–175.

21. Arond, E & Bell, M, 2010, "Trends in the Global Distribution of R&D Since the 1970s: Data, Their Interpretation and Limitations", *STEPS Working Paper* 39 *for STEPS Centre*, Brighton, UK.

22. Arrighi, G, Hamashita, T & Selden, M, 1996, "The Rise of East Asia in World Historical Perspective", *Background Paper for Planning Workshop*, Fernand Braudel Center, SUNY Binghampton.

23. Asian Development Bank 2003, "Competitiveness in Developing Asia: Taking Advantage of Globalization, Technology and Competition", in *Asian Development Outlook*, Asian Development Bank, Manila.

24. ——2008a, *Managing Asian Cities*, Asian Development Bank, Manila.

25. ——2008b, *Education and Skills: Strategies for Accelerated Development in Asia and the Pacific*, Asian Development Bank, Manila.

26. ——2009a, *The Economics of Climate Change in Southeast Asia: A Regional Review*, Asian Development Bank, Manila.

27. ——2009b, *Understanding and Responding to Climate Change in Asia and the Pacific*, Asian Development Bank, Manila.

28. ——2009c, *Changing Course: A New Paradigm for Sustainable Urban Transport*, Asian Development Bank, Manila.

29. ——2010a, *Focused Action: Priorities for Addressing Climate Change in Asia and the Pacific*, Asian Development Bank, Manila.

30. ——2010b, *Human Capital Accumulation in Emerging Asia, 1970 – 2030*, Asian Development Bank, Manila.

31. Asian Development Bank & Asian Development Bank Institute 2009, *Infrastructure for a Seamless Asia*, Asian Development Bank Institute, Tokyo.

32. Asian Disaster Preparedness Center 2010a, *ADPC Brochure*, Asian Disaster Preparedness Center, Bangkok, http://www. adpc. net/v2007/About% 20Us/Brochures/ADPC_Brochure2010. pdf.

33. Asian Disaster Preparedness Center 2010b, "Implementing National Programs on Community-Based Disaster Risk Reduction in High Risk Communities-Lessons Learned, Challenges, and Way Ahead", *RCC Working Paper Version* 2, Asian Disaster Preparedness Center, Bangkok.

34. ——2010b, *Joint Ministerial Statement*, Ninth Ministerial Conference on Central Asia Regional Economic Cooperation, Cebu, Philippines, 2 November 2010.

35. ——2010c, *Transport and Trade Facilitation Progress Report and Work Plan (later 2010-2011)*, Senior Officials' Meeting, Cebu, Philippines, 31 October 2010.

36. Asia Policy Forum 2009, *Recommendations of Policy Responses to the Global Financial and Economic Crisis for East Asian Leaders*, http://www. adbi. org/files/2009. 03. 18. keydocs. policy. recommend. global. financial. crisis. east. asian. leaders. pdf.

37. Assuncao, J & Chein, F, 2008, *Climate Change, Agricultural Productivity, and Poverty*, World Bank, Washington, D. C.

38. Azis, I J, 2009, *Crisis Complexity and Conflict: Contributions to Conflict*

参考文献

269

Management, *Peace Economics and Development*, *Volume* 9, Emerald, Bedfordshire, United Kingdom.

39. Azis, I J, 2011, *Reshaping Global Economic Governance and the Role of Asia in the Group of Twenty (G20)*, Prepared under Asian Development Bank's Technical Assistance 7501 Asia's Strategic Participation in the Group of Twenty for Global Economic Governance Reform, Asian Development Bank, Manila.

40. Balassa, B & Williamson, J, 1987, *Adjusting to Success: Balance of Payments Policy in the East Asian NICs*, Institute for International Economics, Washington D. C.

41. Banerjee, A, Coleman, S & Duflo, E, 2005, "Bank Financing in India", in *India's and China's Recent Experience with Reform and Growth*, IMF and Palgrave McMillan, Washington, D. C.

42. Bannister, J, 2005, *Manufacturing Employment and Compensation in China*, US Department of Labor, Bureau of Labor Statistics, Washington, D. C.

43. Barker, J J, 1997, "Governance and Regulation of Power Pools and System Operators, An International Comparison", *Technical Paper No.* 382, World Bank, Washington, D. C.

44. Barro, RJ, 1999, "Inequality, Growth, and Investment", *NBER Working Paper No.* 7038, National Bureau of Economic Research, Cambridge, Massachusetts.

45. Barro, R and Lee, J W (eds.), 2011, *Cost and Benefits of Economic Integration in Asia*, Oxford University Press, Oxford.

46. Baru, S, 2010, "Early Steps towards Regionalism in South Asia: SAARC and Other Arrangements", *Background Paper for Institutions for Regional Integration: Toward an Asian Economic Community*, Asian Development Bank, Manila.

47. Batelle, 2010, "Global R&D Funding Forecast", *R&D Magazine*, http://www.battelle. org/aboutus/rd/2011. pdf.

48. BBC News 2010, *Finishing School for Indian IT Graduates*, 7 March 2010, http://www. news. bbc. co. uk/2/hi/8547327. stm.

49. Beckman, R, 2010, "South China Sea: How China Could Clarify Its Claims", *RSIS Commentaries No.* 116/2010, S. Rajaratnam School of International Studies, Singapore.

50. Berg, A, Ostry, J D & Zettelmeyer, 2008, "What Makes Growth More Sustained?", *IMF Working Paper No.* 08/59, International Monetary Fund, Washington, D. C.

51. Bertaud, A, 2003, *The Spatial Structures of Cities: International Examples of the*

Interaction of Government, Topography, and Markets, presentation, http://alain - bertaud. com/AB_China_course_part3_PPT_%20. ppt.

52. ——2010, "Land Markets, Government Interventions, and Housing Affordability", *Wolfensohn Center for Development Working Paper No.* 17, The Brookings Institution, Washington, D. C.

53. Bhattacharyay, B, 2010, "Estimating Demand for Infrastructure in Energy, Transport, Telecommunications, Water and Sanitation in Asia and the Pacific: 2010－2020", *ADBI Working Paper* 248, Asian Development Bank Institute, Tokyo.

54. Bin, P, 2009, "Enhancing Export Competitiveness through Trade Facilitation in Asia", in "Impact of Trade Facilitation on Export Competitiveness: A Regional Perspective", United Nations Economic and Social Commission for Asia and the Pacific, Bangkok, *Studies in Trade and Investment No.* 66, pp. 1－17.

55. Blanford, G, Richels, R & Rutherford, T, 2009, "Feasible Climate Targets: The Roles of Economic Growth, Coalition Development, and Expectations", *Energy Economics*, Vol. 31, Supplement 2, pp. S283－293.

56. Bloomberg BusinessWeek 2010, *India to Raise $535 Million from Carbon Tax on Coal*, http://www. businessweek. com/news/2010－07－01/india－to－raise－535－million－from－carbon－tax－on－coal_html.

57. Bolt, R, 2004, "Accelerating Agriculture and Rural Development for Inclusive Growth: Policy Implications for Developing Asia", *ERD Policy Brief Series No.* 29, Asian Development Bank, Manila.

58. Boorman, J, Fajgenbaum, J, Bhaskaran, M, Kohli, H A & Arnold, D, 2010, "The New Resilience of Emerging Market Countries: Weathering the Recent Crisis in the Global Economy", *Paper Presented at the ADB Regional Forum on the Impact of the Global Economic and Financial Crisis: Impact of the Global Crisis on Asia, Lessons Learned, Policy Insights, and Outlook*, Manila, 4 November 2010.

59. Bosetti, V, Carraro, C & Tavoni, M, 2009, "Climate Change Mitigation Strategies in Fast － Growing Countries: The Benefits of Early Action", *Energy Economics*, Vol. 31, Supplement 2, pp. S144－151.

60. Boston Consulting Group 2009, *The 2009 BCG 100 New Global Challengers*, BCG, Boston, MA.

61. Bourguignon, F, Ferrerira, FH & Walton, M, 2006, "Equity, Efficiency, and

Inequality Traps: A Research Agenda", *John F. Kennedy School for Government Faculty Research Working Paper No. RWP*06-025, Harvard University, Cambridge, MA.

62. Bowen, A & Ranger, N, 2009, "Mitigating Climate Change through Reductions in Greenhouse Gas Emissions: The Science and Economics for Future Paths for Global Annual Emissions", *Policy brief*, Grantham Research Institute on Climate Change and the Environment and Centre for Climate Change Economics and Policy, London, UK.

63. British Petroleum 2010, *BP Statistical Review of World Energy*, London, United Kingdom.

64. Brohan, P, Kennedy, J, Harris, I, Tett, S & Jones, P, 2006, "Uncertainty Estimates in Regional and Global Observed Temperature Changes: A New Data Set from 1850", *Journal of Geophysical Research*, Vol. 111, No. D12, p. D12106.

65. Brooks, D & Ferrarini, B, 2010, "Changing Trade Costs between the People's Republic of China and India", *ADB Economics Working Paper No.* 203, Asian Development Bank, Manila.

66. Brooks, D & Stone, S(eds) 2010, *Trade Facilitation and Regional Cooperation in Asian*, Asian Development Bank, Manila.

67. Burke, E, Brown, S & Christidis, N, 2006, "Modeling the Recent Evolution of Global Drought and Projections for the Twenty - First Century with the Hadley Centre Climate Model", *Journal of Hydrometereology*, Vol. 7, No. 5, pp. 1113-1125.

68. Calderón, C, Serven, L & World Bank 2008, "Infrastructure and Economic Development in Sub - Saharan Africa", *Policy Research Working Paper* 4712, The World Bank, Washington, D. C.

69. Camilleri, J A, 2003, *Regionalism in the New Asia - Pacific Order: The Political Economy of the Asia-Pacific Region*, *Volume II*, Edward Elgar, Cheltenham, United Kingdom.

70. Carbonpositive 2009, *Brazil Cuts Deforestation*, *Sets Emission Target*, http://www. carbonpositive. net. /viewarticle. aspx? articleID=1732.

71. Cardia, N, 2000, "Urban Violence in Sao Paulo", *Comparative Urban Studies Occasional Paper No. 33*, Woodrow Wilson International Center for Scholars, Washington, D. C.

72. Carroll, R, 2010, *US Union Challenges China over Clean Tech at WTO*, http://www. pointcarbon. com/news/1. 1473202.

73. Castells, M, 2000, "The Information City, the New Economy, and the Network

Society", in A Teokesessa Kasvio, V Laitalainem, H Salonen& P Mero (eds) *People*, *Cities*, and *the New Information Economy*, Proceedings from conference held at Helsinki, Finland, 14–15 December 2000

74. Centennial Group 2006, *Regional Cooperation and Integration: Lessons from Experience of Europe and the Americas*, Washington, D. C.

75. Central Asia Regional Economic Cooperation 2010a, *Collective View of the Multilateral Institutions*, Ninth Ministerial Conference on Central Asia Regional Economic Cooperation, Cebu, Philippines, 2 November 2010.

76. Chandra, R' & Kumar, R, 2008, "South Asian Integration Prospects and Lessons from East Asia", *ICRIER Working Paper No. 202*, Indian Council for Research on International Economic Relations, New Delhi.

77. Chandy, L & Gertz, G, 2011, "Poverty in Numbers: The Changing State of Global Poverty from 2005 to 2015", *Global Views Policy Brief No. 97*, The Brookings Institution, Washington, D. C.

78. Chatterjee, S, Ja, R & Mukherjee, A, 2010, "Approaches to Combat Hunger in Asia and Pacific", *ADB Sustainable Development Working Paper No. 11*, Asian Development Bank, Manila.

79. Chinese Academy of Social Sciences 2010, *Global Urban Competitiveness Report*, Edward Elgar Publishing, United Kingdom.

80. Chu, Y and Huang, M, 2007, "A Synthetic Analysis of Sources of Democratic Legitimacy", *Working Paper Series No. 41*.

81. Churchman, A, 1999, "Disentangling the concept of density", *Journal of Planning Literature*, Vol. 13, No. 4, pp. 389—411.

82. Clarke, L, Edmonds, J, Krey, V, Richels, R, Rose, S & Tavoni, M, 2009, "International Climate Policy Architectures: Overview of the EMF 22 International Scenarios", *Energy Economics*, Vol. 31, Supplement 2, pp. S64—81.

83. Clean Technology Fund 2009, *Investment Plan for CSP Scale up In the MENA Region*, World Bank, Washington, D. C.

84. Club of Rome 1972, *The Limits of Growth*, Macmilan, New York, NY.

85. Cohen, R, 2008, "Disaster Standards Needed in Asia", *Brookings Northeast Asia Commentary No. 20*, The Brookings Institution, Washington, D. C. http://www. brookings. edu/opinions/2008/06 _disaster _standards _Cohen. aspx.

86. Coleman, J, 1996, "Japanese Call for Overhaul of Education System ——Rote Learning, Focus on Exam Take a Big Toll", *The Seattle Times*, http://community. seattletimes. nwsource. com/archive/? date = 19961117&slug = 2360255.

87. Commission on Growth and Development 2008, *The Growth Report*, *Strategies for Sustained Growth and Inclusive Development*, Washington, D. C.

88. Corporación Andina de Fomento 2008, "Special Report: Roads to the Future — — Infrastructure Management in Latin America", *Annual Report* 2008, CAF, Caracas.

89. Costello, B, 2010, *When Creativity Rules the World*, www. makingmindsmatter. com

90. Das, RU, Vadusev, R & Gupta, M, 2011, *Regional integration and Cooperation in Asia: An Indian Perspective*, Centennial Development Advisory Services, India.

91. Davies, H, 2010, "Global Financial Regulation after the Credit Crisis", *Global Policy*, Vol. 1, No. 2, pp. 185–190.

92. De, P, 2009, "Enhancing Asia's Trade: Transport Costs Matter", in "Impact of Trade Facilitation on Export Competitiveness: A Regional Perspective", United Nations Economic and Social Commission for Asia and the Pacific, Bangkok, *Studies in Trade and Investment No. 66*, pp. 19–70.

93. De, P, 2010, *Governance, Institutions, and Regional Infrastructure in Asia*, Asian Development Bank Institute, Tokyo.

94. De, P, Sumudram, M & Moholkar, S, 2010, "Trends in National and Regional Investors Financing Cross-Border Infrastructure Projects in Asia", *ADBI Working Paper No. 245*, Asian Development Bank Institute, Tokyo.

95. Debroy, B, 2009, "Linking South and East Asian Economies: Markets and Institutions", *Background Paper for Institutions for Regional Integration: Toward an Asian Economic Community*, Asian Development Bank, Manila.

96. Dechezleprêtre, A, Glachant, M, Hascic, I, Johnstone, N & ménière, Y, 2011, "Invention and Transfer of Climate Change Mitigation Technologies: A Global Analysis", *Review of Environmental Economics and Policy*, Forthcoming.

97. Dent, CM, 2009, "Organizing the Wider East Asia Region", *Background Paper for Institutions for Regional Integration: Toward an Asian Economic Community*, Asian Development Bank, Manila.

98. De Soto, H, 2000, *The Mystery of Capital: Why Capitalism Triumphs in the West and Fails Everywhere Else*, Basic Books, New York City.

99. Dickie, M, 2011, "Rethinking Japan's White-Collar Hiring", *Financial Times*, 25 Januray 2011, http://www. ft. com/cms/s/0/17da40e2-28a4-11e0-aa18-00144feab49a. html#ixzz1FHvahuAQ.

100. Dobbs, R, Lund, S, Roxburgh, C, Manyika, J, Kim, A, Schreiner, A, Boin, R, Chopra, R, Jauch, S, Kim, H, McDonald, M & Piotrowski, J, 2010, *Farewell to Cheap Capital? The Implications of Long-Term Shifts in Global Investment and Saving*, McKinsey Global Institute, http://www. mckinsey. com/mgi/publications/farewell_cheap_capital/pdfs/MGI_Farewell_to_cheap_capital_full_report. pdf.

101. Dodman, D & Satterthwaite, D, 2009, "Are Cities Really to Blame?", *Urban World*, Vol. 1, No. 2, pp. 12-13.

102. Dolan, P, Layard, R & Metcalfe, R, 2010, *Measuring Subjective Well-being for Public Policy: Recommendations on Measures*, Centre for Economic Performance, London School of Economics, London.

103. Dollar, D, Shi, A, Wang, S & Xu, LC, 2004, *Improving City Competitiveness through the Investment Climate: Ranking 23 Chinese Cities*, The World Bank, Washington, D. C.

104. Duval, Y & Utoktham, C, 2010, "Intraregional Trade Costs in Asia: A Primer", *Staff Working Paper No. 01/10*, United Nations Economic and Social Commission for Asia and the Pacific, Bangkok.

105. Earle, L & Scott, Z, 2010, *Assessing the Evidence of the Impact of Governance on Development Outcomes and Poverty Reduction*, Issues Paper, UK Department for International Development through the Emerging Issues Research Service of the Governance and Social Development Resource Centre, University of Birmingham, UK.

106. Earth Policy Institute 2010, *Annual Solar Photovoltaics Production by Country*, 1995-2009, http://www. earth-policy. org/index. php? /data_center/C23/.

107. Easterly, WR, 2001, *The Elusive Quest for Growth: Economists' Adventures and Misadventures in Tropics*, MIT Press, Cambridge, MA.

108. Economics of Climate Change Adaptation Working Group 2009, "Shaping Climate-Resilient Development: A Framework for Decision-Making", *Economics of Climate Adaptation*, http://www. mckinsey. com/App _ Media/Images/Page _ Images/Offices/SocialSector/PDF/ECA_Shaping_Climate%20Resilent_Development. pdf.

109. El-Arian, M A & Spence, M, 2008, "Growth Strategies and Dynamics: Insights from Country Experiences", *Working Paper No. 6 for the Commission on Growth and*

Development.

110. Emerging Markets Forum 2010. *Is Early Action on Climate Change in Self Interest of Emerging Market Economies?*, Centennial Group International, Washington, D. C.

111. Energy Information Agency（EIA）2007a, *Cost and Performance Baseline for Fossil Energy Plants*, Department of Energy, Washington, D. C.

112.——2007b, *Natural Gas Market Review: Security in a Globalizing Market to* 2015, Department of Energy, Washington, D. C.

113.——2008, *Global Energy Trends to* 2030, Department of Energy, Washington, D. C.

114.——2009, *World Energy Outlook*, Department of Energy, Washington, D. C.

115.——2010a, *Energy Technology Perspectives*, Department of Energy, Washington, D. C.

116.——2010b, *World Energy Outlook*, Department of Energy, Washington, D. C.

117.——2010c, *Country Brief Analysis for Various Asian Countries.* Department of Energy, Washington, D. C.

118.——2011, *Country Information*, Department of Energy, Washington, D. C, www. eia. doe. gov.

119. ESMAP 2008, *Potential and Prospects for Regional Energy Trade in the South Asia Region*, Energy Sector Management Assistance Program and the South Asia Regional Cooperation Program, World Bank, Washington, D. C.

120. European Commission 2009, *Mediterranean Solar Plan Strategy Paper*, European Commission, Brussels.

121. European Renewable Energy Council 2006, *Re-thinking* 2050: *A* 100% *Renewable Energy Vision for the European Union*, European Renewable Energy Council, Brussels.

122. Farhoomand, A, 2005, *Innovation in Asia with Patent Data*, Asian Case Research Center, Hong Kong, China.

123. Fay, M, Toman, M, Benitez, D & Csordas, S, 2011, "Infrastructure and Sustainable Development", in S Fardoust, Y Kim & C Sepulveda（eds）, *Postcrisis Growth and Development: A Development Agenda for the G*20, World Bank, Washington, D. C, pp. 329–382.

124. Fei, J, Ranis, G & Kuo, S, 1979, *Growth with Equity*, Oxford University Press, New York, NY.

125. Felipe, J, 2010, *Inclusive Growth, Full Employment, and Structural Change: Implications and Policies for Developing Asia*, Anthem Press and Asian Development Bank, London and Manila.

126. Feng, Z, 2004, *Asian, Axis Would Benefit All*, http://english. peopledaily. com. cn/200405/19/eng20040519_143750. html.

127. Ferguson, N, 2007, *The Evolution of Financial Services*, Oliver Wyman New York City.

128. Financial Crisis Inquiry Commission 2010, *Shadow Banking and the Financial Crisis*.

129. Florida, R, 2002, "The Economic Geography of Talent", *Annals of the American Association of Geographers*, Vol. 92, No. 4, pp. 743−755.

130. Florda, R, Gulden, T & Mellander, C, 2007, *The Rise of the Mega Region*, The Martin Prosperity Institute, University of Toronto School of Management, Toronto, http:// www. rotman, utoronto, ca/userfiles/prosperity/File/Rise. of. % 20the. Mega − Regions. w. cover. pdf.

131. Food and Agriculture Organization 2008, *Food Insecurity in the World*, United Nations, Rome.

132. Francois, J, Manchin, M & Pelkmans−Balaoing, A, 2009, "Regional Integration in Asia: The Role of Infrastructure", in J Francois, P Rana & G Wignaraja (eds), *Pan Asian Integration: Linking East and South Asia*, Palgrave, London, pp. 439−486.

133. Freeman, C & Soerte, L, 2004, *Economics of Industrial Innovation, 3rd Edition*, MIT Press, Cambridge, Massachusetts.

134. Freemark, Y, 2010, "Shanghai's Metro, Now World's Longest, Continues to Grow Quickly as China Invests in Rapid Transit", *Transport Politic*, 15 April 2010.

135. Friedman, M, 1955, "Memo to the Government of India", in *Western Economists and Eastern Societies: Agents of Social Change in South Asia, 1950−1970*, Oxford University Press, Delhi.

136. Fuchs, R, 2010, "Cities at Risk: Asia's Coastal cities in an Age of Climate Change", *Asia−Pacific Issues No. 96*, East−West Center, Honolulu.

137. Gallini, N & Scotchmer, S, 2001, "Intellectual Property: When is it the Best Incentive System?", *Working Paper No. E001−303*, Department of Economics, University of California, Berkeley.

138. Gao, J & Jefferson, G H, 2005, *Science and Technology Takeoff in Theoretical and Empirical Perspective*, Manuscript, Brandeis University, Waltham, MA.

139. Garnaut, R, Song, L & Woo, WT, 2009, *China's New Place in a World Crisis: Economic, Geopolitical, and Environmental Dimensions*, ANU E-Press, Canberra.

140. Garcia Fontes, W, 2005, *Small and Medium Enterprises Financing in China*, Universytat Pompeu Fabra, Barcelona.

141. Gasparini, L & Gluzmann, P, 2009, *Estimating Income Poverty and Inequlity from the Gallup World Poll: The Case of Latin America and the Caribbean*, ECINEQ, Society for the Study of Economic Inequality, Palam de Mallorca, Spain.

142. Geethanjali, N, 2007, "Infrastructure Challenges in South Asia: The Role of Private - Public Partnerships", *ADBI Discussion Paper No. 80*, Asian Development Bank Institute, Tokyo.

143. Gill, I S, Kharas, H & Bhattasali, D, 2007, *An East Asian Renaissance: Ideas for Economic Growth*, World Bank, Washington, D. C.

144. Glaeser, E, Sheinkman, J & Shleifer, A, 1995, "Economic Growth in a Cross - Section of Cities", *Journal of Monetary Economics*, Vol. 36, No. 1, pp. 117–143.

145. Glaeser, EL & Kahn, ME, 2008, "The Greenness of Cities: Carbon Dioxide Emissions and Urban Development", *NBER Working Paper No. 14238*, National Bureau of Economic Research, Boston.

146. Gosling, L, Narayanan, R, Patkar A & van Norden, H, 2011, *Equity and Inclusion in Sanitation and Hygiene in South Asia: A Regional Synthesis Paper*, Water Supply and Sanitation Collaborative Council, Geneva.

147. Government of Cambodia 2011, *National Social Protection Strategy for the Poor and Vulnerable*, Government of Cambodia, Phnom Penh.

148. Government of PRC 2007, *China Statistical Yearbook* 2006, Government of PRC, Beijing.

149. Government of People's Republic of China 2010, Full Text of President Hu Jintao's Speech at the Fifth APEC Human Resources Development Ministerial Meeting, http://pib. nic. in/newsite/erelease. aspx? relid=60623

150. Government of Singapore 2001, *Economic Development Board*, 2001 *Annual Report*, Government of Singapore, Singapore.

151. Government of the United Kingdom 2003, *Sustainable Development in Government*:

Second Annual Report 2003, London.

152. Grenville, S, 2010, *An Asian Perspective on Financial Crises*, http://www.eastasiaforum. org/2010/04/24/an-asian-perspective-on-financial-crises.

153. Gros, D, 2010, *EMF in IMF*, Brussels.

154. Grossman, A & Helpman, E, 1991, *Innovation and Growth in the Global Economy*, MIT Press, Cambridge, Massachusetts.

155. Guo, R, 2010, "Territorial Disputes and Seabed Petroleum Exploitation: Some Options for the East China Sea", *CNAPS Visiting Fellow Working Paper*, Center for Northeast Asia Policy Studies, The Brookings Institution Washington, D. C.

156. Haggard, S, 2009, "The Organizational Architecture of the Asia-Pacific: Insights from the New Institutionalism", *Background Paper for Institutions for Regional Integration: Toward an Asian Economic Community*, Asian Development Bank, Manila.

157. Hales, S, de Wet, N, Maindonald, J & Woodward, A, 2002, "Potential Effect of Population and Climate Changes on Global Distribution of Dengue Fever: An Empirical Model", *Lancet*, Vol. 360, No. 9336, pp. 830–834.

158. Hamilton, K, 2010, *Scaling up Renewable Energy in Developing Countries: Finance and Investment Perspectives*, Chatham House, London.

159. Haub, C, 2010, "Demographic Dynamic of Asia", in B Stiftung (ed.), *Asia: Changing the World*, Bertelsmann Stiftung, Gutersloh, pp. 26–27.

160. Heathcote, J, Perri, F & Violante, G, 2010, "Unequal We Stand: An Empirical Analysis of Economic Inequality in the United States, 1967–2006", *Review of Economic Dynamics*, Vol. 13, pp. 15–51.

161. Hellman, J & Kaufmann, D, "Confronting the Challenge of State Capture in Transition Economies", *Finance & Development*, Vol. 38, No. 3.

162. Hernandez, J & Taningco, AB, 2010, "Behind-the-Border Determinants of Bilateral Trade Flows in East Asia, 8010", *ARTNeT Working Paper No. 8010*, Asia-Pacific Research and Training Network on Trade, Bangkok.

163. Hertel, T, Hummels, D, Ivanic, M & Keeney, R, 2004, "How Confident Can We Be in CGE-Based Assessments of Free Trade Agreements?", *NBER Working Paper*, Washington, D. C.

164. Hettne, B & Soederbaum, F, 2006, "Regional Cooperation: A Tool for Addressing Regional and Global Challenges", in International Task Force on Global Public Goods

(*ed.*)，*Achieving Global Public Goods*，Foreign Ministry，Stockholm，pp. 179−244.

165. High−Powered Expert Committee 2011，*Report on Indian Urban Infrastructure and Services*，Indian Council for Research on International Economic Relations，New Delhi.

166. Hill，H and Menon，J，2011a，"ASEAN Economic Integration：Features，Fulfillments，Failures and the Future"，*ADB Working Paper Series on Regional Economic Integration No.* 69，Asian Development Bank，Manila，aric. adb. org/pdf/workingpaper/WP69 _Hill_Menon_ASEAN_Economic_Integration. pdf.

167. ——2011b，"Reducing Vulnerability in Transition Economies：Crises and Adjustment in Cambodia"，*ASEAN Economic Bulletin* 28(3).

168. HSBC 2010，*Sizing the Climate Economy*.

169. Hu，A G & Jefferson，G H，2004，"Returns to Research and Development in Chinese Industry：Evidence from State − Owned Enterprises in Beijing"，*China Economic Review*，15(1)，pp. 86−107.

170. Hu，A G & Jefferson，G H & Qian，J，2005，"R&D and Technology Transfer：Firm−Level Evidence in Chinese Industry"，*Review of Economics and Statistics*，87(4)，pp. 780−786.

171. Huang，Y，2008，*Capitalism with Chinese Characteristics：Entrepreneurship and the State*，Cambridge University Press，Cambridge，UK.

172. Huang，W et al，1997，"Infant Mortality Among Various Nationalities in the Middle Part of Guizhou，China"，*Soc Sci Med*，45(7)，pp. 1031−1040.

173. Huang，Y & Qian，Y，2010，"Is Entrepreneurship Missing in Shanghai？"，in *International Differences in Entrepreneurship*，National Bureau of Economic Research，University of Chicago Press.

174. Huang，Y，2011，*Cross Border Labor Mobility − Governance Framework*，Unpublished Draft.

175. Limi，A，2005，"Urbanization and Development in East Asian Region"，*JBICI Review*，No. 10，pp. 88−109.

176. Immelt，J，Govindarajan，V & Trimble C，2009，"How GE is Disrupting Itself"，*Harvard Business Review*，http：//hbr. org/2009/10/how−ge−is−disrupting−itself/ar/1.

177. Intergovernmental Panel on Climate Change 2001，*Climate Change* 2001：*Impacts*，*Adaptation and Vulnerability*，Cambridge，UK.

178. Intergovernmental Panel on Climate Change 2007，*Climate Change*，

Intergovernmental Panel on Climate Change, Geneva.

179. International Energy Agency 2009, *World Energy Outlook* 2009, International Energy Agency, Paris.

180. ——2010, *China Overtakes the United States to Become World's Largest Energy Consumer*, http:www. iea. org/index_info. asp? id = 1479.

181. International Monetary Fund 2009, *Lessons of the Financial Crisis for Future Regulation of Financial Institutions and Markets for Liquidity Management*, Monetary and Capital Markets Department, International Monetary Fund, Washington, D. C.

182. International Monetary Fund 2011, *IMF Performance in the Run - up to the Financial and Economic Crisis: IMF Surveillance in* 2000 - 2007, Independent Evaluation Office, International Monetary Fund, Washington, D. C.

183. Johnson, S, McMillan, J & Woodruff, C, 2002, "Property Rights and Finance," *American Economic Review*, Vol. 92, pp. 1335–1356.

184. Jomo, KS, 2006, "Growth with Equity in East Asia?", *DESA Working Paper No. 33*, United Nations, New York, NY.

185. Jones, C & Williams, J C, 1999, "Too Much of a Good Thing: The Economics of Investment in R&D", *Working Paper No. 99015*, Economics Department, Stanford University, Palo Alto, CA.

186. Jones, C I, 2002, *Introduction to Economic Growth*, W. W. Norton, New York, NY.

187. Kanbur, R & Spence, M (eds), 2010, *Equity and Growth in a Globalizing World*, Commission on Growth and Development, Washington, D. C.

188. Kang, K & Miniane, J, 2008, "Global Financial Turmoil Tests Asia", *Finance and Development*, Vol. 45, No. 4, pp. 34–36.

189. Kao, J, 2009, "Tapping the World's Innovation Hot Spots", *Harvard Business Review*, http://hbr. org/hbr - main/resources/pdfs/comm/fmglobal/tapping - worlds - innovation-hotspots. pdf.

190. Kar, D & Curcio, K, 2011, *Illicit Financial Flows from Developing Countries: 2000 - 2009, Update with a Focus on Asia*, United Nations Development Programme, New York, NY.

191. Karacadag, C, Sundararajan, V & Elliot, J, 2003, "Managing Risks in Financial Market Development: The Role of Sequencing", in RE Litan, M Pomerleano & Sundararajan (eds), *The Future of Domestic Capital Markets in Developing Countries*, International

Monetary Fund, Washington, D. C, pp. 233−272.

192. Kaufmann, D, Kraay, A & Mastruzzi, M, 2006, "Measuring Corruption: Myth and Realities", *Global Corruption Report* 2007.

193. Kawai, M, 2009, "Reform of the International Financial Architecture: An Asian Perspective", *ADBI Working Paper No.* 167, Asian Development Bank Institute, Tokyo.

194. Kawai, M & Wignaraja, G, 2010, "Free Trade Agreements in East Asia: A Way toward Trade Liberalization", *ADB Briefs No.* 1, Asian Development Bank, Manila.

195. Kemp, A G & Kasim, A S, 2008, " A Least − Cost Optimization Model of CO_2 Capture Applied to Major Power Plants Within the EU−ETS Framework", *Energy Journal*.

196. Kennedy, S, 2011, *Greece Default with Ireland Breaks Euro by* 2016 *in Global Poll*, http:www. bloomberg. com/news/2011 − 01 − 25/Greece − default − with − ireland − breaks − euro−by−2016−in−global−poll. html.

197. Khandker, S R Bakht, Z & Koolwal, G B, 2006, "The Poverty Impact of Rural Roads: Evidence from Bangladesh", *Policy Research Working Paper*, Poverty Reduction and Economic Management Division, The World Bank Institute, Washington, D. C.

198. Kharas, H, 2010a, "India's Promise: An Affluent Society in One Generation", in *India* 2039: *An Affluent Society in One Generation*, pp. 9−28, Sage, New Delhi.

199. ——2010b, "Latin America: Is Average Good Enough?", in *Latin America* 2040: *Breaking Away from Complacency: An Agenda for Resurgence*, pp. 71 − 100, Sage, Thousand Oaks, California.

200. Kim, Y J & Terada−Hagiwara, A, 2010, "A Survey on the Relationships between Education and Growth with Implications for Developing Asia", Background Paper, *ADB Economics Working Paper Series No.* 236, Asian Development Bank, Manila.

201. King, A A & Tucci, C L, 2002, "Incumbent Entry into New Market Niches: The Role of Experience and Management Choice in the Creation of Dynamic Capabilities", *Management Science*, 48(2), pp. 171−186.

202. Kohli, H & Sood, A (eds.), 2010, *India* 2039: *An Affluent Society in One Generation*, Sage, New Delhi.

203. Kohli, H, Loser, C & Sood, A (eds.), 2010, *Latin America* 2040—*Breaking Away from Complacency: An Agenda for Resurgence*, Sage, New Delhi.

204. Kohli, H & Sharma A (eds.), 2010, *A Resilient Asia Amidst Global Financial Crisis: From Crisis Management to Global Leadership*, Sage, New Delhi.

205. Kohli, H & Ahmed, J（eds.）, 2011, *Islamic Finance: Writings of V. Sundararajan*, Sage, New Delhi.

206. Kohli, H A & Basil, P, 2011, "Requirements for Infrastructure Investment in Latin America Under Alternate Growth Scenarios: 2011–2040", *Global Journal of Emerging Market Economies* 3(1).

207. Kohli, H A & Mukherjee, N, 2011, "Potential Costs to Asia of the Middle Income Trap", *Global Journal of Emerging Market Economies* 3(3).

208. Kohli, H A, Szyf, Y A & Arnold, D, 2012, "Possibilities for the World's Economies through 2050 Using a Revised Growth Model for 185 Countries", *Global Journal of Emerging Market Economies* 4(1).

209. Krueger, A O, 1995a, *Trade Policies and Developing Nations*, The Brookings Institution, Washington, D. C.

210. Krueger, A O, 1995b, "The Role of Trade in Growth and Development: Theory and Lessons from the East Asian Experience", in R Garnaut, E Grilli & J Riedel（eds）, *Sustaining Export–Oriented Development: Ideas from East Asia*, Cambridge University Press, Cambridge, pp. 1–30.

211. Kumhof, M & Ranciere, R, 2010, "Inequality, Leverage and Crises". *Working Paper No. 10/268 for the International Monetary Fund*, Washington, D. C.

212. Kursten, B, 2004, *Cross–Border Transnational Urban Economic Regions*, http://www. globalurban. org/GUD%20Transnational%20MES%20Report. pdf.

213. Lamia, K–C & Roberts, A（eds）, 2009, "Competitive Cities and Climate Change", *Regional Development Working Paper No. 2*, Organization for Economic Co–operation and Development, Paris.

214. Langguth, G, 2003, "Asian Values Revisited", *Asia Europe Journal*, Vol. 1, pp. 25–42.

215. La Rovere, E & Pereira, A, 2007, "Brazil and Climate Change: A Country Profile", *Science and Development Policy Briefs*, 14 February 2007 http://www. scidev. net/en/policy–briefs/brazil–climate–change–a–country–profile. html.

216. Lee, J W & Francisco, R, 2010, "Human Capital Accumulation in Emerging Asia, 1970–2030", *ADB Economics Working Paper Series No. 216*, Asian Development Bank, Manila.

217. Lee, R, Mason, A, & Cotlear, D, 2010, *Some Economic Consequences of Global*

Ageing, World Bank, Washington, D. C.

218. Legatum Institute 2010, *Legatum Prosperity Index*, http://www. prosperity. com/.

219. Lerner, J & Schoar, A, 2010, "International Differences in Entrepreneurship," in *National Bureau of Economic Research Book*, University of Chicago Press, Chicago.

220. Levine, M, 2010, *Energy Use in Chinese Buildings: Views of an Outsider Looking In*, First U. S. –China Energy Efficiency Forum, Beijing.

221. Levine, R, 2004, "Finance and Growth: Theory and Evidence", in P Aghion & S Durlauf (eds), *Handbook of Economic Growth*, Elsevier Science, Amsterdam, Vol. 1, pp. 865–934.

222. Lewis, J, 2010, "Building a National Wind Turbine Industry: Experiences form China, India and South Korea", *Int. J. Technology and Globalization*, Vol. 5, No. 3/4, pp. 281–305.

223. Linn, JF & Tiomkin, D, 2007, "Economic Integration of Eurasia: Opportunities and Challenges of Global Significance", in A Aslund & M Dabrowski (eds), *Europe after Enlargement*, Cambridge University Press, Cambridge, UK, pp. 189–228.

224. Linn, JF & Pidufala, O, 2008, "The Experience with Regional Economic Cooperation Organizations: Lessons for Central Asia", *Wolfensohn Center for Development Working Paper No.* 4, The Brookings Institution, Washington, D. C.

225. Linn, JF, 2010, *Connecting Central Asia and the Caucasus with the World*, Eurasia Emerging Markets Forum, Thun, Switzerland, 23–25 January 2010, Background Paper.

226. Lynch, JP & Butiong, RAQ, 2009, *Greater Mekong Subregion (GMS): Review of Transport Projects along GMS Corridors*, Thirteenth Meeting of the GMS Subregional Transport Forum, Siem Reap, Cambodia, 27 – 28 October 2009, Presentation, http://www. adb. org/ Documents/Events/Mekong/Proceedings/STF13–Appendix8. pdf.

227. Madan, T, 2006, *Energy Security Series: India*, Brookings Foreign Policy Studies, Brookings Institution, Washington, D. C.

228. Mahbubani, K, 2008, *The New Asian Hemisphere: The Irresistible Shift of Global Power to the East*, Public Affairs, New York, NY.

229. Mao, J, 2008, *Status and Development of China's Electric Power*, Asia Clean Energy Forum, Manila.

230. MasterCard Worldwide, 2008, *Global Centers of Commerce Index*, MasterCard Worldwide, Purchase, NY.

231. Masud, J, 2007, *Energy for All: Addressing the Energy, Environment and Poverty Nexus in Asia*, Asian Development Bank, Manila.

232. McKinsey & Company, 2009a, *China's Green Revolution: Prioritizing Technologies to Achieve Energy and Environmental Sustainability*, McKinsey & Company, Shanghai.

233. ——2009b, *Pathways to a Low Carbon Economy for Brazil*, McKinsey & Company, Sao Paulo, McKinsey & Company 2009c, *Roads toward a Low Carbon Future*, McKinsey & Company, Boston.

234. McKinsey and Company 2009d, "Capturing the India Advantage", *Working Paper*, Pharma Summit 2009, Delhi, 30 November 2009, http://www. indiapharmasummit. com/downloads/reports/Capturing%20the%20India%20Advantage. pdf.

235. McKinsey Global Institute, 2010, *Farewell to Cheap Capital? The Implications of Long-term Shifts in Global Investment and Saving*.

236. Meehl, G & Stocker, T, 2007, "Global Climate Projections", in S Solomon, D Qin, H Manning, Z Chen, M Marquis, K Averyt, M Tignor & H Miller (eds), *Climate Change 2007: The Physical Science Basis, Contribution of Working Group I to the Fourth Assessment Report of the Intergovernmental Panel on Climate Change*, Cambridge University Press, Cambridge, UK and New York City, pp. 747–846.

237. Menon, J and Warr, P, 2008, "Does Road Improvement Reduce Poverty? A General Equilibrium Analysis for Lao PDR", in D Brooks and J Menon (eds.), *Infrastructure and Trade in Asia*, London: Edward Elgar, pp. 115–142.

238. Menon, J, 2009, "Dealing with the Proliferation of Bilateral Free Trade Agreements", *World Economy*, Vol. 32, pp. 1381–1407.

239. Merrill Lynch & Capgemini, 2008, *World Wealth Report* 2008, Merrill Lynch and Capgemini, http://www. Capgemini. com/insights – and – resources/by – publication/world_wealth_report_2008/.

240. Mestl, S, Aunan, K, Jinghua, F, Seip, H, Skjelvik, J & Vennemo, H, 2005, "Cleaner Production as Climate Investment—Integrated Assessment in Taiyuan City, China", *Journal of Cleaner Production*, Vol. 13, No. 1, pp. 57–70.

241. Miller, J, 2004, *The Roots and Implications of East Asian Regionalism, Background Paper for The Asia-Pacific Center for Security Studies Occasional Paper Series*, Honolulu, HI.

242. Mogilevsky, R, 2010, *Trends and Determinants in Inter-Regional Trade in CAREC*, CAREC Institute, Manila.

243. Mohan, R, 2006, *Keynote Address*, Conference on Land Policies and Urban Development, Cambridge, Massachusetts, 5 June 2006.

244. Morck, R, Stangeland, D & Yeung, B, 2000. "Economic Effects of Concentrated Corporate Ownership: Inherited Wealth, Corporate Control, and Economic Growth—The Canadian Disease?," in *Concentrated Corporate Ownership*, National Bureau of Economic Research, Boston, MA, pp. 319–372.

245. Moses, S, Blanchard, JF, Kang, H, Emmanuel, F, Paul, SR, Becker, ML, Wilson, D & Claeson, M, 2006, *AIDS in South Asia: Understanding and Responding to a Heterogeneous Epidemic*, World Bank, Washington, D. C.

246. Mu, R & van de Walle, D, 2007, "Rural Roads and Poor Area Development in Vietnam", *Policy Research Working Paper Series*, The World Bank, Washington, D. C.

247. Müller, C, Bondeau, A, Popp, A, Waha, K & Fader, M, 2009, *Climate Change Impacts on Agricultural Yields*, World Bank, Washington, D. C.

248. Musalem, AR & Tressel, T, 2003, "Institutional Savings and Financial Markets: The Role of Contractual Savings Institutions", in RE Litan, M Pomerleano & V Sundararajan (eds), *The Future of Domestic Capital Markets in Developing Countries*, The Brookings Institution, Washington, D. C.

249. Nathan, A J, 2007, Political Culture and Diffuse Regime Support in Asia, *Working Paper Series No. 43*.

250. National Science Foundation 2010, *Science and Engineering Indicators* 2010, http://www. nsf. gov/statistics/seind10/.

251. N'Diaye, P, 2010, "Transforming China: Insights from the Japanese Experience of the 1980s", *IMF Working Paper No. 10/284*, International Monetary Fund, Washington, D.'C.

252. Nehru, V, 2010, "East Asia and the Pacific Confronts the 'New Normal'", *Economic Premise*, No. 24, pp. 1–9.

253. Nicholls, R, Hanson, S, Herweijer, C, Patmore, N, Hallegatte, S, Corfee–Morlot, J, Chateau, J & Muir – Wood, R, 2007, "Ranking Port Cities with High Exposure and Vulnerability to Climate Extremes: Exposure Estimates", *OECD Working Paper No. 1*, Organization for Economic Co-operation and Development, Paris.

254. Nishimura, K, 2011, *This Time May Truly Be Different–Balance Sheet Adjustment under Populating Aging*, American Economic Association Annual Meeting, Denver, 7 January

2011, Speech.

255. Nordhaus, W & Boyer, J, 2000, *Warming the World: Economic Models of Global Warming*, MIT Press, Cambridge, MA.

256. Nordhaus, W, 2010, "Economic Aspects of Global Warming in a Post-Copenhagen Environment", *Proceedings of the National Academy of Sciences*, Vol. 107, No. 26, pp. 11721-11726.

257. Normile, D, 2007, "Japans Picks Up the 'Innovation' Mantra", *Science*, Vol. 316, No. 5882, p. 186, http://www. sciencemag. org/content/316/5822/186. full? sid = 657eeac2-9e26-4405-922c-9352396fe239.

258. O'Connor, D, Zhai, F, Aunan, K, Bernsten, T & Vennemo, 2003, "Agricultural and Human Health Impacts of Climate Policy in China: A General Equilibrium Analysis with Special Reference to Guangdong", *OECD Development Centre Technical Paper No. 206*, Organization for Economic Cooperation and Development, Paris.

259. OECD 2007, "Basic Statistics on Scientific and Technological Activities", in *OECD Reviews of Innovation Policy—China Synthesis Report*, OECD, Paris.

260. ——2010, *PISA 2009 Results*, OECD, Paris.

261. OFDA/CRED International Disaster Database 2010, *EM-DAT*, Brussels.

262. Olcott, MB, 2010, *Central Asia's Oil and Gas Reserves: To Whom Do They Matter*, Eurasia Emerging Markets Forum, Thun, Switzerland, 23 – 25 January 2010, Background Paper.

263. Ombok, M et al, 2010, "Geospatial Distribution and Determinants of Child Mortality in Rural Western Kenya 2002-2005", *Trop Med Int Health*, 15(4), pp. 423-433.

264. Organization for Economic Cooperation and Development (OECD) 2008, *Growing Unequal? Income Distribution and Poverty in OECD Countries*, OECD, Paris.

265. Organization for Economic Cooperation and Development (OECD) 2009, *Integrating Climate Change Adaptation into Development Cooperation*, OECD, Paris.

266. Organization of Oil Exporting Countries (OPEC) 2009, *World Energy Outlook*, OPEC.

267. Ostrom, E, 1998, "A Behavioral Approach to the Rational Choice Theory of Collective Action: Presidential Address, American Political Science Association, 1997", *American Political Science Review*, Vol. 92, No. 1, pp. 1-22.

268. Panagariya, A, 2006, "Pursuit of Equity Threatens Poverty Alleviation", *Financial*

Times,3 May.

269. Pangestu,M and Gooptu,G,2004,"New Regionalism Options for East Asia",in K Krumm and H Kharas(eds.) *East Asia Integrates:A Trade Policy Agenda for Shared Growth*, World Bank and Oxford University Press,Washington,D. C.

270. Pearson, N O, 2010, *India to Raise $535 Million from Carbon Tax on Coal*, http://www. business – week. com/news/2010 – 07 – 01/india – to – raise – 535 – million – from–carbon–tax–on–coal. html.

271. Pempel,T J,2005,"Introduction:Emerging Webs of Regional Connectedness",in *Remapping East Asia:The Construction of a Region*, Cornell University Press, Ithaca, New York,pp. 1–28.

272. Pirikh,K & Binswanger,H, 2011,*Structural Change and Prospects and Constraints for Indian Agriculture*,Report Prepared for Centennial Group International,Forthcoming.

273. Pistor, K & Wellons, P, 1999, *The Role of Law and Legal Institutions in Asian Economic Development* 1960 – 1995, Prepared for the Asian Development Bank, Oxford University Press,NY.

274. Planning Commission of India 2006,*Report of the Expert Committee on Integrated Energy Policy*,Planning Commission of India,New Delhi.

275. Pomfret, R, 2010, *Regionalism in East Asia: Why Now and Where To?*, Unpublished Manuscript.

276. Porter,M,1998,"The Microeconomic Foundations of Economic Development",in *Global Competitiveness Report*,World Economic Forum,Geneva.

277. Porter, M & Bond, G, 1999, *Innovative Capacity and Prosperity: The Next Competitiveness Challenge*,Unpublished Manuscript.

278. Pozsar,Z,Adrian,T,Ashcraft, A & Boesky, H,2010,"Shadow Banking",*Federal Reserve Bank of New York Staff Report No. 458*, Federal Reserve Bank of New York, New York.

279. Prahalad,C K & Mashelkar,2010,"Innovation's Holy Grail",*Harvard Business Review*,http://hbr. org/2010/07/innovations–holy–grail/ar/1.

280. Press Information Bureau,Government of India 2010,*PM Inaugurates Civil Services Day*,2010,http://pib. nic. in/newsite/erelease. aspx? relid=60623.

281. Rajan, R, 2009, "Crises, Private Capital Flows, and Financial Instability in Emerging Asia",*UNESCAP Working Paper No. 09/06*,United Nations Economic and Social

Commission for Asia and the Pacific, Bangkok, http://www. unescap. org/pdd/ publications/workingpaper/wp_09_06. pdf.

282. Rajasekharan, K, 2011, *Reducing Corruption in Public Governance: Rhetoric to Reality*, http://www. sidb. com.

283. Ravallion, M & Chen, S, 1997, "What Can New Survey Data Tell Us about Recent Changes in Distribution and Poverty?", *The World Bank Economic Review*, Vol. 11, No. 2, pp. 357–382.

284. Ravenhill, J, 2009, "The Political Economy of Asian Regionalism", *Background Paper for Institutions for Regional Integration: Toward an Asian Economic Community*, Asian Development Bank, Manila.

285. Razavi, H, 2009, "Natural Gas Pricing in the Countries of the Middle East and North Africa", *The Energy Journal*, Vol. 30, No. 3.

286. ——2010, "Unleashing an Energy Revolution", in *India 2039: An Affluent Society in One Generation*, Sage, New Delhi.

287. Reichenmiller, P, Spiegel, A, Bresch, D & Schnarwiler, R, 2010, *Weathering Climate Change: Insurance Solutions for More Resilient Communities*, Swiss Reinsurance Company Ltd. , Zurich.

288. Reinhart, CM & Rogoff, KS, 2009, *This Time is Different: Eight Centuries of Financial Folly*, Princeton University Press, Princeton, NJ.

289. Republic of Singapore, 2003, "Bites of the Week", *MITA News*.

290. Roberts, B & Kanaley, T(eds), 2006, *Urbanization and Sustainability in Asia: Case Studies of Good Practice*, Asian Development Bank, Manila.

291. Roberts, E & Eesley, C (2009), *Entrepreneurial Impact: The Role of MIT*, Paper Prepared for the Kauffman Foundation, Kansas City, MO.

292. Robins, N, Clover, R & Singh, C, 2009, *A Climate for Recovery: The Colour of Stimulus Goes Green*, HSBC Global Research, London.

293. Robins, N, Clover, R, Singh, C, Knight, Z & Magness, J, 2010, *Sizing the Climate Economy*, HSBC Global Research, London.

294. Rodrik, D, 1999, *Where Did All the Growth Go? External Shocks, Social Conflict, and Growth Collapses, Journal of Economic Growth*, Vol. 4, No. 4, pp. 395–412.

295. Rogers, J, 2006, *Scenarios for CO_2 Emissions from the Transport Sector in Asia*, Presentation.

296. Roland – Holst, D, 2006, "Infrastructure as a Catalyst for Regional Integration, Growth, and Economic Convergence", *ERD Working Paper No.* 91, Asian Development Bank, Manila.

297. Romer, P M, 1990, "Endogenous Technological Change—Part 2: The Problem of Development: A Conference of the Institute for the Study of Free Enterprise Systems", *The Journal of Political Economy*, Vol. 98, No. 5, pp. S71–S102.

298. Royal Society 2005, *Ocean Acidification Due to Increasing Atmospheric Carbon Dioxide*, 12/05, Royal Society, London.

299. Saez, E, 2004, "Reported Incomes and Marginal Tax Rates, 1960–2000: Evidence and Policy Implications", *in Tax Policy and the Economy*, Vol. 18, pp. 117–174, National Bureau of Economic Research, Boston.

300. Sahmed, S, Kelagama, S & Ghani, E, 2010, *Promoting Economic Cooperation in South Asia: Beyond SAFTA*, Sage Publications, New Delhi.

301. Saxenian, A, 2006, *The New Argonauts: Regional Advantage in a Regional Economy*, Harvard University Press, Cambridge, Massachusetts.

302. Schadler, S, Carkovic, M, Bennett, A & Kahn, R, 1993, "Recent Experiences with Surges in Capital Inflows", *Occasional Paper No.* 108, International Monetary Fund, Washington, D. C.

303. Schadler, S, 2008, "Managing Large Capital Inflows: Taking Stock of International Experiences", *ADBI Discussion Paper No.* 97, Asian Development Bank Institute, Tokyo.

304. Scheper–Hughes, N, 2004, "Dangerous and Endangered Youth: Social Structures and Determinants of Violence", *Annals of the New York Academy of Sciences*, Vol. 1036, pp. 13–46.

305. Scotchmer, S, 1991, "Standing on the Shoulders of Giants: Cumulative Research and the Patent Law", *The Journal of Economic Perspectives*, Vol. 5, No. 1, pp. 29–41.

306. Securities Industry and Financial Markets Association 2009, *SIFMA Fact Book*, Securities Industry and Financial Markets Associations, New York, NY.

307. Severino, RC, 2009, *Regional Institutions in Southeast Asia: The First Movers and their Challenges, Background Paper for Institutions for Regional Integration: Toward an Asian Economic Community*, Asian Development Bank, Manila.

308. Shahin, S, 2004, *India, Japan Eye New Axis*, http://www. atimes. com/atimes/ South_Asia/FH24Df03. html

309. Shanker, V, 2003, *Towards an Economic Community: Exploring the Past*, Background Paper for the Research and Information System for the Non-Aligned and Other Developing Countries, New Delhi.

310. Shapiro, N, 2010, *Addressing the Global Challenge of Financial Inclusion*, International Finance Corporation.

311. Sheng, A, 2009, *From Asian to Global Financial Crisis*, Cambridge University Press. London.

312. ——2010, "The Regulatory Reform of Global Financial Markets: An Asian Regulator's Perspective", *Global Policy*, Vol. 1, No. 2, p. 10.

313. ——2011, *Out with the Tiger, In with the Rabbit*, http://biz. thestar. com. my/news/story. asp? file=/2011/2/5/business/7926843&sec=business.

314. Shirakawa, M, 2009, *Reforming the Framework of Financial Regulation and Supervision: An International and Asian Perspective*, Bank Negara Malaysia – Bank for International Settlements High – Level Seminar, Malaysia, 11 December 2009, Speech, http://www. boj. or. jp/en/announcements/press/koen_2009/ko0912b. htm/.

315. Shvidenko, A, Barber, C, Persson, R, Gonzalez, P, Hassan, R, Lakyda, P, McCallum, I, Nilsson, S, Pulhin, J, van Rosenburg, B & Scholes, B 2005, "Forest and Woodlands Systems", in R Hassan, R Scholes & N Ash (eds), *Ecosystems and Human Well-being: Current State and Trends*, Island Press, Washington, D. C, pp. 585–621.

316. Simon, C, 1998, "Human Capital and Metropolitan Employment Growth", *Journal of Urban Economics*, Vol. 43, No. 2, pp. 223–243.

317. Sohn, I, 2008, "Learning to Co-operate: China's Multilateral Approach to Asian Financial Co-operation", *The China Quarterly*, Vol. 194, pp. 309–326.

318. Song, W, 2007, "Regionalization, Inter – regional Cooperation, and Global Governance", *Atlantic Economic Journal*, Vol. 5, No. 1, pp. 67–82.

319. Soros, G, 2009, *The Crash of 2008 and What It Means: The New Paradigm for Financial Markets*, Public Affairs, New York, NY.

320. Stern, N, 2007, *The Stern Review: Economics of Climate Change*, Cambridge University Press, Cambridge, UK.

321. —2008, "The Economics of Climate Change, Richard T. Ely Lecture", *American Economic Review: Papers & Proceedings*, Vol. 98, No. 2, pp. 1–37.

322. Stiglitz, J E, Sen, A & Fitoussi, J P, 2009, *Report by the Commission on the*

Measurement of Economic Performance and Social Progress, OECD, Paris.

323. Subnational Doing Business 2009, *Doing Business in Indonesia 2010*, World Bank and International Finance Corporation, Washington, D. C.

324. Sustainability Institute 2010, *Climate Scoreboard*, http://climateinteractive. org/scoreboard/scoreboard - science - and data/current - climate - proposals - 1/april - 2010/Proposals%20Summary%20Apr10. pdf.

325. Szwarcwald, C, Bestos, F, Viacava, F & de Andrade, C, 1999, "Income Inequality and Homicide Rates in Rio de Janeiro, Brazil", *American Journal of Public Health*, Vol. 89, No. 6, pp. 845-850.

326. Tandon, A & Zhuang, J, 2007, "Inclusiveness of Economic Growth in the People's Republic of China: What Do Population Health Outcomes Tell Us?", *ERD Working Paper No. 47*, Asian Development Bank, Manila.

327. Tanser, F, Sharp, B & le Sueur, D, 2003, "Potential Effect of Climate Change on Malaria Transmission in Africa", *The Lancet*, Vol. 362, No. 9398, pp. 1792-1798.

328. Taylor, R, 2008, *Financing Energy Efficiency: Lessons fromBrazil, China, India, and Beyond*, World Bank, Washington, D. C.

329. Team Lease Services 2009, India Labour Report 2008-Team Lease Services, 2008, *India Labour Report* 2008 - *The Right to Rise: Making India's Labour Markets Inclusive*, Bangalore, India.

330. Tett, G, 2011, "So Who's Top of the Class Now?", Financial Times, http://www. ft. com/cms/s/0/20904748-2423-11e0-a89a-00144feab49a. html#ixzz1FHhB8hRC.

331. Thomas, V, 2007, "The Difference Inclusive Growth Makes", *Latin America Emerging Markets Forum* 2007 *Discussion Draft*, Emerging Markets Forum, Washington, D. C.

332. UNDP 2005, Central Asia Human Development Report, New York, NY.

333. United Nations 2005, *World Population Prospects: The* 2004 *Revision*, United Nations, New York, NY.

334. —2010, *Joint Statement by Heads of UN Entities for the Launch of the International Year of Youth*, United Nations, New York, NY.

335. —2011a, *World Population Prospects: The* 2010 *Revision*, United Nations, New York, NY.

336. —2011b, *Education For All: Global Monitoring Report*, 2011, United Nations, New York, NY.

337. United Nations, Department of Economic and Social Affairs 2009, *World Urbanization Prospects: The 2009 Revision*, United Nations, New York, NY.

338. United Nations Development Programme 2005, *Central Asia Human Development Report*, New York, NY.

339. UN Habitat 2010, *The State of Asian Cities*, 2010/11, United Nations, New York, NY.

340. United States Energy Information Administration 2002, South China Sea Region, http://www. eia. doe. gov/emeu/cabs/schina2. html.

341. United States Financial Crisis Inquiry Commission Report 2011, *Financial Crisis Inquiry Commission Report*, http://www. fcic. gov.

342. US Department of State 2003, *Country Reports on Human Rights Practices*, Burma, 31 March 2003, http://www. state. gov/g/drl/rls/hrrpt/2002/18237. htm.

343. van Dingenen, R, Dentener, F, Raes, F, Krol, M, Emberson, L & Cofala, J, 2009, "The Global Impact of Ozone on Agricultural Crop Yields under Current and Future Air Quality Legislation", *Atmospheric Environment*, Vol. 43, No. 3, pp. 604-18.

344. Veron, N, 2010, An Update on EU Financial Reforms, *Policy Brief No. PB10-30*, Peterson Institute for International Economics, Washington, D. C.

345. Wade, R, 2007, "Global Finance: A New Global Financial Architecture?", *New Left Review*, http://newleftreview. org/? view=2681.

346. Wadhwa, Vivek, 2004, "Is the U. S. Brain Drain on the Horizon? Immigrants Now See Better Prospects at Home", *Yale Global*, December 8, 2009.

347. Walton, M, 2007, "Poverty Reduction in the New Asia and Pacific: Key Challenges of Inclusive Growth", *Technical Note*, Asian Development Bank, Manila.

348. ——2010, "Tackling Structural Inequities," in Kohli and Sood (eds.) *India 2039: An Affluent Society in One Generation*, Sage, New Delhi.

349. Wang, Y, 2009, "Evolving Asian Power Balances and Alternative Conceptions for Building Regional Institutions", *Background Paper for Institutions for Regional Integration: Toward an Asian Economic Community*, Asian Development Bank, Manila.

350. Ward, K, 2011, *The World in 2050—Quantifying the Shift in Global Economy*, HSBC Global Research, London.

351. Warr, P, 2009, "Poverty Reduction Through Long - term Growth: The Thai Experience", *Asian Economic Papers*, Vol. 8, No. 2, pp. 51-76.

352. Warr, P, Menon, J & Yusuf, A, 2010, "Regional Economic Impacts of Large Projects: A General Equilibrium Application to Cross − Border Infrastructure", *Asian Development Review*, Vol. 27, No. 1, pp. 104−134.

353. Warren, R, Hope, C, Mastrandrea, M, Tol, R, Adger, N, & Lorenzoni, I, 2006, *Spotlighting the Impacts Functions in Integrated Assessment Models*, Tyndall Centre for Climate Change Research, Norwich, UK.

354. Webster, D, 2004, *Urbanization Dynamics and Policy Frameworks in Developing East Asia*, World Bank, Washington, D. C.

355. Weerakoon, D 2010, "SAFTA: Current Status and Prospects", in S Ahmed, S Kelegam & E Ghani (eds), *Promoting Economic Cooperation in South Asia: Beyond SAFTA*, World Bank, Washington, D. C, pp. 71−88.

356. Weitzman, M, 2009, "On Modelling and Interpreting the Catastrophic Consequences of Climate Change", *Review of Economics and Statistics*, Vol. 91, No. 1, pp. 1−19.

357. Wessel, I & Wimhofer, G, 2001, *Violence in Indonesia*, Abera−Verl, Hamburg.

358. White House 2009, *Progress Report: The Transformation to a Clean Energy Economy*, White House, Washington, D. C, 15 December 2009, http://www. whitehouse. gov/sites/default/files/administration − official/vice _ president _ memo _ on _ clean _ energy _ economy. pdf.

359. White House, Office of the Press Secretary 2010, *Obama's State of the Union Address*, White House, Washington, D. C, 27 January 2010, http://www. america. gov/st/texttrans−english/2010/January/20100127234716SBlebahC0. 8334728. html.

360. Wigley, T & Raper, S, 2001, "Interpretation of High Projections for Global−Mean Warming", *Science*, Vol. 293, No. 5529, pp. 451−454.

361. Wigley, T, 2005, "The Climate Change Commitment", *Science*, Vol. 307, No. 5716, pp. 1766−1769. World Bank 2005, *Malaysia Firm Competitiveness, Investment Climate, and Growth*, The World Bank, Washington, D. C.

362. World Bank, 2006, *World Development Report* 2006, World Bank, Washington, D. C.

363. ——2007, *Cost of Pollution in China: Economic Estimates of Physical Damages*, World Bank, Washington, D. C.

364. ——2009a, *Education for the Knowledge Economy*, The World Bank, Washington, D. C.

365. World Bank 2010a, *Ease of Doing Business*, 2010, The World Bank, Washington, D. C.

366. ——2010b, Entrepreneurship Database, The World Bank, Washington, D. C., http://econ. worldbank. org/WBSITE/EXTERNAL/EXTDEC/EXTRESEARCH/0, contentMDK:21164814 ~ pagePK:64214825 ~ piPK:64214943 ~ theSitePK:469382, 00. html.

367. ——2010c, "New Firm Creation", *Viewpoint*, The World Bank, Washington, D. C.

368. ——2010d, *Knowledge Economy Index*, The World Bank, Washington, D. C.

369. ——2010e, *Doing Business in Pakistan 2010*, World Bank and International Finance Corporation, Washington, D. C.

370. ——2010f, *Doing Business in Indonesia 2010*, World Bank and International Finance Corporation, Washington, D. C.

371. ——2010g, *Economic Integration in the Maghreb*, *Middle East and North Africa Region*, Washington, D. C.

372. World Bank & United Nations International Strategy for Disaster Risk Reduction 2008, *South Eastern Europe Disaster Risk Mitigation and Adaptation Programme*, United Nations International Strategy for Disaster Reduction Secretariat and The World Bank, Geneva and Washington, D. C.

373. World Economic Forum 2008, *Convergence of Insurance and Capital Markets*, Geneva.

374. ——2010, *Global Gender Gap Report* 2010, World Economic Forum, Geneva.

375. Wolfensohn, J, 2007, "Summit of the Eight Ⅲ: The Four Circles of a Changing World", *New York Times*, June 4, 2007, New York, NY.

376. Wu, S, Dai, E, Huang, M, Shao, X, Li, S & Tao, B, 2007, "Ecosystem Vulnerability of China under B2 Climate Scenario in the 21st Century", *Chinese Science Bulletin*, Vol. 52, No. 10, pp. 1379−1386.

377. Yanev, PI, *Avoiding the Next Earthquake Catastrophe in East Asia and the Pacific*, Presentation, http://siteresources. worldbank. org/INTEAPREGTOPHAZRISKMGMT/ Resources/drm_peter_yanev. pdf.

378. Young, T, 2010, *China to Launch Domestic Carbon Trade in Five Years*, http:// www. business − green. com/business − green/news/2266875/china − launch − domestic − carbon.

379. Yuan, WJ & Murphy, M, 2010, "Regional Monetary Cooperation in East Asia: Should the United States Be Concerned?", *Report of the CSIS Freeman Chair in China Studies*, Center for Strategic and International Studies, Washington, D. C.

380. Yusuf, S, 2007, "Urban Mega Regions: Knowns and Unknowns", *Policy Research Working Paper No. 4252*, World Bank, Washington, D. C.

381. Zacher, M W, 2001, "The Territorial Integrity Norm: International Boundaries and the Use of Force", *International Organization*, Vol. 55, No. 2, pp. 215–225.

382. Zhang, S, 2011, Unpublished Note Prepared at MIT Sloan School of Management Based on http://www. nanowerk. com/nanotechnology/Nanotechnology _ Companies _ in _ China. php.

383. Zhuang, J, De Dios, E & Lagman–Martin, A, 2010, "Governance and Institutional Quality and the Links with Growth and Inequality: How Asia fares", *Poverty, Inequality, and Inclusive Growth in Asia: Measurement, Policy Issues, and Country Studies*, Asian Development Bank, Manila.

384. Zhung, J, 2010 (ed.), *Poverty, Inequality, and Inclusive Growth in Asia: Measurement, Policy Issues, and Country Studies*, Anthem Press and Asian Development Bank, London and Manila.

后　记

　　《2050 年的亚洲》书稿的翻译工作是由北京师范大学新兴市场研究院暨经济与资源管理研究院的老师和学生共同负责承担的。为使该书稿翻译工作顺利进行，我们专门成立了"《2050 年的亚洲》翻译小组"，新兴市场研究院院长胡必亮教授和新兴市场论坛驻北师大代表兼新兴市场研究院首席营运官姚彦贝女士直接负责这项工作，肖义欢、袁威、郭辰、曲歌协助胡必亮教授和姚彦贝女士的这项工作。

　　参加《2050 年的亚洲》书稿的翻译和校对工作的人员及其具体工作任务安排如下：

序言、致谢、前言：张馨雅翻译，李英子核校；

第一章、第二章：罗飞翻译，许凌筠核校；

第三章、第四章：许凌筠翻译，罗飞核校；

第五章、第六章：于倩翻译，敖莎核校；

第七章：石翊龙、白光远翻译，武岩、欧阳双飞核校；

第八章：武岩、欧阳双飞翻译，石翊龙、白光远核校；

第九章：李英子翻译，张馨雅核校；

第十章：陈仕雄、常冬翻译，黎文娟、侯亚娟核校；

第十一章：项思璐翻译，刘诗瑶核校；

第十二章：敖莎翻译，于倩核校；

第十三章：曲歌翻译，项思璐核校；

第十四章：黎文娟、侯亚娟翻译，闵德龙、栾春许核校；

第十五章、第十六章：刘诗瑶翻译，曲歌核校；

附录：闵德龙、栾春许翻译，陈仕雄、常冬核校；

全书图表：郭辰翻译。

　　《2050 年的亚洲》书稿的翻译工作完成后，姚彦贝女士将译稿与原稿进行了逐字逐句的认真核实与校对，然后胡必亮教授又对全书进行了再次校对、修改并最终定稿。

　　本书自始至终都是在北京师范大学党委书记刘川生、校长董奇和校学术委员会副主任李晓西、人民出版社副社长李春生和经济与管理编辑部副主任郑海燕以及新兴市场论坛首席执行官哈瑞尔达·考利的直接关心、指导和支持下进行的,也得到了经济与资源管理研究院全体师生的大力帮助,特此表示最衷心的感谢!

北京师范大学新兴市场研究院

2012 年 9 月